公路工程施工技术问答丛书

公路养护技术问答

侯永生　焦永顺　编著

中国铁道出版社

2014年·北京

图书在版编目(CIP)数据

公路养护技术问答/侯永生,焦永顺编著.—北京:中国铁道出版社,2014.9

(公路工程施工技术问答丛书)

ISBN 978-7-113-19163-4

Ⅰ.①公… Ⅱ.①侯…②焦… Ⅲ.①公路养护—问题解答 Ⅳ.①U418-44

中国版本图书馆 CIP 数据核字(2014)第 200403 号

书　　名:公路工程施工技术问答丛书
　　　　　公路养护技术问答

作　　者:侯永生　焦永顺

策　　划:江新锡

责任编辑:张卫晓　　**编辑部电话**:010-51873065

封面设计:郑春鹏

责任校对:龚长江

责任印制:郭向伟

出版发行:中国铁道出版社(100054,北京市西城区右安门西街 8 号)

网　　址:http://www.tdpress.com

印　　刷:北京大兴县新魏印刷厂

版　　次:2014 年 9 月第 1 版　2014 年 9 月第 1 次印刷

开　　本:850 mm×1 168 mm　1/32　印张:8.125　字数:213 千

书　　号:ISBN 978-7-113-19163-4

定　　价:23.00 元

版权所有　侵权必究

凡购买铁道版图书,如有印制质量问题,请与本社读者服务部联系调换。

电话:(010)51873174(发行部)

打击盗版举报电话:市电(010)51873659,路电(021)73659,传真(010)63549480

前　言

2012年底公路通车里程达到410万公里，其中高速公路通车里程8.5万公里。按照交通运输部《交通运输“十二五”发展规划》，2015年公路通车里程要达到450万公里，高速公路总里程达到10.8万公里。可见，近几年公路基本建设仍处于高峰期，同时，现有道路的养护、改造、扩建工程也越来越多。

为适应公路建设的新形势，不断提高公路施工管理与技术水平，依据国家和交通运输部最新颁布的相关法规、标准、规范、实施细则，吸取近年来国内外有关公路施工领域的新材料、新技术研究成果，结合我国公路建设与的实际情况及施工经验，以知识问答的形式编制了《公路工程施工技术问答丛书》。本丛书包括《水泥混凝土施工技术问答》、《桥梁施工技术问答》、《隧道施工技术问答》、《路基施工技术问答》、《沥青路面施工技术问答》、《公路施工管理问答》《公路养护技术问答》一套七本，分别对公路施工中涉及的基本概念、基本理论、基本方法、基本工艺、常见质量问题等方面以问答的形式进行论述。

本丛书主要适用于从事公路工程现场施工的技术与管理人员及调岗人员的学习、教育，以提高其知识和技能水平。也可供公路建设管理部门、施工单及监理单位的管理人员和工程技术人员及大专院校相关专业学生在生产和学习时参考使用。

《公路养护技术问答》全书共分为六章。第一章公路养护管理，主要就公路养护的内容、养护工程管理、养护设备配置与管理和公路技术状况评定等方面的基础性知识进行论述。第二章路基及沿线设施养护，就路基技术状况的检测与调查、路基养护的要求与方法和沿线设施养护的要求与方法等知识进行论述。第三章路面养护，对路面技术状况的检测与调查、沥青路面养护、水泥路面养护、砂石路面及砌块路面养护的有关问题进行阐述。第四章桥涵养护，就桥梁检查，桥梁上部结构养护，桥梁下部结构养护，通道、涵洞、跨线桥及高架桥所涉及的问题进行论述。第五章隧道养护，主要对隧道土建结构的检查与评定、土建结构养护、机电设施检查与养护的要求与方法进行论述。第六章养护作业安全，分别从安全设施、安全管理、养护作业区控制、公路防灾及突发事件处置等方面进行阐述。

本丛书在编写过程中得到河北省道路结构与材料工程技术研究中心的大力帮助，在此深表感谢。由于书中涉及面广、内容较多，编者知识与经验有限，不足和错误之处，敬请指正。

2013 年 5 月

目　录

第一章　公路养护管理 ………………………………………… 1

第一节　公路养护的内容 ………………………………………… 1
第二节　养护工程管理 ………………………………………… 7
第三节　公路养护设备及管理 ………………………………… 15
第四节　公路技术状况评价 ………………………………… 27

第二章　路基与沿线设施养护 ………………………………… 38

第一节　路基技术状况的检测与调查 ……………………… 38
第二节　路基养护的要求与方法 …………………………… 44
第三节　沿线设施的养护 ………………………………… 53

第三章　路面养护 ………………………………………… 67

第一节　路面技术状况的检测与调查 ……………………… 67
第二节　沥青路面的养护 ………………………………… 72
第三节　水泥路面的养护 ………………………………… 90
第四节　砂石路面与砌块路面的养护 ……………………… 106

第四章　桥涵养护 ………………………………………… 114

第一节　桥梁检查 ………………………………………… 114
第二节　桥梁上部结构养护 ………………………………… 133
第三节　桥梁下部结构养护 ………………………………… 150
第四节　通道、涵洞、跨线桥与高架桥养护 …………………… 162

第五章 隧道养护 …………………………………………… 168

第一节 土建结构检查与评定 ………………………………… 168
第二节 土建结构养护 ……………………………………… 184
第三节 机电设施检查与养护 ………………………………… 197

第六章 养护作业安全 ……………………………………… 223

第一节 养护安全设施与安全管理 …………………………… 223
第二节 养护作业控制区 …………………………………… 231
第三节 公路防灾与突发事件处置 …………………………… 240

第一章　公路养护管理

第一节　公路养护的内容

1101　公路养护的基本任务是什么?

(1)贯彻“预防为主,防治结合”的方针,加强预防性养护,提高公路的抗灾害能力。

(2)加强公路及其沿线设施的基本技术状况调查,及时发现和消除隐患。

(3)保持公路及其沿线设施良好的技术状况,及时修复损坏部分,保障公路行车安全、畅通、舒适。

(4)吸收和采用新技术、新工艺、新材料、新设备,采取科学的技术措施,不断提高公路养护工程质量,有效延长公路的使用寿命,降低路桥设施的全寿命周期成本,提高养护资金使用效益。

(5)加强公路的技术改造,以适应公路交通事业的不断发展。

1102　公路养护应遵循的技术政策是什么?

(1)公路养护工作应切实贯彻“科技兴交,科学养路”的方针,大力推广和应用先进的养护技术、机械装备和科学的管理方法。

(2)公路养护工作应重视资源节约和环境保护。

(3)公路养护工作应注重养护生产作业安全及减少对通过车辆的影响。

1103　公路养护工程分为哪几类?

养护工程按其工程性质、技术复杂程度和规模大小，分为小修保养、中修工程、大修工程、改建工程等四类。

(1)小修保养是指对公路及其沿线设施经常进行维护保养和

修补其轻微损坏部分的作业。

(2)中修工程是指对公路及其沿线设施的一般性损坏部分进行定期的修理加固,以恢复公路原有的技术状况的工程。

(3)大修工程是指对公路及其沿线设施的较大损坏进行周期性的综合修理,以全面恢复到原技术标准的工程。

(4)改建工程是指对公路及其沿线设施因不适应现有交通量增长和荷载需要而进行全线或逐段提高技术等级指标,显著提高其通行能力的较大工程项目。

1104 路基养护的小修保养包括哪些作业?

(1)保养作业包括:

1)整理路肩、边坡,修剪路肩、分隔带草木,清除杂物,保持路容整洁;

2)疏通边沟,保持排水系统畅通;

3)清除挡土墙、护坡滋生的有碍设施功能发挥的杂草,修理伸缩缝,疏通泄水孔,清除松动石块等。

(2)小修作业包括:

1)小段开挖边沟、截水沟或分期铺砌边沟;

2)清除零星塌方,填补路基缺口,轻微沉陷翻浆的处理;

3)桥头接线或桥头、涵顶跳车的处理;

4)修理挡土墙、护坡、护坡道、泄水槽、护栏和防冰雪设施等局部损坏;

5)局部加固路肩。

1105 路基养护的中修工程包括哪些作业?

(1)局部加宽、加高路基或改善个别急弯、陡坡、视距;

(2)全面修理、接长或个别添建挡土墙、护坡、护坡道、泄水槽、护栏及铺砌边沟;

(3)清除较大塌方,大面积翻浆、沉陷处理;

(4)整段开挖边沟、截水沟或铺砌边沟;

(5)过水路面的处理;

(6)平交道口的改善;

(7)整段加固路肩。

1106 路基养护的大修工程和改建工程包括哪些作业?

大修工程包括:

(1)在原公路技术等级内整段改善线形;

(2)拆除、重建或增建较大挡土墙、护坡等防护工程;

(3)大塌方的清除及善后处理。

改建工程是指整段加宽路基、改善公路线形,提高技术等级的工程。

1107 路面养护的小修保养包括哪些作业?

(1)保养作业包括:

1)清除路面泥土、杂物,保持路面整洁;

2)排除路面积水、积雪、积冰、积沙,铺防滑料、灭尘剂或压实积雪维持交通;

3)砂土路面刮平,修理车辙;

4)碎砾石路面匀、扫面砂,添加面砂,洒水润湿,刮平波浪,修补磨耗层;

5)处理沥青路面的泛油、壅包、裂缝、松散等病害;

6)水泥混凝土路面日常清缝、灌缝及堵塞裂缝;

7)路缘石的修理和刷白。

(2)小修作业包括:

1)局部处理砂石路的翻浆变形,添加稳定料;

2)碎砾石路面修补坑槽、沉降,整段修理磨耗层或扫浆铺砂;

3)桥头、涵顶跳车的处理;

4)沥青路面修补坑槽、沉陷,处理波浪、局部龟裂、啃边等病害;

5)水泥混凝土路面板块的局部修理。

1108 路面养护的中修工程包括哪些作业?

(1)砂土路面处理翻浆,调整横坡。

(2)碎砾石路面局部路段加厚、加宽,调整路拱、加铺磨耗层,处理严重病害。

(3)沥青路面整段封层罩面。

(4)沥青路面严重病害的处理。

(5)水泥混凝土路面严重病害的处理。

(6)水泥混凝土路面接缝材料的整段更换。

(7)整段安装、更换路缘石。

(8)桥头搭板或过渡路面的整修。

1109 路面养护的大修工程和改建工程包括哪些作业?

(1)大修工程包括:

1)整段用稳定材料改善土路;

2)整段加宽、加厚或翻修重铺碎砾石路面;

3)翻修或补强重新铺装、简易铺装路面;

4)补强、重铺或加宽铺装、简易铺装路面。

(2)改建工程包括:

1)整线整段提高公路技术等级,铺筑铺装、简易铺装路面;

2)新铺碎砾石路面;

3)水泥混凝土路面病害处理后,补强或改建为沥青混凝土路面。

1110 桥梁、隧道、涵洞的保养小修工程包括哪些作业?

(1)保养作业包括:

1)清除污泥、积雪、积冰、杂物,保持桥面清洁;

2)疏通涵管,桥下河槽;

3)伸缩缝养护,泄水孔疏通,钢支座加润滑油,栏杆油漆;

4)桥涵的日常养护;

5)保持隧道内及洞口清洁。

(2)小修作业包括:

1)局部修理、更换桥栏杆和修理泄水孔、伸缩缝、支座和桥面的局部轻微损坏;

2)修补墩、台及河床铺底和防护圬工的微小损坏;

3)涵洞进出口铺砌的加固修理;

4)通道的局部维修和疏通修理排水沟;

5)清除隧道洞口碎落岩石和修理圬工接缝,处理渗漏水。

1111　桥梁、隧道、涵洞养护的中修工程包括哪些作业?

(1)修理、更换木桥的较大损坏构件及防腐;

(2)修理更换中小桥支座、伸缩缝及个别构件;

(3)大中型钢桥的全面油漆除锈和各部件的检修;

(4)永久性桥墩、台侧墙及桥面的修理和小型桥面的加宽;

(5)重建、增建、接长涵洞;

(6)桥梁河床铺底或调治构造物的修复和加固;

(7)隧道工程局部防护加固;

(8)通道的修理与加固;

(9)排水设施的更换;

(10)各类排水泵站的修理。

1112　桥梁、隧道、涵洞养护的大修工程包括哪些作业?

(1)在原技术等级内加宽、加高、加固大中型桥梁;

(2)改建、增建小型桥梁和技术性简单的中桥;

(3)增建、改建较大的河床铺底和永久性调治结构物;

(4)吊桥、斜拉桥的修理与个别索的调整更换;

(5)大桥桥面铺装的更换;

(6)大桥支座、伸缩缝的修理更换;

(7)通道改建;

(8)隧道的通风和照明、排水设施的大修或更新;

(9)隧道的较大防护、加固工程。

1113 桥梁、隧道、涵洞养护的改建工程包括哪些作业?

(1)提高公路技术等级,加宽、加高大中型桥梁;

(2)改建、增建小型立体交叉;

(3)增建公路通道;

(4)新建渡口的公路接线、码头引线;

(5)新建短隧道工程。

1114 交通工程及沿线设施养护工程的保养和小修作业包括哪些?

保养作业包括:标志牌、里程碑、百米桩、界碑、轮廓标等埋置、维护或定期清洗。

小修作业包括:(1)护栏、隔离栅、轮廓标、标志牌、里程牌、百米桩、防雪栏栅等修理或部分添置更换;(2)路面标线的局部补画。

1115 交通工程及沿线设施养护工程的中修作业包括哪些?

(1)全线新设或更换永久性标志牌、里程碑、百米桩、轮廓标、界碑等;

(2)护栏、隔离栅、防雪栏栅等的全面修理更换;

(3)整段路面标线的画设;

(4)通信、监控、收费、供配电设施的维修。

1116 交通工程及沿线设施养护工程的大修与改建作业包括哪些?

大修作业包括:

(1)护栏、隔离栅、防雪栏栅等增设;

(2)通信、监控、收费、供配电设施的更新。

改建过程包括:

(1)整段增设防护栏、隔离栅等；

(2)整段增设通信、监控、收费、供配电设施。

1117　绿化养护工程的保养、小修和中修作业包括哪些?

保养作业包括：

(1)行道树、花草的抚育、抹芽、修剪、治虫、施肥；

(2)苗圃内幼苗的抚育、灭虫、施肥、除草。

小修作业包括：

(1)行道树、花草缺株的补植；

(2)行道树冬季刷白。

中修作业包括：更新、新植行道树、花草，开辟苗圃等。

第二节　养护工程管理

1201　公路养护工程管理工作的原则是什么?

公路养护工程管理工作实行“统一领导，分级管理”的原则。

(1)国务院交通主管部门主管全国公路养护工程的管理工作。

(2)省级交通主管部门主管本行政区域内公路养护工程的管理和监督工作。县级以上人民政府交通主管部门按照省人民政府的规定主管本行政区域内公路养护工程的管理和监督工作。

(3)公路养护工程的具体管理工作，根据省级人民政府交通主管部门的授权，以及目前各级公路管理机构的职责分工，由县级以上人民政府交通主管部门设置的公路管理机构负责。一般地，省、市、县公路管理机构，市、县地方公路管理机构，对所管辖的公路行使养护工程的具体行政管理职责。

(4)乡道养护工程的管理工作，由乡(镇)人民政府负责，县级交通主管部门负责行业管理和技术指导。

(5)企业或经济实体经营的收费公路，其养护工程由经营企业或经济实体根据省交通主管部门提出的公路服务质量指标，从收取的车辆通行费中，安排资金组织实施，省级公路管理机构或受其委托的管理机构负责监管。

1202 公路养护管理的基本要求是什么？

(1)各级公路管理机构要积极采用现代化管理手段和先进养护技术，大力推广和应用新技术、新材料、新工艺、新设备，不断提高公路养护管理技术水平。

(2)公路养护工程管理工作要把工程质量放在首位，建立、健全质量控制体系，严格检查验收制度，提高投资效益。

(3)对于公路养护的中修和大修工程，各地公路管理机构应引入竞争机制，并逐步推行招投标制度和工程监理制度；对于公路改建工程，应当实行招投标制度、工程监理制度和合同管理制度。

(4)对修复、增设、绿化等专项工程，应根据工程量、规模大小，分别按中修、大修和改建工程管理程序进行管理。

(5)公路养护工程施工时，施工单位应按照有关标准、规范的规定在养护工程施工路段设置标志，必要时还应安排专人进行管理和指挥，以确保养护工程实施路段的行车安全。车辆不能通行的路段必须修建临时便道或便桥，并做好便道、便桥的养护管理工作。

(6)对由于不可抗拒的自然灾害(如风、沙、雨、雪、洪水、地震等)破坏的公路、桥涵等设施，地(市)、县级公路管理机构要组织人员和设备及时进行抢修。公路管理机构难以及时恢复时，县级以上地方人民政府应当及时组织当地机关、团体、企业事业单位、城乡居民进行抢修，并可以请求当地驻军支援，尽快恢复交通。

(7)公路养护工作中应推广预防性养护工作，推广和应用新技术、新材料、新工艺、新设备，不断提高公路养护管理技术水平。

(8)对有关公路养护工程的计划、统计、审计、机械设备、设计文件、竣工档案等信息资料，应按相应的管理规定进行管理。

1203　省级交通主管部门对公路养护的监督和管理一般包括哪些内容?

(1)公路养护工程项目的前期工作审核、审批;

(2)审批公路养护工程计划;

(3)审批分级管理范围内养护工程设计、重大变更设计和预算;

(4)按有关规定负责养护工程招投标的监督管理工作;

(5)按有关规定审批分级管理范围内养护工程开工报告;

(6)负责组织分级管理范围内养护工程验收;

(7)制定公路服务质量指标要求;

(8)制订养护工程建设管理有关规定;

(9)协调省管公路项目养护资金的及时拨付到位。

1204　省级公路管理机构对公路养护工程的管理一般包括哪些方面?

(1)负责编制全省公路养护工程计划和公路服务质量指标;

(2)审批分级管理范围内养护工程设计、重大变更设计和预算;

(3)按有关规定审批分级管理范围内养护工程开工报告;

(4)负责养护工程投资管理,按养护工程进度及地方配套资金情况申请或监管省管养护资金的及时拨付;

(5)进行养护工程检查,协调解决施工中存在的问题;

(6)组织分级管理范围内养护工程验收工作。

1205　县级以上人民政府交通主管部门对公路养护工程的监督和管理一般包括哪些内容?

(1)负责本行政区域公路管理机构管理范围内养护工程招投标的监督工作;

(2)负责本行政区域内公路养护工程的质量监督工作;

（3）进行养护工程检查，协调解决养护工程施工中存在的问题。

1206　**市（地）级公路管理机构对公路养护工程的管理一般包括哪些方面？**

（1）编制和上报本市（地）公路养护工程计划；

（2）按有关规定负责本行政区的公路养护工程的具体组织管理工作；

（3）审批分级管理范围保养工程的开工报告；

（4）负责养护工程地方协调工作；

（5）协助省级公路管理机构对养护工程进行投资管理和财务管理；

（6）协助施工企业、监理企业解决工程质量问题；

（7）负责组织分级管理范围内养护工程验收工作。

1207　**经营性和非经营性高速公路公司（管理处）对养护工程的管理一般包括哪些方面？**

（1）负责所辖公路的养护管理工作；

（2）严格执行部、厅有关公路养护管理标准和考核办法。结合实际制定公路养护管理办法、工作标准和工作程序，坚持规范化管理；

（3）建立和健全管辖范围内公路养护管理机构，合理配置技术管理人员，配足必要的养护专用检测设备；创新管理理念，激活用人机制，使养护管理工作高效运转，不断提高公路路况服务水平；

（4）负责编制公路养护计划；

（5）负责对公路养护管理工作进行定期检查考核，及时发现和纠正存在的问题；

（6）负责公路养护工程项目的中修、大修工程方案、预算的审核、审批或申报，负责组织实施或监督实施，并负责按有关规定进行养护工程招投标；

(7)申报养护工程设计、重大变更设计和预算；

(8)按有关规定进行所辖养护工程的建设管理，含养护工程施工、安全生产、质量等管理；

(9)负责组织人员对公路桥梁、隧道、边坡等工程的定期检查、特殊检查，并做好养护质量评定和维修保养考核工作；

(10)预防为主，防治结合，建立公路防汛抢险、除雪防滑等灾害性防治工作长效机制，制定工作预案，并负责组织实施；

(11)负责公路养护管理、技术等业务培训，信息资料的统计分析、档案整理归档工作；及时上报公路养护质量评定资料及其他上级要求的资料；

(12)积极推广应用新技术、新材料、新工艺、新设备，提高公路养护管理现代化水平；

(13)组织养护工程验收工作。

1208　公路养护工程的资金来源于哪里？

公路养护工程资金主要来源于国家依法征集的公路养护资金、财政拨款、车辆通行费和国务院规定的其他筹资方式。公路养护工程资金，必须专项用于公路的养护和改建。做到专款专用，不得挪用和挤占。一般首先满足小修保养、中修、大修和预留抗灾、抢险费用的需要，再安排改建工程。

(1)非收费公路小修保养经费由省级公路管理机构根据所管养公路的行政等级、使用年限、技术等级、交通量和路况现状等因素，按照养护工程定额核定养护经费，实行定额计量管理。收费公路小修保养经费按有关规定执行。

(2)中修工程项目由地(市)级公路管理机构向省级公路管理机构提出建议计划和概算，省级公路管理机构审核、汇总提出建议计划，报省级交通主管部门审批下达。

(3)大修工程项目由地(市)级公路管理机构向省级公路管理机构上报建议计划和概算，省级公路管理机构审核、汇总提出建议计划，报省级交通主管部门审批下达。

1209 公路养护工程计划编制的基本要求是什么？

(1)公路养护工程计划由省级公路管理机构编制，报省级交通主管部门批准后执行。

(2)公路养护工程计划编制时应遵循“先重点、后一般，先干线、后支线”的原则。对于国省干线公路和具有重大政治、经济、国防意义的公路养护工程、抗灾抢险工程，要优先安排。

(3)公路管理机构在安排养护工程项目时，应参照公路路面和桥梁管理系统评定的结果，做到决策科学化。

(4)非收费公路中修工程计划由市(地)级公路管理机构向省级公路管理机构提出建议计划和概算，省级公路管理机构审核汇总后提出建议计划，报省交通主管部门审批后下达。

(5)非收费公路大修工程计划由市(地)级公路管理机构向省级公路管理机构上报建议计划和概算，省级公路管理机构审核汇总后提出建议计划，并报省交通主管部门审批后下达。

(6)经营企业经营的收费公路，其养护工程计划由经营企业编制并报省级公路管理机构核备。经营企业应根据《公路养护技术规范》的要求组织实施。

1210 小修保养工程如何组织实施、管理控制和评定验收？

小修保养是对管养范围内的公路及其沿线设施经常进行维护保养和修补其轻微损坏部分的作业。

(1)小修保养由县级公路管理机构或省级公路管理机构设置的公路管理单位或委托的合同单位，根据上级公路管理机构下达的养护工程计划指标和要求，组织实施。

(2)小修保养要按照有关的公路养护技术规范、操作规程的规定组织实施。同时，要加强对路面、沿线设施及绿化等的养护管理工作，做到全面养护。

(3)公路小修保养的管理应实行检查、考核、评定、报告制度，具体办法由省级公路管理机构制定。各管养单位应建立各类管理台账、填写生产原始记录，严格实行成本核算。

一般地，省级公路管理机构组织公路养护质量检查或抽查；市(地)级公路管理机构实行"每季巡路检查，半年检查初评，年终检查"总评的小修保养检查的评比制度；县(市)级公路管理机构执行"一月一查评，一季一评比，半年初评，年终总评"的公路小修保养质量检查评比制度。

(4)小修保养质量应严格按照有关检查评定标准的规定进行检查评定。对已实施 GBM 工程、文明样板路的路段，其养护质量应达到《国省干线 GBM 工程实施标准》和《国省干线公路文明建设样板路实施标准》的要求。

1211　中修工程如何设计、组织实施、管理控制和评定验收?

中修工程是对公路及其沿线设施的一般性损坏部分进行定期的修理加固，以恢复公路原有技术状况的工程。

(1)列入计划的中修工程项目，应按有关规范、标准进行设计，编制预算。

(2)县级公路管理机构根据地(市)级公路管理机构批复的设计文件组织实施，严格按照有关标准和规范加强质量管理。地(市)级公路管理机构负责检查、监督和验收。

(3)项目完工后，地(市)级公路管理机构应及时组织验收，并将竣工验收资料报省级公路管理机构备案。省级公路管理机构应组织有关人员对其进行抽查。

1212　大修工程如何设计、组织实施、管理控制和评定验收?

大修工程是对公路及其沿线设施的较大损坏进行周期性的综合修理，以全面恢复到原技术标准的工程项目。

(1)大修工程项目，地(市)级公路管理机构应委托具有相应资质的设计单位进行勘察设计，并按照有关规范和标准编制设计文件，报省级公路管理机构审批。

(2)大修工程项目由地(市)级公路管理机构组织实施，并要逐步通过招标、投标选择养护施工单位。

(3)大修工程应严格按照有关的施工规范、标准和操作规程进行施工,并要逐步推行工程监理制度。维持正常的施工秩序,认真做好施工记录,建立完整、可信的技术档案。

(4)省级公路管理机构应加强对大修工程的监督和检查,并根据工程进度及时核拨工程资金。

(5)大修工程完工后,地(市)级公路管理机构应依据合同文本组织有关人员对其进行初验,并向省级公路管理机构提交竣工验收申请。省级公路管理机构应及时组织有关单位和人员对工程进行竣工验收。

1213 改建工程如何设计、组织实施、管理控制和评定验收?

改建工程是对公路及其沿线设施因不适应现有交通量增长和载重需要而提高技术等级指标,显著提高其通行能力的较大工程项目。

(1)省级公路管理机构应根据本辖区路网的总体规划、现有公路的技术状况、通行能力和国民经济发展等的需要,研究提出本辖区的路网改建计划,报省级交通主管部门审批。

(2)国省干线改建工程项目,由省级公路管理机构组织实施;县道改建工程项目,由地(市)级公路管理机构组织实施。

(3)改建工程项目的设计、施工和监理,应实行招投标制度。对于资质、信誉、技术状况等不符合要求的设计、施工和监理单位,不得参加投标。中标的施工单位不得违法转包与分包。

(4)改建工程项目的质量管理应按照《公路工程质量管理办法》的规定执行。

(5)已经批准的改建工程项目,其建设规模、技术标准、路线走向、设计概算等需要变更时,必须报经原批准机关批准。

(6)改建工程项目竣工后,负责组织实施的公路管理机构应根据《公路工程竣工验收办法》的规定,组织初验。初验合格后,要按照竣工验收的有关要求准备竣工验收的各类资料,并向竣工验收的主持单位提交竣工验收申请报告。竣工验收主持单位应按照国家有关规定组织验收。

第三节 公路养护设备及管理

1301 公路日常养护机械设备有哪些?

公路日常养护作业常用到的机械设备有:路面清扫车(清扫宽度 2～3 m)、真空吸扫车、多功能洒水车(5 000～10 000 L,能洒水、浇树、喷药、清洗标志等)、割灌除草机(30 cm^2/s,≥1.8 kW、背携式)、绿篱机、油锯、高枝剪、防撞护栏清洗机、多功能养护机(≥26 kW,可换装挖掘、挖护坑、挖沟等养护作业装置)、公路巡查车(3～6 座)等。

1302 公路养护作业中用于交通安全设施维修的机械设备有哪些?

公路交通安全设施维修养护作业常用的机械设备包括:路面画线机(线宽 80～300 mm,热熔或冷喷式)、路面除线机(线宽 80～300 mm)、高空作业车(举升高度 10～12 m,可用于构造物、沿线设施、行道树养护用)、护栏打桩机(打桩力≥20 kN,用于安装护栏立柱)、护栏拔桩机(用于拔护栏立柱)、护栏板校正机等。

1303 用于除雪清方排障抢险的公路养护机械设备有哪些?

公路养护中,用于用于除雪清方排障抢险的机械设备主要有:除雪撒布机(除雪宽度 1.5～3.5 m,撒布宽度≥6 m,撒布量≥50 g/cm^2,用于推雪除冰,撒防结防滑剂)、装载机(或推土机,一般斗容量宜为 3～5 t,清塌方、推雪用)、挖掘机(斗容≥0.8 m^3)、道路清障车(起吊 5 t,拖力 20 t)、事故抢险车、移动标志车、移动式现场照明设施(照明范围≥200 m,用于夜间抢险及施工)、水泵(扬程≥25 m,吸程≥6 m,用于排水抗洪)等。

1304 公路路面养护作业常用的维修机械设备有哪些?

公路路面养护常用的机械设备包括:

(1)通用机械设备:路面破碎机(液压或气压破碎装置)、路面切割机(用于规范化修补切割)、吹风机(用于坑洞及伸缩缝清理)、路面铣刨机(宽度 0.5～2 m)、清缝机、灌缝机、路缘石成形机(250 mm×250 mm)等。

(2)沥青路面养护机械设备:沥青洒布机(500～2 000 L)、沥青洒布车(≥2 000 L)、稀浆封层车(厚度 3～12 mm)、沥青路面综合养护车(用于路面预防性养护,具有路面破碎、沥青洒布、拌和、压实等功能)、沥青路面加热机(加热面积 0.5～2 m^2)、沥青路面热再生修补车(加热面积 0.5～4 m^2,用于路面热铣或铲油包)、沥青路面就地热再生机组、沥青料就地冷再生机组、沥青混凝土摊铺机(摊铺宽度 4.5～9 m)、石屑撒布机(车)等。

(3)水泥混凝土路面养护机械设备:水泥混凝土摊铺机、水泥混凝土摊铺整平机、真空吸水机(真空度≥97%)、振捣器(1.1 kW)、抹平机(叶片直径 800 mm)、切缝机(刀宽 2.5～6 mm)、路面凿毛机、砂浆灌注机(包括钻孔机械、压浆泵等)、水泥路面破碎机(水泥路面破碎)、多锤头破碎机或共振破碎机(水泥路面破碎压实)、冲击式压实机(水泥路面破碎压实)、回砂机(宽度 1.8～3 m)、撒砂机(宽度 1.5～2 m)、扫浆机(宽度 1.5～2 m)等。

1305 公路路基养护维修常用的机械设备有哪些?

公路路基养护维修常用的机械设备包括:推土机(>56 kW)、挖掘机(斗容量≥0.8 m^3)、挖掘装载机(≥0.6 m^3)、平地机(>100 kW)、稳定土摊铺机(最大宽度 4.5～9 m)、稳定土路拌机(宽度 2 m)、涵洞清淤机(车)等。

1306 公路养护中用于压实的机械有哪些?

公路养护中用于压实的常用机械有:平板振动夯和冲击夯

(100～200 kg,用于日常修补)、手扶振动压路机(≤2 t,用于日常修补)、静碾压路机(≤10 t,用于日常修补)、双钢轮振动压路机(≤8 t,用于日常修补)、双钢轮振动压路机(≥9 t,用于路面压实)、轮胎压路机(16～25 t,用于路基路面压实)、单钢轮压路机(14～28 t,用于路基压实)。

1307　公路养护维修作业常用的装运设备有哪些?

公路养护维修作业常用的装运设备有:拖拉机或家用运输车(0.5～1.5 t)、皮卡(0.5～1 t)、轻型货车(1～4.5 t)、自卸汽车(1.5～15 t)、平板拖车(10～30 t)、装载机(斗容量3～5 t)、沥青运输油罐车(5～10 t)、汽车起重机(10～30 t)等。

1308　公路桥隧养护常用的机械设备有哪些?

公路桥隧养护常用的机械设备有:钢筋加工机械(加工直径6～40 mm,具有切断、调直、弯曲等功能)、钢筋对焊机、喷漆机械、吊装设备(起重能力 5～30 t)、水泥混凝土泵(或车,10～15 m^3/h)、混凝土喷射机(排量 2～6 m^3/h)、压浆设备(压力>10 MPa)、隧道清洗机(或车,5 MPa,50 L/min)等。

1309　公路养护中常用的材料准备及材料生产设备有哪些?

公路养护中常用的材料准备及材料生产设备有:沥青储存加温设备(300～2 000 t)、沥青储存加温罐(50 t)、沥青混合料搅拌站(强制拌和,≥40 t/h,承担薄层罩面或面层翻修的宜配 140～160 t/h)、沥青混合料拌和机(10～30 t)、沥青混凝土热再生拌和设备(>3 t/h)、沥青混凝土冷再生拌和设备(>3 t/h)、稳定土厂拌设备(≥200 t/h)、水泥混凝土拌和站(强制拌和,30 m^3/h)、水泥混凝土拌和机(10～25 m^3/h)、砂浆拌和机(7～12 m^3/h)、凿岩机(钻孔深 3～9 m)、碎石机械(8～10 m^3/h)、地磅(10～40 t)、皮带运输机(带宽 500～800 m)、卷扬机(3～5 t)、发电机组(50～200 kW)等。

1310 路面清扫车分为哪几类？有哪些性能参数？

路面清扫车是配有扫刷等清扫系统的专用车辆，是集路面清扫、垃圾回收和运输为一体的高效清扫设备。主要用于高速公路路面及生活区的日常养护和清扫。路面清扫车分为纯扫式路面清扫车、纯吸式路面清扫车、吸扫式路面清扫车三类。

纯扫式路面清扫车是单纯依靠扫刷清除、垃圾容器收集和运送路面垃圾尘土等污物的清扫车；纯吸式路面清扫车是单纯依靠真空气动输送设备清除、收集和运送路面垃圾尘土等污物的清扫车；吸扫式路面清扫车是依靠机械清扫和真空气动输送设备相结合的方式，清除、收集和运送路面垃圾尘土等污物的清扫车。

路面清扫车的性能参数有：清扫宽度、清扫效率、清扫速度、清扫能力、额定装载质量、垃圾容器有效容积、最大吸入粒度等。

1311 多功能养护机的工作原理是什么？

多功能养护机的工作原理是以中小型机械通用底盘为主机（基础车），操作与控制系统采用积木式模块结构并以全液压方式传动，其功能的增减通过液压集成块的增减实现，作业机具则通过快速液压接头实现连接。可能具备的部分功能、相应配置的机具、连接形式及传动方式见表 1-1。具体配置时，可根据实际情况选择其中若干项目作相应的配置。

表 1-1 多功能养护机选配机具及连接形式

养护作业项目	相应作业机具	连接形式	传动方式	操纵方式
路面清扫	滚扫或盘扫	刚性前或后置	液压	机上操纵
边沟开挖	盘式开沟机	刚性侧置	液压	机上操纵
边坡修整	小型推土铲	刚性前置	液压	机上操纵
树枝及绿化带修剪	液压剪或回旋除草机	刚性侧置或柔性管接	液压	机上操纵或手持操纵
树坑开挖	液压螺旋钻	刚性侧置	液压	机上操纵

续上表

养护作业项目	相应作业机具	连接形式	传动方式	操纵方式
隔离带及栏杆清洁	滚刷	刚性侧置或柔性管接	液压	机上操纵或手持操纵
混凝土路面破碎	液压镐	刚性侧置或柔性管接	液压	机上操纵或手持操纵
混凝土路面切割	液压切割机	柔性管接	液压	手持操纵
路面及边坡压实	液压振动滚筒	推式前置或拖式后置	液压	机上操纵
洒水	拖式水罐配水泵	拖式后置	液压	机上操纵
沥青洒布	拖式油罐配沥青泵	拖式后置	液压	机上操纵
沥青路面铣刨	铣刨刀具	刚性前置或后置	液压	机上操纵
除雪扫雪	滚刷或推雪板	刚性前置	液压	机上操纵
路牌路灯安装维修	铰接式升降台	刚性顶置	液压	机上操纵
物料运输	拖式料斗	拖式后置		机上操纵

1312 沥青路面综合养护车一般由哪几部分组成？分为那些类型？可实现那些养护功能？

沥青路面综合养护车主要结构由烘干滚筒、料斗提升机、强制搅拌机、沥青计量桶、小型旋风炉、卸料机构、通风除尘设备、电控部分、沥青箱、磨煤喷粉机、发电机组、汽车底盘、底架及路面破碎机构等组成。

沥青路面综合养护车按汽车底盘载重量可将修补车分为大、中、小三种类型。大于5 t为大型，3～5 t为中型，小于3 t为小型。按行驶方式分为自行式和拖式两种。按传动方式分为机械传动式、液压传动式、气压传动式、电传动式、综合传动式五种。

沥青路面综合养护车是一种对沥青路面进行综合性维修和保养的养护机械。它可完成路面破碎挖掘、路面碾压、搅拌沥青混合料、旧油层再生利用、加热沥青、工场材料转运、为其他养护机具提供电源、公路检查巡视等多项作业和工序。

1313 路面铣削机一般由哪些部件组成？主要分为哪几类？有什么功能？

路面铣削机一般由发动机、底盘、铣削转子、洒水装置、集料输送装置、液压系统等组成。铣削机可根据铣削型式、结构特点、转子宽度进行分类。

(1)根据铣削型式可分为冷铣式和热铣式两种。冷铣式使用较为普遍，热铣式由于加装了加热装置而使结构较为复杂，一般用于路面再生作业。另外，按铣削转子的旋向可分为顺铣式和逆铣式两种，转子的旋向与行走方向相同为顺铣式，反之则为逆铣式。

(2)根据结构特点可分为四轮式和履带式两种。四轮式机动性好，用于中小型路面铣削机；履带式用于铣削宽度在 2 m 以上的大型机，适用于大面积再生工程等。按铣削转子的位置可分为后悬式、中悬式和后桥同轴式。后悬式即铣削转子悬挂于后桥的尾部，中悬式即铣削转子在前后桥之间，后桥同轴式即铣削转子与后桥同轴布置。

(3)根据转子的宽度可分为小型、中型和大型三种。小型机铣削宽度在 300～800 mm，整机功率 25～70 kW，转子的传动方式一般为机械式；中型机铣削宽度在 1 000～2 000 mm，整机功率 80～180 kW，转子的传动方式多为液压式；大型机铣削宽度在 2 000 mm 以上。

路面铣削机是沥青路面养护施工机械的主要机种之一，主要用于沥青混凝土面层的开挖翻修，可以高效地清除路面壅包、波浪、网纹、车辙等，亦可开挖路面坑槽及沟槽，还可用于水泥路面的拉毛及面层错台的铣平。由于该种设备工作效率高，施工工艺简单，铣削深度易于控制，操作方便灵活，机动性能好，铣削的旧料能直接回收利用，因而被广泛地应用于沥青路面的维修翻新养护施工。

1314　路面加热机由哪几部分构成？常用的有哪几类？

路面加热机主要由燃烧系统、加热装置、燃料罐、液压系统、动力及传动系统、基础车等组成。它必须具有热效率高，加热温度可调节，足够的加热能力，路面的加热温度能满足施工要求，尽量不使沥青变质，有较高的经济性，有完善的安全保护系统等功能。路面加热机的分类如下。

(1)按结构不同可分为集中燃烧式和分散燃烧式。

热风循环式是典型的集中燃烧式加热机，它采用一个大容量的燃烧器并与加热装置分开，设有通风管道和箱罩。燃烧器燃烧产生的热量从通风管送到加热箱罩内均匀地加热路面。集中燃烧式加热温度控制方便，加热宽度通过液压伸缩装置控制加热箱罩的不同位置来调节。

分散燃烧式加热装置由若干加热箱组成，每个加热箱内装有多个(10～100个)小容量燃烧器，直接加热路面。它结构简单，热量损失小，但不便于实现自动控制，加热宽度的调节采用拆去部分加热箱或折叠式结构来实现。

(2)按燃料及加热方式的不同可分为红外线辐射式(燃料LPG)、热风循环式和红外线热风并用式(燃料煤油)。

红外线辐射式加热器是由LPG(液化石油气)在金属网附近燃烧，加热金属，产生红外线辐射到路面上进行加热。它具有加热均匀，热效率高等优点，但要求有较完善的安全防火防爆措施。

热风循环式加热器由煤油燃烧器燃烧产生的热风通过加热装置板上许多风嘴，高速喷射加热路面。抽风机把加热后的余气送回到燃烧室再次加热，循环使用。由于热风循环使用，热效率高，节省燃料，还可以通过温度传感器，在热风发生装置的出口处检测热风的温度，实现微机自动控制燃烧量。因而便于根据路面加热温度的要求，设定燃烧量，控制范围较广。

红外线热风并用式加热器根据形状的不同又可分为圆筒形热反射板式和扁平框架式。圆筒形热反射板式是将燃烧器燃烧的高温火焰吹到圆筒周围产生红外线，并通过顶部的反射板反射到路面上，对路面进行加热。加热能力可通过调节燃烧器的压力及更换喷嘴进行调整，调整范围比热风循环式小。由于加热器箱罩内压力高，可防止冷空气的侵入，热风的排风量大。

扁平框架式加热器是通过燃烧的火焰散射在孔状的波纹板面上，应用热辐射和对流的原理对路面进行加热。此结构受热面积大，热辐射的效果好。加热能力可通过调节压力进行控制，调节范围比热风循环式大。内部热风压力高，可防止冷空气侵入，增大排气量。

1315 沥青路面就地热再生机的分类、结构原理和组成分别是什么?

沥青路面就地热再生机按施工工艺的不同可分为复拌机和重铺机。

复拌机结构原理如图 1-1 所示，主要由新混合料供给装置、翻松装置、新旧混合料搅拌装置、再生混合料摊铺装置、行走装置、动力及其传动装置等组成。作业时复拌机与加热机保持一定的距离并紧跟其后，运料卡车把新混合料卸在接料斗中，复拌机在行进过程中一边把混合料收集到中央，随后进入搅拌器与新混合料拌和成再生混合料，经熨平、压实后，成型路面面层。

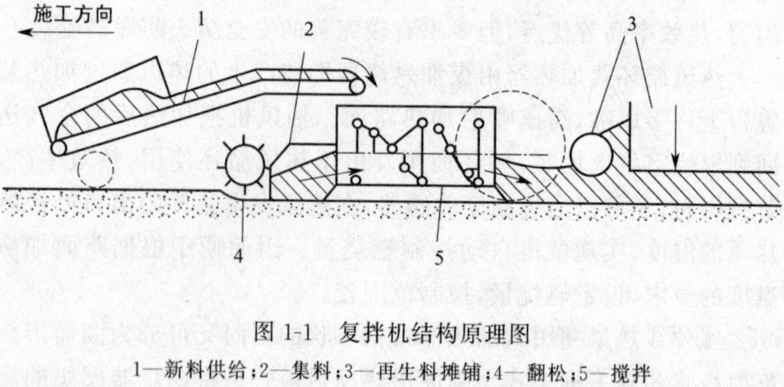

图 1-1 复拌机结构原理图

1—新料供给；2—集料；3—再生料摊铺；4—翻松；5—搅拌

重铺机的结构原理如图 1-2 所示，主要由新混合料供给装置、翻松装置、旧混合料摊铺装置、新混合料摊铺装置、行走装置、动力及其传动装置等组成。

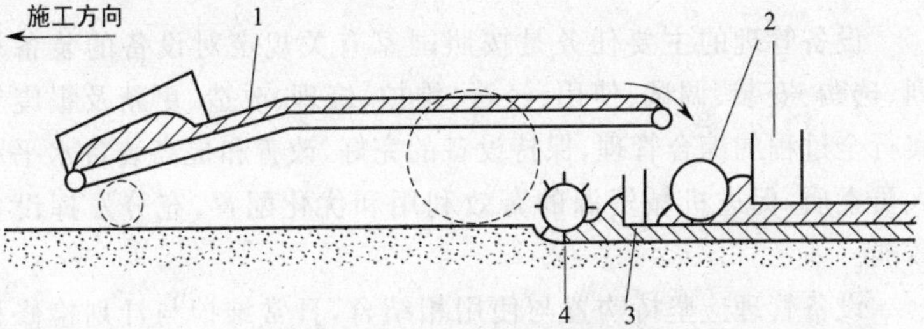

图 1-2　重铺机结构原理图

1—新料供给；2—新料摊铺；3—再生料摊铺；4—翻松搅拌

复拌机与重铺机在整体结构及施工工艺上差别不大，只是复拌机设置了搅拌装置，而重铺机设置了两组熨平装置。目前一般复拌机都具有复拌、重铺两种功能。

1316　沥青料就地冷再生机的组成和工作原理是什么？

就地冷再生机是沥青路面冷再生施工中的主要设备，一般由动力系统、传动系统、工作装置、喷洒系统和操纵控制系统组成。冷再生机的核心是装有大量专用刀头的铣刨和拌和转子。

冷再生机向前行进时，转子向上旋转铣刨原路面材料，同时，水通过软管从就地冷再生机连接的水车中输送过来，并在再生机的拌和仓中喷洒。水的输送量通过微处理器控制的泵送系统精确控制，以达到需要的最佳含水量。

铣刨转子将水与铣刨料充分拌和。液体稳定剂，例如热沥青(冷再生机自带泡沫沥青发泡装置，可将热沥青加热到 160～180 ℃，与少量水混合发泡)可通过专门设计的喷洒嘴被喷洒到拌和腔；粉状稳定剂如水泥需按设计添加量事先洒布在再生机前的路面上，再生机将粉状稳定剂与再生料和水一次性拌和。如遇再生层原级配不良的情况，可在再生前将所缺少的部分集料洒布在路面上，通过与旧料拌和来改善原路面材料的级配。

1317 养护机械设备管理的任务和原则是什么？

设备管理的主要任务是按照国家有关规定对设备的装备规划、选购、安装、调试、使用、经营、维护、修理、改造、更新及报废等实行全过程的综合管理，保持设备的完好，改善和提高装备水平和人员素质，促进机械资源的有效利用和优化配置，充分发挥设备效能。

设备管理应坚持购置与使用相结合，日常维护与计划检修相结合，修理、改造与更新相结合，技术管理与经济管理相结合的原则。应从生产实际出发，加强设备管理，不断提高设备管理水平。

1318 养护机械设备的技术档案一般包括哪些内容？

(1)原始文件。包括使用保养说明书、零件目录、图纸、出厂合格证、设计资料等。

(2)机械附属装置、随机工具、备品登记表及变更记录。

(3)机械技术鉴定试运转记录、修理记录及改装的批件图纸资料等。

(4)机械运行、保养及消耗汇总记录、更换设备(轮胎、钢丝绳、蓄电池等)及主要总成件更换记录。

(5)机械技术等级评定及事故记录资料。

(6)机械履历簿。

1319 养护机械使用的原则有哪些？

(1)机械必须按规定性能使用，严禁不合理使用机械。机械使用的燃料、润滑油必须符合规定的品牌；严禁超负荷使用；严禁任意拆卸及加装非合理工作装置及其结构形式。

(2)机械使用时，要保证人身及机械的安全。凡机械设备的直接操作者，必须经过正规培训，了解设备的技术性能及操作规程，并取得上岗证后方可上机操作。

(3)机械使用时,必须按保养规程按时进行保养。机械在使用时,机手要认真填写运转记录,为以后维修保养及成本核算提供原始数据。

(4)机械的使用,必须贯彻人机固定的原则,各种机械都要严格实行定人、定机、定操作规程等管理制度。主要机械实行专机专人制,多人操作的机械实行机长负责制,对于多班作业的机械,必须认真执行交接班制度。

(5)机械操作人员必须听从施工人员的指挥,正确操作,保证作业质量,作好施工配合,及时完成任务。对于施工人员违反安全操作规程和可能引起危险事故的指挥,操作人员有权拒绝执行。

1320　对处于走合期的养护机械设备使用时有哪些基本要求?

(1)走合期一般规定为 60～100 h,汽车为 1 000 km。

(2)减少负荷 20%～30%,汽车行驶速度不超过 30～40 km/h,在工地上工作时,不超过 20 km/h,不得拖带挂车。

(3)应经常注意检查机械各部运转情况和工作温度,发现不正常情况,应查明原因,及时清除。

(4)在走合期内不得拆除限速器。

(5)按说明书规定加注润滑油。经常注意各连接部分的松紧和磨损情况,随时紧固调整。

(6)走合期完毕后,应进行一次全面检查保养或更换发动机各滤清器,并更换润滑油。

1321　养护机械设备的例保及三级保养主要工作内容有哪些?

(1)例行保养:在机械开工前,班内工作暂停期以及一般工作结束后进行检查保养。主要检查要害部位和工作情况、关键部位的紧固情况以及有无漏油、水、气、电等情况,必要时加添燃料、润滑油脂和冷却水,以确保机械的正常运行和安全生产。例行保养由操作人员按规定执行。

(2)一级保养:主要在于维护机械完好技术状况,确保两次一保间隔中的正常运行。一保时普遍进行清洁、紧固和润滑作业并部分地进行调查和加添润滑油脂;清洗各滤清器。

(3)二级保养:主要在于保持机械各个总成、机构、零件具有良好的工作性能,确保两次二保间隔的正常运行。二保以检查调整为中心,除进行一保的全部内容外,还要从外部检查发动机、燃料系、润滑系、离合器、变速箱、传动轴、主减速器、转向和制动机构、液压和工作装置、电动机、发电机等工作情况,必要时进行调整,并排除所发现的故障。

(4)三级保养:主要在机械经过较长时间的运行后,除进行必要的保养外,重点进行较彻底的检查,发现和消除隐患,确保机械在两次三保间隔期的正常运行。三保以解体检查、消除隐患为中心。除进行二级保养的全部作业内容外,还应对主要部分进行解体检查,发现隐患及时消除。但是,三保的解体与大、中修的解体不同,三保时只打开有关总成的箱盖,检查内容零件的紧固、间隙和磨损等情况,以发现和消除隐患为目的,按保养范围的作业内容进行,不大拆大卸。

(5)大中型机械:一级保养 200 h,二级保养 600 h,三级保养 1 800 h。小型机械:一级保养 600 h,二级保养 1 200 h。各类进口机械:例行保养 8 h,一级保养 250 h,二级保养 1 000 h,三级保养 2 000 h。

1322 养护机械设备有哪些特殊保养?主要保养哪些方面?

特殊保养包括停放保养、走合期保养、换季保养和转移前保养等,是在特定情况下进行的保养。

(1)停放保养:指停放及封存机械的保养,重点是清洁、防腐,每月最少一次,内燃机应定期发动,在特别潮湿的情况下,每半月发动一次。停放保养由操作人员进行,库存机械由管理部门指定保修人员进行保养。

(2)走合期保养:指机械在走合期内和走合期完毕后的保养,

必须加强检查，选用优质润滑油和提前更换润滑油。

(3)换季保养：指进入夏季或冬季前的保养，主要是更换燃滑油料、调整蓄电池电解液比重、采取降温或防寒措施、清洗冷却系等。

(4)转移前保养：根据施工特点，在一工程用完后，虽未到规定的保养周期，但为使机械能迅速投入新的施工生产而进行的保养。作业项目除按二级或三级保养进行外，可增加防腐及喷漆等项目。

1323 养护机械设备的安全使用有什么基本要求？

(1)严格遵守安全操作规程，不得超载、超重、超压、超速使用机械，不得擅离工作岗位。

(2)施工中正确操作机械，对违反机械性能、安全操作规程和可能引起危险事故的指挥，操作人员有权拒绝执行，并立即向机械管理主管报告。

(3)搞好文明生产，保障机械和工作场所的整齐清洁，从事危险作业的区域，应有明显标志和安全措施。

(4)随时注意熄灭火种，在禁止烟火处，不准用明火。

(5)随时注意机器的仪表、公路上的信号灯和各种标志。

(6)按规定穿戴安全防护用具。

(7)作业场地的地面和周围环境应能保证机械安全工作，在路上作业的车辆，必须挂有明显的标志，以提醒其他行驶车辆避让且安全通过。

(8)高速公路上作业的车辆，严禁在中间隔离带紧急出口调头。

第四节 公路技术状况评价

1401 公路技术状况评价指标体系包括哪些指标？

公路技术状况评价包含路面、路基、桥隧构造物和沿线设施四部分内容。公路技术状况用公路技术状况指数 MQI(Maintenance Quality Indicator)和相应分项指标表示。各指标值域均为 0～100。

分项指标包括:路面使用性能指数 PQI (Pavement Quality or Performance Index);路基技术状况指数 SCI (Subgrade Condition Index);桥隧构造物技术状况指数 BCI (Bridge, Tunnel and Culvert Condition Index);沿线设施技术状况指数 TCI (Traffic-facility Condition Index)。

其中路面使用性能指数 PQI 由路面损坏状况指数 PCI (Pavement Surface Condition Index);路面行驶质量指数 RQI (Riding Quality Index);路面车辙深度指数 RD (Rutting Depth Index);路面抗滑性能指数 SRI (Skidding Resistance Index);路面结构强度指数 PSSI (Pavement Structure Strength Index) 构成。

1402 路面损坏状况指数(PCI)如何计算?

路面损坏用路面损坏状况指数(PCI)评价,PCI 按下式计算。

$$PCI = 100 - a_0 DR^{a_1}$$

$$DR = 100 \times \frac{\sum_{i=1}^{i_0} w_i A_i}{A}$$

式中 DR——路面破损率,为各种损坏的折合损坏面积之和与路面调查面积之百分比(%);

A_i——第 i 类路面损坏的面积(m^2);

A——调查的路面面积(调查长度与有效路面宽度之积)(m^2);

w_i——第 i 类路面损坏的权重,沥青路面按表 1-2 取值,水泥混凝土路面按表 1-3 取值,砂石路面按表 1-4 取值;

a_0——沥青路面采用 15.00,水泥混凝土路面采用 10.66,

砂石路面采用 10.10；

a_1——沥青路面采用 0.412，水泥混凝土路面采用 0.461，砂石路面采用 0.487；

i——考虑损坏程度(轻、中、重)的第 i 项路面损坏类型；

i_0——包含损坏程度(轻、中、重)的损坏类型总数，沥青路面取 21，水泥混凝土路面取 20，砂石路面取 6。

表 1-2　沥青路面损坏类型和权重

类型(i)	损坏名称	损坏程度	权重(w_i)	计量单位
1	龟裂	轻	0.6	面积 m^2
2		中	0.8	
3		重	1.0	
4	块状裂缝	轻	0.6	面积 m^2
5		重	0.8	
6	纵向裂缝	轻	0.6	长度 m (影响宽度:0.2 m)
7		重	1.0	
8	横向裂缝	轻	0.6	长度 m (影响宽度:0.2 m)
9		重	1.0	
10	坑槽	轻	0.8	面积 m^2
11		重	1.0	
12	松散	轻	0.6	面积 m^2
13		重	1.0	
14	沉陷	轻	0.6	面积 m^2
15		重	1.0	
16	车辙	轻	0.6	长度 m (影响宽度:0.4 m)
17		重	1.0	
18	波浪壅包	轻	0.6	面积 m^2
19		重	1.0	
20	泛油		0.2	面积 m^2
21	修补		0.1	面积 m^2

表 1-3 水泥混凝土路面损坏类型和权重

类型(i)	损坏名称	损坏程度	权重(w_i)	计量单位
1	破碎板	轻	0.8	面积 m^2
2		重	1.0	
3	裂缝	轻	0.6	长度 m (影响宽度:1.0 m)
4		中	0.8	
5		重	1.0	
6	板角断裂	轻	0.6	面积 m^2
7		中	0.8	
8		重	1.0	
9	错台	轻	0.6	长度 m (影响宽度:1.0 m)
10		重	1.0	
11	唧泥		1.0	长度 m (影响宽度:1.0 m)
12	边角剥落	轻	0.6	长度 m (影响宽度:1.0 m)
13		中	0.8	
14		重	1.0	
15	接缝料损坏	轻	0.4	长度 m (影响宽度:1.0 m)
16		重	0.6	
17	坑洞		1.0	面积 m^2
18	拱起		1.0	面积 m^2
19	露骨		0.3	面积 m^2
20	修补		0.1	面积 m^2

表 1-4 砂石路面损坏类型和权重

类型(i)	损坏名称	权重(w_i)	计量单位
1	路拱不适	0.1	长度 m (影响宽度:3.0 m)
2	沉陷	0.8	面积 m^2
3	波浪搓板	1.0	面积 m^2

续上表

类型(i)	损坏名称	权重(w_i)	计量单位
4	车辙	1.0	长度 m (影响宽度:0.4 m)
5	坑槽	1.0	面积 m^2
6	露骨	0.8	面积 m^2

1403　路面平整度评价指标路面行驶质量(RQI)如何计算?

路面平整度用路面行驶质量指数(RQI)评价,按下式计算:

$$RQI=\frac{100}{1+a_0 e^{a_1 IRI}}$$

式中　IRI——国际平整度指数,指模拟标准车在 80 km/h 速度条件下,车身悬架的总位移(单位为 m)与行驶距离(单位为 km)之比;

a_0——高速公路和一级公路采用 0.026,其他等级公路采用 0.0185;

a_1——高速公路和一级公路采用 0.65,其他等级公路采用 0.58。

1404　路面车辙评价指标路面车辙深度指数(RDI)如何计算?

路面车辙用路面车辙深度指数(RDI)评价,按下式计算。

$$RDI=\begin{cases}100-a_0 RD & (RD\leqslant RD_a)\\ 60-a_1(RD-RD_a) & (RD_a<RD\leqslant RD_b)\\ 0 & (RD>RD_b)\end{cases}$$

式中　RD——车撤深度;

RD_a——车辙深度参数,采用 20 mm;

RD_b——车辙深度限值,采用 35 mm;

a_0——模型参数,采用 2.0;

a_1——模型参数,采用 4.0。

1405 路面抗滑性能指数(SRI)如何计算?

路面抗滑性能用路面抗滑性能指数(SRI)评价,按下式计算:

$$\mathrm{SRI}=\frac{100-\mathrm{SRI}_{\min}}{1+a_0\mathrm{e}^{a_1,\mathrm{SFC}}}+\mathrm{SRI}_{\min}$$

式中 SFC——横向力系数;

$\mathrm{SRI}_{\min}$——标定参数,采用35.0;

a_0——模型参数,采用28.6;

a_1——模型参数,采用−0.105。

1406 路面结构强度指数(PSSI)如何计算?

路面结构强度用路面结构强度指数(PSSI)评价,按下式计算:

$$\mathrm{PSSI}=\frac{100}{1+a_0\mathrm{e}^{a_1\mathrm{SSI}}}$$

$$\mathrm{SSI}=\frac{l_\mathrm{d}}{l_0}$$

式中 SSI——路面结构强度系数,为路面设计弯沉与实测代表弯沉之比;

l_d——路面设计弯沉(mm);

l_0——实测代表弯沉(mm);

a_0——模型参数,采用15.71;

a_1——模型参数,采用−5.19。

1407 路面使用性能指数(PQI)如何计算?

(1)沥青路面使用性能评价包含路面损坏、平整度、车辙、抗滑性能和结构强度五项技术内容。其中,路面结构强度为抽样评定指标,单独计算与评定,评定范围根据路面大中修养护需求、路基的地质条件等自行确定。

(2)水泥混凝土路面使用性能评价包含路面损坏、平整度和抗滑性能三项技术内容；砂石路面使用性能评价只包含路面损坏一项技术内容。

(3)路面使用性能指数(PQI)按下式计算。

$$PQI = w_{PCI} PCI + w_{RQI} RQI + w_{RDI} RDI + w_{SRI} SRI$$

式中　w_{PCI}——PCI 在 PQI 中的权重，按表 1-5 取值；

w_{RQI}——RQI 在 PQI 中的权重，按表 1-5 取值；

w_{RDI}——RDI 在 PQI 中的权重，按表 1-5 取值；

w_{SRI}——SRI 在 PQI 中的权重，按表 1-5 取值。

表 1-5　PQI 分项指标权重

路面类型	权　重	高速、一级公路	二、三、四级公路
沥青路面	w_{PCI}	0.35	0.60
	w_{RQI}	0.40	0.40
	w_{RDI}	0.15	—
	w_{SRI}	0.10	—
水泥混凝土路面	w_{PCI}	0.50	0.60
	w_{RQI}	0.40	0.40
	w_{SRI}	0.10	—

1408　路基技术状况指数(SCI)如何计算？

路基技术状况用路基技术状况指数(SCI)评价，按下式计算。

$$SCI = \sum_{i=1}^{8} w_i (100 - GD_{iSCI})$$

式中　GD_{iSCI}——第 i 类路基损坏的总扣分，最高分值为 100，按表 1-6 的规定计算；

w_i——第 i 类路基损坏的权重，按表 1-6 取值；

i——路基损坏类型。

表 1-6 路基损坏扣分标准

类型(i)	损坏名称	损坏程度	计量单位	单位扣分	权重(w_i)
1	路肩边沟不洁		m	0.5	0.05
2	路肩损坏	轻	m^2	1	0.10
		重		2	
3	边坡坍塌	轻	处	20	0.25
		中		30	
		重		50	
4	水毁冲沟	轻	处	20	0.25
		中		30	
		重		50	
5	路基构造物损坏	轻	处	20	0.10
		中		30	
		重		50	
6	路缘石缺损		m	4	0.05
7	路基沉降	轻	处	20	0.10
		中		30	
		重		50	
8	排水系统淤塞	轻	m	1	0.10
		重	处	20	

1409 桥隧构造物技术状况指数(BCI)如何计算?

桥梁、隧道和涵洞技术状况用桥隧构造物技术状况指数(BCI)评价,按下式计算:

$$BCI=\min(100-GD_{iBCI})$$

式中 GD_{iBCI}——第 i 类构造物损坏的总扣分,最高分值为 100,按表 1-7 的规定计算;

i——构造物类型(桥梁、隧道或涵洞)。

表 1-7　桥隧构造物扣分标准

类型(i)	项目	技术状况评定等级	计量单位	单位扣分	备　注
1	桥梁	一、二	座	0	采用《公路桥涵养护规范》(JTG H11—2004)的评定方法，五类桥梁所属路段的 MQI=0
		三		40	
		四		70	
		五		100	
2	隧道	S:无异常	座	0	采用《公路隧道养护技术规范》(JTG H12—2003)的评定方法，危险隧道所属路段的 MQI=0
		B:有异常		50	
		A:有危险		100	
3	涵洞	好、较好	道	0	采用《公路桥涵养护规范》(JTG H11—2004)的评定方法，危险涵洞所属路段的 MQI=0
		较差		40	
		差		70	
		危险		100	

1410　沿线设施技术状况指数(TCI)如何计算?

沿线设施技术状况用沿线设施技术状况指数(TCI)评价，按下式计算。

$$TCI = \sum_{i=1}^{5} w_i (100 - GD_{iTCI})$$

式中　GD_{iTCI}——第 i 类设施损坏的总扣分，最高分值为100，按表1-8 的规定计算；

w_i——第 i 类设施损坏的权重，按表 1-8 取值；

i——设施的损坏类型。

表 1-8　沿线设施扣分标准

类型(i)	损坏名称	损坏程度	计量单位	单位扣分	权重(w_i)	备注
1	防护设施缺损	轻	处	10	0.25	
		重		30		
2	隔离栅损坏		处	20	0.10	

续上表

类型(i)	损坏名称	损坏程度	计量单位	单位扣分	权重(w_i)	备注
3	标志缺损		处	20	0.25	
4	标线缺损		m	0.1	0.20	每10 m扣1分,不足10 m以10 m计
5	绿化管护不善		m	0.1	0.20	

1411 公路技术状况指数MQI如何确定?

公路技术状况指数MQI按下式计算:

$$MQI=w_{PQI}PQI+w_{SCI}SCI+w_{BCI}BCI+w_{TCI}TCI$$

式中 w_{PQI}——PQI在MQI中的权重,取值为0.70;

w_{SCI}——SCI在MQI中的权重,取值为0.08;

w_{BCI}——BCI在MQI中的权重,取值为0.12;

w_{TCI}——TCI在MQI中的权重,取值为0.10。

1412 路段、路线MQI如何评定?

(1)MQI的基本评定单元是长度为1 000 m的路段。在路面类型、交通量、路面宽度和养管单位变化处,评定单元不受此限制,但评定路段长度不应超过2 000 m。MQI评定路段长度的确定应与路面管理系统(CPMS)的管理路段划分结合起来。

(2)路段MQI计算时,对非整公里的路段,除PQI外,SCI、BCI和TCI三项指标的实际扣分均应换算成整公里值(扣分×基本评定单元长度/实际路段长度)。桥隧构造物评价结果(BCI)计入桥隧构造物所属路段。

(3)存在五类桥梁、危险隧道、危险涵洞的路段,MQI=0。

(4)路线技术状况评定时,应采用路线所包含的所有路段MQI算术平均值作为该路线的MQI值。

1413 公路技术状况如何分级,评定标准是什么?

公路技术状况分为优、良、中、次、差五个等级。公路技术状况等级按表 1-9 规定的标准确定。

表 1-9　公路技术状况评定标准

评价等级	优	良	中	次	差
MQI 及各级分项指标	≥90	≥80,<90	≥70,<80	≥60,<70	<60

第二章　路基与沿线设施养护

第一节　路基技术状况的检测与调查

2101　路基损坏类型分为哪几类？

路基的损坏类型分为：路肩边沟不洁、路肩损坏、边坡坍塌、水毁冲沟、路基构造物损坏、路缘石缺损、路基沉降、排水系统淤塞。除路肩边沟不洁外，其他损坏都分成 2～3 种严重程度等级。

2102　路肩边沟指什么部位？路肩边沟不洁指什么？如何分级？它对公路有什么影响？

路肩边沟包括土路肩、硬路肩和紧急停车带、路基边坡和排水沟等部分。

路肩边沟不洁指路肩及边沟部位有杂物、油渍、垃圾或堆积物等。路肩边沟不洁不分轻重。

路肩边沟不洁一方面会影响公路的美观，另一方面路肩部位的杂物垃圾如被风吹至路面或空中也会对行车安全造成一定的威胁。路肩部位的油渍如不及时清理，会对路肩造成腐蚀，损坏路肩。

2103　路肩边沟不洁如何计量？

路肩边沟不洁的计量按行车方向的长度计算，以米为单位，不足 1 m 按 1 m 计。丈量长度时可用皮尺进行准确测量，也可用其他方式如步子丈量或利用公路上其他标准长度参照物目测估计。

2104　什么是路肩？有什么功能？

路肩是路基基本构造的组成部分，由外侧路缘带、硬路肩、保护性土路肩组成，其功能是：

(1)保护路面边缘，加强路肩整体的稳定性。

(2)停置临时发生故障的车辆。

(3)提供侧向余宽、显示行车道外侧边缘、引导视线、增加行车的安全舒适性；增加挖方弯道地段的视距。

(4)为设置路上设施(标志、防护栅等)或埋设地下管线及养护作业提供场地。

2105 路肩损坏指什么？产生的原因有哪些？

路肩损坏是指砂石路肩、硬路肩或紧急停车带表面出现各种损坏，如坑槽、裂缝、松散等，砂石路肩损坏主要指路肩出现的沉陷、坑槽和露骨等损坏。排水不畅、雨水冲刷、施工或材料不良、外力作用等是造成路肩损坏的主要原因，此外汽车在紧急停车带进行检查修理时往往也会给路肩留下千斤坑迹及油污，形成路肩坑槽等损坏。

2106 路肩损坏如何计量？

沥青路肩和水泥路肩的损坏分别参照沥青路面和水泥路面的损坏形式进行识别，砂石路肩的损坏参照砂石路面的损坏类型中的沉陷、坑槽和露骨进行识别。路肩损坏的测量同路面损坏，根据不同的损坏类型按长度或面积进行丈量或记录。与路面损坏不同，路肩损坏不分类统计，而是将所有形式的损坏按面积累加，以平方米为计量单位，累计面积不足 1 m^2 按 1 m^2 计。路肩损坏分为轻、重二个等级，其中按路面损坏分类标准为轻和中的损坏都归为轻度路肩损坏，砂石路面损坏按轻度处理。按路面损坏分类标准为重度损坏在路肩损坏中也归为重度。

2107 边坡坍塌指什么？产生的主要原因是什么？如何进行计量？

边坡坍塌是指路堑边坡发生岩石塌落、缺口、冲沟、沉陷、塌方等。边坡设计坡度过大、切坡过多、岩石风化、洪水冲刷、春溶等是引起边坡坍塌的主要原因。

边坡坍塌按处进行记录和统计。根据坍塌边坡的长度将损坏程度分为轻、中和重三个等级，其中坍塌长度小于等于 5 m 的计为轻度损坏，坍塌长度介于 5～10 m 的计为中度损坏，坍塌长度大于 10 m 的计为重度损坏。边坡坍塌的长度按沿行车方向的长度实地丈量或目测估计。

2108 水毁冲沟指什么？产生的主要原因是什么？如何进行计量？

水毁冲沟是指填方路段的边坡出现冲沟、缺口、沉陷等损坏。水毁冲沟损坏会严重影响路基的稳定性。高填方路基设计时未按要求进行高路堤稳定性验算、路基压实不够、工程地质不良、路基填料土质差、路基排水不畅或缺乏防护等都会造成水毁冲沟损坏。

水毁冲沟损坏按处进行记录和统计。按冲沟的深度将损坏分为轻、中和重三个等级，其中冲沟深度小于等于 0.2 m 的计为轻度损坏，冲沟深度介于 0.2～0.5 m 的计为中度损坏，冲沟深度大于 0.5 m 的计为重度损坏。测量冲沟深度时用直尺架在冲沟两侧，然后测定直尺与冲沟底部的最大距离。

2109 路基构造物损坏指什么？产生的主要原因是什么？如何进行计量？

路基构造物损坏指路肩边坡挡墙等圬工砌体出现断裂、沉陷、倾斜、局部坍塌、松动、较大面积勾缝脱落等损坏。路基本身不稳定或构造物施工不良是造成路基构造物损坏的主要原因。

路基构造物损坏以处为计量单位。按损坏长度分为轻、中和重三个等级，其中损坏长度小于等于 5 m 的计为轻度损坏，损坏长度介于 5～10 m 的计为中度损坏，损害长度大于 10 m 的计为重度损坏。路基构造物损坏的长度按损坏沿行车方向的长度实地丈量或目测估计。

2110　路缘石缺损指什么？如何进行计量？

路缘石包括中央分隔带、路肩边缘和挡水缘石，路缘石缺损指路缘石损坏或缺少。路缘石损坏按长度测量和统计，以米为单位。损坏不分轻重。测量时按损坏沿行车方向的长度进行实地丈量或目测估计。

2111　路基沉降指什么？如何计量？

路基沉降指路基出现深度大于 30 mm 的整体下沉。路基沉降易发生在高填方路段，路基施工时压实不足、填筑方案不合理是造成路基沉降的主要原因。

路基沉降损坏以处为单位进行记录和统计。按路基沉降的长度分为轻、中和重三个等级，其中损坏长度小于等于 5 m 的计为轻度损坏，长度介于 5～10 m 的计为中度损坏，长度大于 10 m 的计为重度损坏。损坏长度按沉降部分沿行车方向的长度实地丈量或目测估计。

2112　排水系统淤塞指什么？如何进行计量？

路基排水系统包括边沟、排水沟、截水沟及暗沟等。排水系统淤塞指各种排水设施发生淤积或堵塞。排水系统淤塞导致路面或路基水无法及时排出，会加剧水对公路的损坏。沟内杂草未能及时清除，或有垃圾、碎砾石、土等堆积，是造成排水系统淤塞的主要原因。

按淤积程度及排水情况将损坏分为轻度和重度，并采用不同的计量方法。对排水系统发生淤积，但仍可排水，只是过水面积减小的情况，计为轻度损坏；对排水系统发生全截面堵塞，无法排水的情况，计为重度损坏，以处为计量单位。轻度损坏按长度计量，以 m 为单位，按发生淤积的边沟长度实地丈量或目测估计；重度损坏按处记录和统计。

2113 什么是路基翻浆或沉陷？分为哪几种类型和那几个等级？

潮湿地段的路基在冰冻过程中，土中的水分不断向上移动聚集，引起路基土冻胀，春融时路基湿软、强度急剧降低，在行车作用下，路面发生“弹簧”、鼓包、冒浆、车辙、沉陷等现象，形成路基翻浆或沉陷。路基翻浆或沉陷主要发生在我国北方各省份和南方季节性冰冻地区以及泥沼、水网、软土等地区。

路基翻浆根据导致其发生的水类来源和翻浆时路面的变形破坏程度，可分为五种类型和三个等级，见表 2-1 和表 2-2。

表 2-1 翻浆的分类

序号	翻浆类型	导致翻浆的水类来源
1	地下水类	受地下水的影响，土基经常处于潮湿状态，导致翻浆。地下水包括上层滞水、潜水、层间水裂隙水、泉水、管道漏水等。潜水多见于平原区，层间水裂隙水、泉水多见于山区
2	地表水类	受地表水的影响，土基潮湿，导致翻浆。地表水主要指季节性积水，也包括路基、路面排水不良而造成的路旁积水和路面积水
3	土体水类	因施工遇雨或用过湿的土填筑路堤，造成土基原始含水量过大，在负温度作用下上部含水量显著增加导致翻浆
4	气态水类	在冬季强烈的温差作用下，土中水主要以气态形式向上运动，聚积于土基顶部和路面结构层内，导致翻浆
5	混合水类	受地下水、地表水、土体所或气态水等两种以上水类综合作用产生的翻浆。此类翻浆需根据水源主次定名

表 2-2 翻浆的分级

翻浆等级	
轻	路面龟裂、潮湿、车辆行驶时有轻微弹簧
中	大片裂纹、路面松散、局部鼓包、车辙较浅
重	严重变形、翻浆冒泥、车辙很深

2114 路基的检测与调查有哪些基本要求?

(1)公路技术状况检测以 1 000 m 路段为基本检测或调查单元。

(2)公路技术状况数据按上行方向(桩号递增方向)和下行方向(桩号递减方向)分别检测。二、三、四级公路可不分上下行。

(3)公路路基技术状况检测与调查一年进行一次。

(4)公路路基技术状况检测与调查应按损坏类型实地调查。有条件的地区,可借助便携式路况数据采集仪进行现场调查、汇总、计算与评定。调查及汇总表的式样见表 2-3。

表 2-3 路基损坏调查表

<table>
<tr><td>路线名称:</td><td colspan="4">调查方向:</td><td colspan="5">调查时间:</td><td colspan="6">调查人员:</td></tr>
<tr><td rowspan="2">调查内容</td><td rowspan="2">程度</td><td rowspan="2">单位扣分</td><td rowspan="2">权重 w_i</td><td rowspan="2">计量单位</td><td colspan="5">起点桩号:
路段长度:</td><td colspan="5">终点桩号:
路面宽度:</td><td rowspan="2">累计损坏</td></tr>
<tr><td>1</td><td>2</td><td>3</td><td>4</td><td>5</td><td>6</td><td>7</td><td>8</td><td>9</td><td>10</td></tr>
<tr><td>路肩边沟不洁</td><td></td><td>0.5</td><td>0.05</td><td>m</td><td></td><td></td><td></td><td></td><td></td><td></td><td></td><td></td><td></td><td></td><td></td></tr>
<tr><td rowspan="2">路肩损坏</td><td>轻</td><td>1</td><td rowspan="2">0.10</td><td rowspan="2">m²</td><td></td><td></td><td></td><td></td><td></td><td></td><td></td><td></td><td></td><td></td><td></td></tr>
<tr><td>重</td><td>2</td><td></td><td></td><td></td><td></td><td></td><td></td><td></td><td></td><td></td><td></td><td></td></tr>
<tr><td rowspan="3">边坡坍塌</td><td>轻</td><td>20</td><td rowspan="3">0.25</td><td rowspan="3">处</td><td></td><td></td><td></td><td></td><td></td><td></td><td></td><td></td><td></td><td></td><td></td></tr>
<tr><td>中</td><td>30</td><td></td><td></td><td></td><td></td><td></td><td></td><td></td><td></td><td></td><td></td><td></td></tr>
<tr><td>重</td><td>50</td><td></td><td></td><td></td><td></td><td></td><td></td><td></td><td></td><td></td><td></td><td></td></tr>
<tr><td rowspan="3">水毁冲沟</td><td>轻</td><td>20</td><td rowspan="3">0.25</td><td rowspan="3">处</td><td></td><td></td><td></td><td></td><td></td><td></td><td></td><td></td><td></td><td></td><td></td></tr>
<tr><td>中</td><td>30</td><td></td><td></td><td></td><td></td><td></td><td></td><td></td><td></td><td></td><td></td><td></td></tr>
<tr><td>重</td><td>50</td><td></td><td></td><td></td><td></td><td></td><td></td><td></td><td></td><td></td><td></td><td></td></tr>
<tr><td rowspan="3">路基构造物损坏</td><td>轻</td><td>20</td><td rowspan="3">0.10</td><td rowspan="3">处</td><td></td><td></td><td></td><td></td><td></td><td></td><td></td><td></td><td></td><td></td><td></td></tr>
<tr><td>中</td><td>30</td><td></td><td></td><td></td><td></td><td></td><td></td><td></td><td></td><td></td><td></td><td></td></tr>
<tr><td>重</td><td>50</td><td></td><td></td><td></td><td></td><td></td><td></td><td></td><td></td><td></td><td></td><td></td></tr>
</table>

续上表

<table>
<tr><td>路线名称：</td><td colspan="4">调查方向：</td><td colspan="11">调查时间：　　　　调查人员：</td></tr>
<tr><td rowspan="2">调查内容</td><td rowspan="2">程度</td><td rowspan="2">单位扣分</td><td rowspan="2">权重 w_i</td><td rowspan="2">计量单位</td><td colspan="10">起点桩号：　　　　终点桩号：
路段长度：　　　　路面宽度：</td><td rowspan="2">累计损坏</td></tr>
<tr><td>1</td><td>2</td><td>3</td><td>4</td><td>5</td><td>6</td><td>7</td><td>8</td><td>9</td><td>10</td></tr>
<tr><td>路缘石缺损</td><td></td><td>4</td><td>0.05</td><td>m</td><td></td><td></td><td></td><td></td><td></td><td></td><td></td><td></td><td></td><td></td><td></td></tr>
<tr><td rowspan="3">路基沉降</td><td>轻</td><td>20</td><td rowspan="3">0.10</td><td rowspan="3">处</td><td></td><td></td><td></td><td></td><td></td><td></td><td></td><td></td><td></td><td></td><td></td></tr>
<tr><td>中</td><td>30</td><td></td><td></td><td></td><td></td><td></td><td></td><td></td><td></td><td></td><td></td><td></td></tr>
<tr><td>重</td><td>50</td><td></td><td></td><td></td><td></td><td></td><td></td><td></td><td></td><td></td><td></td><td></td></tr>
<tr><td rowspan="2">排水系统淤塞</td><td>轻</td><td>1</td><td rowspan="2">0.10</td><td>m</td><td></td><td></td><td></td><td></td><td></td><td></td><td></td><td></td><td></td><td></td><td></td></tr>
<tr><td>重</td><td>20</td><td>处</td><td></td><td></td><td></td><td></td><td></td><td></td><td></td><td></td><td></td><td></td><td></td></tr>
<tr><td colspan="5">评定结果：</td><td colspan="11">计算方法：
$$SCI=\sum_{i=1}^{8} w_i(100-GD_{iSCI})$$</td></tr>
</table>

第二节　路基养护的要求与方法

2201　公路路基养护的基本要求是什么？

（1）路基养护应根据公路所在地区气候特点，地理、地质条件，加强预防性养护，采取相应的技术措施，防治各种病害。

（2）通过日常巡查，发现病害及时处治，保持良好稳定的技术状况。

（3）路肩无病害，边坡稳定。

（4）排水设施无淤塞、无损坏，排水畅通。

（5）挡土墙等附属设施良好。

（6）加强不良地质路基边坡崩塌、滑坡、泥石流等灾（病）害的巡查、防治、抢修工作。

2202　公路路肩与边坡养护应达到什么要求?

(1)公路路肩应保持平整、坚实,横坡适顺,排水顺畅。土路肩或草皮路肩的横坡应略大于路面横坡,硬路肩与路面同坡。硬路肩产生病害应参照同类型路面病害处治。

(2)路基边坡应保持平顺、坚实,遇有缺口、坍塌、高边坡碎落、侧滑等病害,应分别针对具体情况采取各种相应的加固整修措施。

2203　公路路肩的养护方法有哪些?

(1)当路肩上(建筑限界内)存在栽植乔木或设置附属设施(如标志、标牌等)时,在养护中应逐步消除此类情况,保障公路建筑限界空间不受侵占。对于养路材料,应在路肩外设置堆料台堆放。

(2)对土路肩可种植草皮或利用天然草加固路肩。种植草皮应选择适宜于当地土质、易于成活和生长的草类。采用铺草皮或利用天然草加固土路肩时,草皮或天然草应定期修剪,草高不宜超过 150 mm,以利于排水,并保持路容美观。

2204　公路边坡的养护方法有哪些?

边坡发生病害,应采取相应的技术措施维修和加固。为使边坡状况尽可能与周边自然景观相协调,在有条件的路段应优先采取植物防护坡面技术,如种植灌木、铺草皮或种植香根草。也可采用“液压喷播”、“客土喷播”和“岩质坡面喷混植生技术”等技术措施。

(1)“液压喷播”是利用液态播种原理,先将植物种子(草种、花种或树种)或植物体的一部分(芽、根、茎等可发芽萌生的部分),经科学处理后混入水中,并配以一定比例的专用配料(如肥料、纸浆、黏合剂、保水剂、土壤改良剂等),通过喷播机搅拌,利用高压泵体的作用,喷播在公路路基坡面,促使其生长而形成坡面植被的技术措施。

(2)“客土喷播”技术主要应用于稳定的砂、砾质以及风化岩质边坡坡面，将植物种子、保水材料(高吸水树脂)、稳定材料(水泥和合成树脂类土壤稳定剂)、疏松材料(木糠、谷壳等)、客土和肥料等，经科学配方和混合，通过压缩空气喷于坡面，经过良好养护，生长成植被。

(3)“岩质坡面喷混植生技术”是对裸露的岩质边坡，利用人工配制的有机植物生长基材，配以黏结剂、固网技术，喷射于坡面，使这层适合于植物生长的有机物料紧贴坡面，通过成孔物质的合理配置，使种植基土壤固体、气体、液体三相物质处于平衡状态，创造草类与灌木的良好生长环境，再选用草、灌、藤等种子混合配方，进行液态喷播，以得到石质坡面生态复合功能。

(4)对于土质(或高度风化)路基边坡，河(湖)滩、河(湖)岸、常年受水淹和风浪侵袭的路堤边坡，以及经常有浮石坠落或土块坍落的路暂高边坡，如植树、种草等效果不佳，应采取抛石防护、石笼防护、浆砌或干砌块(片)石护坡，或挡土墙防护，也可考虑喷混凝土、设置碎落台等措施，或采取铁丝网、尼龙编织网、高强塑料网格等，铺于坡面并固定之，在网格内种草，或铺砌框格形砌块，然后在框格内种草等措施。

(5)对于路堑(半路堑)不稳定高边坡，根据边坡的地质条件，除选择采取以上加固措施外，也可打抗滑桩稳固边坡。如有条件，推荐采用预应力锚索钢筋混凝土框格梁加固防护，其原理是锚索一端插入并固定于边坡下基岩或不动体(钻孔、灌浆)，另一端施加预应力，并锚固于浇筑在坡面的钢筋混凝土框格梁上，使边坡坡体在可能失稳之前就受到主动加固支护。采用钢筋混凝土框格梁能有效地使所有锚索整体受力，防止体积较大的孤石在失稳时导致单根锚索受力而破坏。框格梁及锚索的规格尺寸经设计计算确定。

2205　公路排水设施养护有哪些规定？

(1)路基排水设施应保持排水畅通。如有冲刷、堵塞和损坏，应及时疏通、修复或加固。对暗沟、渗沟等隐蔽性排水设施，应加强检查，防止淤塞，如有淤塞，应及时修理、疏通。

(2)路基排水设施断面尺寸和纵坡应符合原设计标准规定。路基边沟沟底应保持不小于0.5%的纵坡，平原地区排水困难路段应不小于0.2%。边沟连续长度过长对排水不利，应分段设置横向排水沟将水流引离路基。其分段长度一般地区不超500 m，多雨地区不超过300 m；若为三角形边沟，其长度不宜超过200 m。当土质边沟纵坡大于3%时，应采取浆砌或干砌块(片)石加固，也可用水泥混凝土浇筑加固，其厚度一般为150～250 mm。

(3)原有排水设施不能满足使用要求时，应适时增设和完善。新增排水设施时，其设计、施工应符合现行《公路路基设计规范》(JTG D30)和《公路路基施工技术规范》(JTG F10)的有关规定。

2206 公路挡土墙养护有什么要求?

(1)对挡土墙应加强检查，发现病害应查明原因，并观察其发展趋势，采取相应的修复、加固等措施，损坏严重时，可考虑全部或部分拆除重建。

(2)应保持挡土墙的泄水孔畅通，定期检查和维修，清理伸缩缝、沉降缝，使其正常发挥作用。

(3)重建或增建挡土墙，应根据公路所在地区地形及水文地质等条件合理选择挡土墙类型，并应符合现行《公路路基设计规范》(JTG D30)和《公路路基施工技术规范》(JTG F10)有关规定。

2207 挡土墙常用的加固方法有哪些?

挡土墙发生病害时，应根据病害情况合理选择加固方法进行加固。当挡土墙产生裂缝、断裂(无沉降错台)并已停止发展时，应在清缝后用水泥砂浆填塞，也可用环氧树脂等材料灌注黏合。当挡土墙发生倾斜、局部鼓出、滑动或下沉等病害时，可采用下列方法之一进行加固：

(1)锚固法：适用于水泥混凝土或钢筋混凝土挡土墙。采用直径在 25 mm 以上的高强螺纹钢筋做锚杆，穿入预先钻就的孔内，用水泥砂浆灌满钢筋插入(扩孔后的)岩体部分并固定锚杆，待砂浆达到一定强度后，对锚杆实施张拉，然后用锚头固紧。必要时，在加固前，可先在挡土墙外侧设置锚杆的断面处现浇宽 300～400 mm、厚 150～250 mm 的水泥混凝土条块，以供埋置锚头之用。

(2)套墙加固法：在原挡土墙外侧加宽基础、加厚墙体。采用套墙加固时，应注意新旧基础、墙体的结合，方法是凿毛旧基础和旧墙体，必要时可设置钢筋锚或石榫增强连接。

(3)增建支撑墙加固法：在挡土墙外侧每隔一定间距增建支撑墙。支撑墙的基础埋置深度、尺寸和间距通过计算确定。

2208 挡土墙的泄水孔应如何养护?

当泄水孔被堵塞而无法疏通时，应另选适当位置增设泄水孔或在挡土墙背后沿挡土墙增设排水设施。一般可增设盲沟将水引离路基，以防止墙后积水引起土压力增加或冻胀，进而损坏挡土墙。

2209 常见的挡土墙类型有哪些? 各适用于什么情况?

(1)重力式挡土墙：适用于一般地区、浸水地区和地震地区的路肩、路堤和路堑等支挡工程。墙高不宜超过 12 m，干砌挡土墙的高度不宜超过 6 m。高速公路、一级公路不应采用干砌挡土墙。

(2)半重力式挡土墙：适用于不宜采用重力式挡土墙的地下水位较高或较软弱的地基上，墙高不宜超过 8 m。

(3)悬臂式挡土墙：宜在石料缺乏、地基承载力较低的填方路段采用，墙高不宜超过 5 m。

(4)扶壁式挡土墙：宜在石料缺乏、地基承载力较低的填方路段采用，墙高不宜超过 15 m。

(5)锚杆挡土墙：宜用于墙高较大的岩质路堑地段，可用做抗滑挡土墙，可采用肋柱式或板壁式单级或多级墙，每级墙高不宜大于 8 m，多级墙体之间应设置宽度不小于 2 m 的平台。

(6)锚定板挡土墙:宜使用在缺少石料地区的路肩墙或路堤式挡土墙,但不应建筑于滑坡、坍塌、软土及膨胀土地区。可采用肋柱式或板壁式,墙高不宜超过 10 m。肋柱式锚定板挡土墙可采用单级墙或双级墙,每级墙高不宜大于 6 m,上、下级墙体之间应设置宽度不小于 2 m 的平台,上、下两级的肋柱宜交错布置。

(7)加筋土挡土墙:用于一般的路肩式挡土墙、路堤式挡土墙,但不应修建在滑坡、水流冲刷、崩塌等不良地质地段。高速公路、一级公路墙高不宜大于 12 m,二级及二级以下公路不宜大于 20 m。当采用多级墙时,每级墙高不宜大于 6 m,上、下级墙体之间应设置宽度不小于 2 m 的平台。

(8)桩板式挡土墙:用于表土及强风化层较薄的均质岩石地基,挡土墙高度可较大,也可用于地震区的路堑或路堤支挡或滑坡等特殊地段的治理。

2210　对透水路堤的养护应符合那些规定?

(1)透水路堤透水层及设置于其内的泄水管应保持稳定和良好的透水(泄水)性能,若有损坏应及时修复。

(2)透水路堤的上下游底铺砌应保持平整密实,若有损坏应及时修复。

(3)透水路堤的透水层,若失去透水性能影响路堤稳定且无法修复时应考虑改建为桥涵。

2211　特殊地区路基的养护有哪些具体要求?

特殊地区主要指盐渍土地区、黄土地区、沙漠地区、多年冻土地区、泥沼和软土地区等。

(1)盐渍土地区公路受水流侵袭后,路基易出现坍塌或溶陷,应加强排水并采取相应的加固措施。

(2)黄土地区路基遇水容易发生沉陷、坍塌、冲沟和蚀宽、边坡松散等病害,应根据各种病害特征采取相应的处治措施。

(3)沙漠地区路基养护应采取“固、阻、输、导”等措施进行综合治理。公路两侧的固沙植物应加强管护。

(4)多年冻土地区的路基养护,应遵循“保护冻土”的原则,填土路基坡脚 20 m 范围内不得破坏原地貌,取土坑应设在坡脚 20 m 以外。

(5)多年冻土地区路基应注意加强排水,填土路基上方 20 m 以外、路堑坡顶 5 m 以外应设置截水沟,将雨雪水引到路基以外。

(6)对有涎流冰产生的路段,应适当提高路基高度,保持路基高于涎流冰最大壅冰高度加 0.5 m。

(7)泥沼和软土地区路基应加强排水,改善排水条件,采取适当的技术措施稳固路基。

2212　盐渍土地区路基加强排水的措施有哪些?

(1)加密、加大或加深排水沟。

(2)对于发生春融、坍塌或溶陷地段应采取打砂砾桩、换填风积砂或矿料、设置护坡道等措施进行加固。

(3)在路基中设置砂砾隔断层,阻止盐分上渗。

(4)当边坡出现沟槽、溶洞、松散等病害时,也可采用盐壳平铺或砂砾黏土平铺拍实加固。

2213　黄土地区路基的主要处置措施有哪些?

(1)加强排水,减少水流对路基的侵蚀(如采取拦水带、急流槽,加大、加深或加固边沟等措施)。

(2)拍紧、拍实边坡,防止坡面松散。

(3)种植适合黄土地区生长的花草或铺草皮加固坡面。

(4)三合土抹面加固坡面。对高路堤可采取葵花拱式砌块铺砌,或将边坡开挖成台阶,台阶宽度不小于 1 m。

2214　多年冻土地区的排水沟、截水沟设置有什么要求?

多年冻土地区路基的排水沟、截水沟应保持深度不小于 0.6 m,沟底宽度 0.4~0.6 m,边坡一般为 1∶1.0~1∶1.5。截水沟应设置于填土路基坡脚上方 20 m 以外、路堑边坡坡顶 5 m 以外。当地下冰层较厚时，排水沟、截水沟不宜过深，必要时可加设挡水埝。当路基处于有涎流冰的山坡时，可在路基上侧边沟外增设聚冰坑和挡冰墙，也可在公路边沟外侧上方 10～15 m 外山坡开挖与路线平行的深沟，沟深 1 ～ 1.2 m，底宽 0.8 ～1.0 m，以截断活动层泉流，使冬季涎流冰聚集在离公路较远处。

2215 泥沼和软土地区路基的病害处治的常规方法有哪些?

泥沼和软土地区路基的病害处治的常规方法有：加深边沟降低水位、修筑反压护道、换填砂砾石或碎石、抛石挤淤砂石垫层、石灰桩、砂井(桩)、袋装砂井、塑料排水板及土工织物滤垫等方法，以改善排水条件，稳固路基不致沉陷。

2216 泥沼和软土地区路基病害处治的新技术有哪些?

泥沼和软土地区路基的病害处治的新技术有："现浇水泥混凝土薄壁筒桩"、"粉体喷射搅拌桩"和"复合载体夯扩桩"等。

(1)"现浇水泥混凝土薄壁筒桩"是一种空心薄壁结构，其主要原理是根据筒桩的设计壁厚，制作成钢质双层环状桩体(类似钢质模板)，连同环形水泥混凝土桩尖打入路基土层，在双层钢质桩体形成的夹层空间内灌入水泥混凝土(同时逐渐拔出钢质桩体，桩尖脱离留于基底)，形成环状薄壁桩，利用其桩身内外的摩阻力及桩尖阻力提高地基及路基土的承载力。

(2)"粉体喷射搅拌桩"是利用专用的粉喷搅拌钻机，将水泥等粉体固化剂强行喷入软土地基中，利用固化剂与软土之间所产生的一系列物理化学反应，使软土结成具有一定强度的不规则桩体而形成复合地基的技术措施。

(3)"复合载体夯扩桩"是利用打桩设备，将软土层在钢质护筒内用细长重锤夯压至设计深度，而后填入碎石、碎砖、干硬性水泥混凝土等填充料继续夯压，在其底部挤密土体，形成复合载体(挤密体)，然后灌注水泥混凝土桩身，振捣密实(同时缓慢拔出护筒)，从而形成深层复合地基，提高地基的变形模量，使其承载能力较原状土的承载能力有较大幅度的提高。

2217 路基翻浆或沉陷的处治方法主要有哪些？适用于什么地区处理哪些水引起的翻浆或沉陷？

路基翻浆或沉陷的处治方法主要有：在路肩上开挖横沟排除路表积水、砂桩、砂砾垫层防治，深挖边沟、提高路基高度、路基换填透水性良好的砂质土，以及设置隔离层、盲沟降低地下水位等措施，也可采用铺设砂垫层改善路面结构以隔断毛细水上升或铺设水泥稳定类、石灰稳定类、石灰工业废渣类等路面基层，提高路面板体水稳定性和力学强度。对于高速公路、一级公路，应采取更彻底的处治措施，如在路基土内压注水泥砂浆、现浇水泥混凝土薄壁筒桩、粉体喷射搅拌桩、砂桩、砂井、袋装砂井、塑料排水板、土工织物滤垫等技术措施。各种措施适用条件见表 2-4。

表 2-4 翻浆防治措施汇总表

序号	措施种类	适用翻浆类型	适用地区
1	路基排水	地下水类；地表水类；混合水类	适用于平原区、丘陵区、山区的新、旧道路
2	加高路基	地下水类；地表水类；混合水类	适用于平原、洼地、平地的新、旧道路
3	砂桩、砂砾、垫层	地下水类；地表水类；土体水类；混合水类	产砂、砾地区的新、旧道路
4	石灰土结构层	地下水类；地表水类；土体水类；气态水类；混合水类	缺少砂、石地区的新、旧道路
5	煤渣、石灰土结构层	地下水类；地表水类；土体水类；气态水类；混合水类	缺少砂、石地区，煤渣供应有保证的新、旧道路
6	透水性隔离层	地下水类；混合水类	产砂、石地区的新道路
7	不透水隔离层	地下水类；地表水类；气态水类；混合水类	沥青、油毡、塑料薄膜供应有保证的新道路
8	盲沟	地下水类；混合水类	坡腰或横向地下水出露地段、地下水位高的地段的新、旧道路
9	换土	地下水类；地表水类；土体水类；混合水类	产砂砾或水稳定性好的材料地区的新、旧道路

2218　处治桥头跳车的主要方法有哪些？

（1）较为简便的是养护中随着路堤下沉加铺桥头路面，即所谓桥头接坡。此方法的缺点是延续时间短，不易彻底消除错台。

（2）采用桥头钢筋混凝土搭板，一般长度为6～8 m。此法仅适用于桥头路堤较小沉降，如沉降较严重，反而使搭板两头形成两次跳车。

（3）较为彻底的方法是改变桥头填土的物理性质，如路基土内压注水泥砂浆、现浇水泥混凝土薄壁筒桩、粉体喷射搅拌桩技术或打砂桩、砂井、袋装砂井及塑料排水板等技术措施。

2219　路基局部改建工程的基本要求是什么？

（1）当中期的局部改建在维持通车的情况下进行时，宜采取半幅施工、半幅养护通车的方式交替施工。施工长度不宜过长。

（2）路基局部改建的设计和施工应符合现行《公路路基设计规范》（JTG D30）和《公路路基施工技术规范》（JTG F10）有关规定。

第三节　沿线设施的养护

2301　什么是防护设施缺损？如何分级与计量？

防护设施缺损指防撞护栏、防落网、声屏障、中央分隔带活动护栏和防眩板等缺少、损坏或损坏修复后部件尺寸和安装质量达不到规范的技术要求。

按损坏长度分为轻和重两个等级。轻：损坏长度小于或等于4 m；重：损坏长度大于4 m。损坏按处计量。

2302 什么是隔离栅损坏？

隔离栅缺口、损坏后修复不及时或修复质量达不到规范的技术要求，所造成的损坏称作隔离栅损坏。损坏不分轻重。损坏按处计算。

2303 什么是标志缺损？如何计量？

标志缺损是指各种交通标志（指示标志、警告标志、禁令标志、里程牌、轮廓标、百米标等）残缺、位置不当或尺寸不规范、颜色不鲜明、污染，可变信息板故障等。

损坏按处计算，其中轮廓标和百米标每3个损坏算1处，同一路段累计不足3个按1处统计。损坏不分轻重。

2304 什么是标线缺损？如何计量？

标线（含凸起路标）缺少或损坏，按长度计量。评定时不考虑车道数量的影响。

2305 什么是绿化管护不善？如何计量？

绿化管护不善是指树木或花草枯萎，路段缺树，虫害未及时防治，或绿化带未及时修剪或有杂物或存在应绿化而未绿化的路段等问题。损坏按沿行车方向的长度计算。

2306 公路沿线设施技术状况检测与调查如何进行？

（1）公路沿线设施技术状况检测以1 000 m路段为基本检测或调查单元。

（2）公路沿线设施技术状况数据按上行方向（桩号递增方向）和下行方向（桩号递减方向）分别检测。二、三、四级公路可不分上下行。

（3）公路沿线设施技术状况评定所需要的数据，按规定的损坏类型实地调查。有条件的地区，可借助便携式路况数据采集仪进行现场调查、汇总、计算与评定。

(4)公路沿线设施技术状况调查及汇总可按表 2-5 进行。

表 2-5　沿线设施损坏调查表

路线名称：	调查方向：						调查时间：						调查人员：		
调查内容	程度	单位扣分	权重 w_i	计量单位	起点桩号：　终点桩号： 路段长度：　路面宽度：										累计损坏
					1	2	3	4	5	6	7	8	9	10	
防护设施缺损	轻	10	0.25	处											
	重	30													
隔离栅损坏		20	0.10	处											
标志缺损		20													
标志缺损		0.1													
绿化管护不善		0.1													
评定结果： TCI=					计算方法： $\mathrm{TCI}=\sum_{i=1}^{5} w_i(100-\mathrm{GD}_{i\mathrm{TCI}})$										

(5)公路沿线设施技术状况调查每年进行一次。

2307　交通工程及沿线设施养护的一般要求是什么？

(1)交通工程及沿线设施包括：交通安全设施、公路机电系统(监控系统、收费系统、通信系统、供配电系统)、服务设施及养护房屋等。

(2)交通工程及沿线设施应遵循“保障安全、提供服务、利于管理”的原则，保持完整、齐全和良好的工作状态。

(3)各种设施应加强养护，及时维修和更换损坏部件。设施不全或设施设置不合理的，应根据公路性质、技术等级和使用要求，有计划、有步骤地补充和完善。

2308 交通安全设施养护的基本要求有哪些？

(1)交通安全设施的养护内容包括：检查、保养维护和更新改造。检查包括经常性检查、定期检查、特殊检查和专项检查。平时应加强日常巡查。

(2)经常性检查的频率不少于 1 次/月；定期检查频率不少于 1 次/年；遭遇自然灾害、发生交通事故或出现其他异常情况时，应及时进行附加的特殊检查；设施更新改造之后，应进行全面的专项检查。

(3)应结合设施特点，加强对交通安全设施的养护维修和更新改造。

(4)交通安全设施的养护应满足设施完整和外观质量、安装质量、技术性能等各项质量要求。

(5)因交通事故、自然灾害或其他原因造成的设施损伤应及时进行修复。

(6)采用长青绿篱和绿色植物进行隔离和防眩时，按照公路绿化的相关规定进行养护。

(7)对于事故多发路段和一些特殊路段，应结合公路安全保障工程的技术内容，及时改造完善各种交通安全设施。

(8)交通安全设施的养护质量按照现行《公路技术状况评定标准》(JTG H20)进行行评定。

2309 公路交通标志的养护应符合哪些要求？

(1)应保持交通标志设置合理、结构安全、版面内容整洁、清晰。

(2)标志板、支柱、连接件、基础等标志部件应完整、无缺损且功能正常。

(3)标志应无明显歪斜、变形，钢构件无明显剥落锈蚀。

(4)标志面应平整，无明显褪色、污损、起泡、起皱、裂纹、剥落等病害。

(5)标志的图案、字体、颜色等应符合相关标准要求。

(6)反光交通标志应保持良好的夜间视认性。

2310 路面标线的养护应符合哪些要求?

(1)具有良好的可视性、边缘整齐、线形流畅,无大面积脱落。

(2)颜色、线形等应符合相关标准要求。

(3)反光标线应保持良好的夜间视认性。

(4)重新画设的标线应与旧标线基本重合。

2311 突起路标的养护应符合哪些要求?

(1)突起路标应无严重的缺损。

(2)破损的突起路标应不对车辆、人员造成伤害。

(3)突起路标应无明显的褪色。

(4)突起路标的光度性能应保持其在夜间良好的视认性。

2312 轮廓标的养护应符合哪些要求?

(1)轮廓标应进行表面清洗。

(2)轮廓标应无缺损。

(3)轮廓标应无明显的褪色。

(4)轮廓标的光度性能应保持其在夜间良好的视认性。

2313 波形梁钢护栏的养护应符合哪些要求?

(1)保持波形梁钢护栏的结构合理、安全可靠。

(2)护栏板、立柱、柱帽、防阻块(托架)、坚固件等部件应完整、无缺损。

(3)护栏质量符合相关标准要求。

(4)护栏的防腐层应无明显脱落,护栏无锈蚀。

(5)护栏板搭接方向正确,螺栓坚固。

(6)护栏安装线形顺畅,无明显变形、扭转、倾斜。

2314　水泥混凝土护栏的养护应符合哪些要求?

(1)保持水泥混凝土护栏线形顺畅、结构合理。

(2)水泥混凝土护栏应无明显裂缝、掉角、破损等缺陷。

(3)水泥混凝土护栏使用的水泥、砂、石、水、外加剂、钢筋等材料质量应符合相关标准、规范及设计要求。

(4)水泥混凝土护栏的几何尺寸、地基强度、埋置深度,以及各块件之间、护栏与基础之间的连接应符合设计要求。

2315　缆索护栏的养护应符合哪些要求?

(1)缆索护栏各组成部件应无缺损。

(2)缆索护栏各组成部件应无明显变形、倾斜、松动、锈蚀等现象。

(3) 缆索护栏使用的缆索、立柱、锚具等材料质量应符合相关标准、规范及设计要求。

2316　隔离栅的养护应符合哪些要求?

(1)应保持隔离栅完整无缺、功能正常。

(2)隔离栅金属网片、立柱、斜撑、连接件、基础等部件应无缺损。

(3)隔离栅质量应符合相关标准要求。

(4)隔离栅应无明显倾斜、变形,各部件稳固连接。

(5)隔离栅防腐涂层应无明显脱落、锈蚀现象。

2317　防眩设施的养护应符合哪些要求?

(1)防眩板、防眩网等防眩设施应保持完整、清洁,具有良好的防眩效果。

(2)防眩设施应安装牢固,无缺损。

(3)防眩设施应无明显变形、褪色或锈蚀。

(4)防眩设施的质量应符合相关标准要求。

2318　公路监控系统的检查、检测和维护有什么具体要求？

公路监控系统的检查、检测和维护要求见表2-6。

表2-6　监控系统检查、检测及维护的主要项目、周期及方法汇总表

序号	项　目	周期	方　法
1	除尘、保洁	d	机房保洁每日一次，摄像机(含镜头)为每月一次，外场设备为每季一次，其他设备每周一次
2	地图屏、投影显示屏各项显示功能检查	d	键入命令观察
3	闭路电视设备检查	周	观察、检查，编解码器和视频切换器每季检查一次
4	车重测量仪设备检查	周	现场检查积水或杂物，机箱、紧固螺(栓)丝。车重测量仪应定期送检
5	一氧化碳浓度、烟雾浓度等环境检测装置	周	观察、检查、保洁与维护
6	交通调查数据采集设备检查	周	检查，检测精度测试每季一次，其中车速用手持式测速器测试对照，车型、流量与人工测试对照
7	浪涌保护器检测	月	性能测试，夏季雷雨季节应及时检查
8	计算机系统维护	月	功能测试，数据保存、备份设备整理，网络及系统目录和文件的维护，系统软件、防病毒软件升级与补丁
9	隧道照明、风机、消防喷淋等的控制系统	月	实际操作，检查其控制功能
10	桥梁检测装置的检查和检测	月	试验、检查
11	通信功能与传输性能测试	季	测试
12	车辆检测器性能测试	季	车速用手持式测速器测试对照，流量与人工测试对照
13	线缆、电源、接插件检查、测试	季	万用表测试(室内为每周一次)
14	可变信息标志显示屏亮度与光控	季	亮度计检测，光控功能试验
15	区域控制器、匝道控制器功能检测	季	试验

续上表

序号	项　　目	周期	方　　法
16	视频光端机发送功率、接收灵敏度检测	年	用光功率计测试
17	气象检测仪检查	年	检查和调整灵敏度，必要时检查和校准传感器
18	外场设备的箱体、门架和紧固件	年	检查、紧固螺(栓)丝，除锈、油漆
19	绝缘电阻测试	年	500 V 兆欧表测试
20	接地电阻测试	年	接地电阻测定仪测试

2319　公路收费系统的检查、检测和维护有什么具体要求?

公路收费系统检查、检测和维护的要求见表 2-7。

表 2-7　收费系统检查、检测及维护的主要项目、周期及方法汇总表

序号	项　　目	周期	方　　法
1	除尘、保洁	d	收费车道亭内设备及费额显示器、雾灯、车道通行灯、电动与手动栏杆等
2	发卡机保养	周	IC 卡：每周检查和清洗驱动轮，每两周检查紧固件、驱动轮； 磁卡：每周清洗磁头，清理纸屑，调整跳板，每月上油、更换色带
3	报警系统、闭路电视检查	周	检查、保洁、摄像机镜头清洁、机身除尘
4	读卡机保洁	周	IC 卡：读卡机清洁； 磁卡：每周清洗磁头、传感器，每季调整传送带
5	电源测试	月	万用表测试
6	浪涌保护器检测	月	性能测试，夏季雷雨季节应及时检查
7	缆线、接插件	月	观察、检查，及时调整、更换、紧固
8	对讲系统性能检查、录音设备保洁	月	试验、测试、调整(包括录音设备)与保洁
9	数据保存、备份	月	数据磁带
10	车道设备检查	月	包括费额显示器、雾灯、车道通行灯等，发现故障，及时维修

续上表

序号	项　　目	周期	方　　法
11	车道控制器	月	每月箱内除尘、风扇清洁，每季空气过滤器清洁，每年更换过滤器
12	电动、手动栏杆	月	紧固、加润滑油、校准
13	车辆检测器	季	线圈电感量、绝缘电阻、功能测试
14	票据打印机	季	清洁，及时更换色带
15	路侧读写单元与天线控制器	季	雷雨季节，应适当增加检查次数
16	计算机系统维护	季	测试，软件修改后应立即测试
17	传输功能测试	年	测试
18	外场附属设备	年	防腐、涂漆
19	绝缘电阻测试	年	500 V 兆欧表测试
20	接地电阻测试	年	接地电阻测定仪测试

2320　公路通信系统的检查、检测和维护有什么具体要求?

公路通信系统的检查、检测和维护的要求见表 2-8。

表 2-8　通信系统检查、检测及维护的主要项目、周期与方法汇总表

序号	项　　目	周期	方　　法
1	数字传输系统监测和记录	d	包括误码秒(ES)、严重误码秒(SES)事件次数，误码计数、误码率(BER)、不可用时间和各类告警等
2	电源和设备状态显示检查	d	每天交接班时检查记录，紧急电话电源每季一次
3	数字程控交换机、IP 网络设备运行状况检查	d	告警、工作电压，数字程控交换机还应包括中继闭塞、设备和电路变更等状况，IP 网络设备还应包括路由器的路由表、端口流量、交换机的 VLAN 表和端口流量等
4	机房与设备保洁、除尘	周	设备表面清扫除尘每周一次，机顶、走线架、配线架及机框内部清扫除尘每年一次
5	浪涌保护器检测	月	性能测试，夏季雷雨季节应及时检查
6	数字程控交换机、IP 网络维护	月	包括防尘滤网除尘或更换，数字程控交换机磁带机清洁、系统时间核准、后备磁带(光盘)制作、告警记录分析等

续上表

序号	项　目	周期	方　法
7	紧急电话总机、分机外观与功能检查、维护	月	检查并进行通话试验
8	数字传输系统网管数据备份	季	数据修改后和网管系统升级前应及时做好数据备份
9	光电缆线路巡视检查	季	尾纤(缆)、终端盒、配线架外观检查每月一次,人孔内检查有无积水、垃圾每半年一次
10	数字程控交换机性能测试	季	包括告警性能、中继线电路、迂回路由、I/O设备诊断等,障碍自动诊断、信号音电平、计费差错率等测试每年一次
11	无线通信设备的检查	季	转发器功率及接收灵敏度、收信机分路器隔离度及损耗、返馈系统、发信机合路器损耗和系统控制器功能等测试
12	数字传输系统倒换试验、光功率测试	半年	包括更换滤尘网,网管无此功能可不测发送和接 收光功率
13	电缆绝缘电阻测试	年	绝缘电阻测试仪抽测10%芯线
14	光纤通道后向散射信号曲线测试检查	年	OTDR测试
15	数字传输系统通道误码性能测试	年	每个组抽测一个通道,在线测试24 h
16	无线铁塔检查	年	天线、避雷针、地线、紧固螺丝、锈蚀和基础等
17	强电端与外壳的绝缘电阻测试	年	500 V兆欧表测试
18	防雷和接地检查	年	防雷测试仪和接地电阻测定仪测试

2321　公路供配电系统的检查、检测和维护有什么具体要求。

公路供配电系统的检查、检测和维护的要求见表2-9。

表2-9　供配电系统检查、检测及维护的主要项目、周期与方法汇总表

序号	项　目	周期	方　法
1	电力变压器检查	d	按变压器的要求进行声响、温升、瓷套管、负荷、冷却、通风装置、高低压接线、周围环境等检查

续上表

序号	项　　目	周期	方　　法
2	油浸和气体继电器的油位、油色及密封检查	d	油浸式变压器检查项目，目测检查油位、油色及 有无渗油、漏油现象
3	低压配电设备检查	d	包括母线及接头的温度、绝缘瓷瓶、电缆及其终端头、熔断器的检查
4	有值守变配电所巡视并记录	班	每年一次或每次短路跳闸后进行定期维修
	无人值守变配电所(包括箱式变电站)	周	
5	低压配电室的通风、照明及安全防火装置	周	观察，包括周围情况，发现问题，及时整改
6	低压供配电设备的电容器	周	检查与维护
7	二次系统的设备工作状况	月	包括仪表、继电器，以及电力监控远程终端等
8	架空、电缆线路巡查和维护	月	巡查，发现异常情况，及时处置
9	接地装置检查	月	接地连接处有无松动、脱落、断线
10	照明设备巡视检查	月	包括灯具、配电箱的检查，发现损坏更换
11	交流稳压器、开关电源、不间断电源、太阳能电池、外场电源箱等电源检查	季	不间断电源、蓄电池每周一次；柴油发电机每周 开机一次，并进行例行保养，二、三级保养
12	高压开关电器	半年	隔离开关、断路器、负荷开关、熔断器的检查
13	管道、人井维护和线路检修	半年	及时排水和检修
14	照明设备的清扫与检修	半年	保洁与维修，包括光控、时控、高杆灯的升降器
15	低压供电设备检修	年	更换已损器件，箱式变压器两年一次预防性试验
16	接地电阻测试	年	接地电阻测定仪测试
17	变压器和避雷器绝缘保护和放电试验	两年	宜由电业部门进行

2322 公路绿化养护管理的一般原则是什么?

(1)公路绿化应贯彻“因地制宜、因路制宜、适地适树”的方针,科学规划,合理选择绿化植物品种。公路绿化规划,应根据公路等级、沿线地形、土质、气候环境和绿化植物的生物学特性,以及对绿化的功能要求,结合地方绿化规划进行编制。

(2)新、改建公路的绿化工程应与公路主体工程设计、施工、验收同步进行,由公路养护部门一并接养。

(3)公路绿化栽植成活率、保存率指标应符合要求,绿化植物应定期进行修剪、整形,加强病虫害防治。

2323 不同类型区公路绿化栽植成活率、保存率应分别符合什么要求?

(1)平原区:成活率达90%为合格,95%(含)以上为优良;保存率达85%为合格,90%(含)以上为优良。

(2)山区:成活率达85%为合格,90%(含)以上为优良;保存率达80%为合格,85%(含)以上为优良。

(3)寒冷草原区及沙、碱、干旱区:成活率达75%为合格,80%(含)以上为优良;保存率达70%为合格,75%(含)以上为优良。

2324 不同等级和不同路段公路绿化,应分别符合什么要求?

(1)高速公路、一级公路的中央分隔带宜种植灌木、花卉或草皮。服务区应结合当地环境、景观要求,另行设计,单独实施。

(2)二级及二级以下公路,宜采用乔木与灌木相结合的方式,并充分体现当地特色。

(3)平面交叉在设计视距影响范围以内,不得种植乔木;在不影响视线的前提下,可栽植常绿灌木、绿篱和花草。

(4)小半径平曲线内侧不得栽植影响视线的乔木或灌木,其外侧可栽植成行的乔木,以诱导汽车行驶,增加安全感。

(5)立体交叉分割形成的环岛,可选择栽植小乔木或灌木,实现丛林化。互通式立体交叉的匝道转弯处构成的三角区内，应满足通视要求。

(6)隧道进出口两侧 30～50 m 范围内，宜栽植高大乔木，尽可能形成隧道内外光线的过渡段，以利车辆安全行驶。

(7)桥头或涵洞两头 5～10 m 范围内，不宜栽植乔木，以免根系破坏桥(涵)台。

2325　不同类型地区的公路绿化，应分别符合什么要求？

(1)山区：应实施具有防护功能的绿化工程，如防护林带、灌木、草皮护坡等。

(2)平原区：应栽植单行或多行防护林带。

(3)草原区：应在线路两侧栽植以防风、防雪为主的防护林带。

(4)风沙危害地区：以营造公路防风、固沙林带为主，栽植耐干旱、根系发达、固沙能力强的植物品种。

(5)盐碱区：应选择抗盐碱、耐水湿的乔木、灌木品种，配栽成多行绿化带。

(6)旅游区：通往名胜古迹、风景区、疗养休闲区、湖泊等地的公路，应注重美化，营造风景林带，可栽植有观赏价值的常绿乔木、灌木、花卉以及珍贵树种和果树类。

2326　公路绿化植物的栽植、管理有哪些基本要求？

(1)公路绿化植物的栽植应符合现行《公路工程技术标准》(JTG B01)关于公路建筑限界的规定，乔木和灌木的株行距可根据不同的树种、冠幅大小选择。

(2)绿化植物成活后到郁闭前，应加强抚育管理，及时检查、补植、浇水、除草、松土、施肥、整形等。绿化植物郁闭后，应及时修剪抚育。

(3)加强公路绿化巡查，根据各类绿化植物病虫害发生、发展和传播蔓延的规律，及时采取相应防治措施，保障绿化植物正常生长。每年春季或秋季，宜在乔木树干上距地面 1～1.5 m 高度范围内刷涂白剂。防治绿化植物病虫害应以预防为主，开展生物、化学防治与营林措施相结合进行综合防治、应贯彻“治早、治小、治了”的防治方针。严格苗木检疫制度，消灭越冬虫卵、蛹，烧毁落叶虫婴、虫茧，及时消除衰弱、病害植株。

(4)绿化公路的乔木、灌木、花草及防护林、风景林等，不宜在较长路段内采用同一绿化植物品种，应分段轮换栽植不同品种，以减少病虫害的传播和蔓延。

2327 哪些情况下履行报批手续经批准后可对绿化进行采伐或更新?

(1)公路路树过密且不宜移植，需进行抚育采伐的；

(2)经有关部门鉴定，树木确已进入衰老期或品种严重退化的；

(3)公路改建或加宽需采伐原有公路绿化的；

(4)公路树木发生大规模病虫害，经有关部门鉴定确需采伐或更新的；

(5)生长弱势，绿化效果差，影响路容路貌的。

第三章　路面养护

第一节　路面技术状况的检测与调查

3101　公路路面技术状况的检测与调查的基本要求有哪些？

(1)公路路面技术状况检测以 1 000 m 路段为基本检测或调查单元。

(2)公路路面技术状况数据按上行方向(桩号递增方向)和下行方向(桩号递减方向)分别检测。二、三、四级公路可不分上下行。

(3)采用快速检测方法检测路面使用性能评定所需数据时，每个检测方向至少检测一个主要行车道。

3102　路面损坏状况检测如何进行？

(1)路面损坏状况检测，宜采用自动化的快速检测方法，条件不具备时，可人工检测。

(2)采用快速检测设备检测路面损坏时，应纵向连续检测，横向检测宽度不得小于车道宽度的 70%。检测设备应能够分辨 1 mm以上的路面裂缝，检测结果宜采用计算机自动识别，识别准确率应达到 90%以上。

(3)采用人工方法调查时，调查范围应包含所有行车道，按规定的损坏类型实地调查。有条件的地区，可借助便携式路况数据采集仪进行现场调查、汇总、计算与评定。紧急停车带按路肩处理。

(4)路面损坏检测数据应以 100 m(人工检测)或 10 m(快速检测)为单位长期保存。

(5)沥青路面损坏调查与汇总可按表 3-1 进行。

表 3-1　沥青路面损坏调查表

路线名称		调查方向		调查时间						调查人员				
调查内容	程度	权重 w_i	单位	起点桩号：　终点桩号： 路段长度：　路面宽度：										累计损坏
				1	2	3	4	5	6	7	8	9	10	
龟裂	轻	0.6	m^2											
	中	0.8												
	重	1.0												
块状裂缝	轻	0.6	m^2											
	重	0.8												
纵向裂缝	轻	0.6	m^2											
	重	1.0												
横向裂缝	轻	0.6	m^2											
	重	1.0												
坑槽	轻	0.8	m^2											
	重	1.0												
松散	轻	0.6	m^2											
	重	1.0												
沉陷	轻	0.6	m^2											
	重	1.0												
车辙	轻	0.6	m^2											
	重	1.0												
波浪壅包	轻	0.6	m^2											
	重	1.0												
泛油		0.2	m^2											
修补		0.1	m^2											

评定结果：	计算方法：
DR=　　% PCI =	$PCI=100-a_0DR^{a_1}$　　$DR=100\times\frac{\sum_{i=1}^{i_0}w_iA_i}{A}$ $a_0=15.00$　　$a_1=0.412$

(6)水泥混凝土路面损坏调查与汇总可按表 3-2 进行。

表 3-2　水泥混凝土路面损坏调查表

调查内容	程度	权重 w_i	单位	1	2	3	4	5	6	7	8	9	10	累计损坏
路线名称		调查方向		调查时间					调查人员					
				起点桩号：路段长度：					终点桩号：路面宽度：					
破碎板	轻	0.8	m^2											
	重	1.0												
裂缝	轻	0.6	m											
	中	0.8												
	重	1.0												
板角断裂	轻	0.6	m^2											
	中	0.8												
	重	1.0												
错台	轻	0.6	m											
	重	1.0												
唧泥		1.0	m											
边角剥落	轻	0.6	m											
	中	0.8												
	重	1.0												
接缝料损坏	轻	0.4	m											
	重	0.6												
坑洞		1.0	m^2											
拱起		1.0	m^2											
露骨		0.3	m^2											
修补		0.1	m^2											
评定结果：DR=　　%　PCI =				计算方法：$PCI=100-a_0 DR^{a_1}$　$DR=100\times\frac{\sum_{i=1}^{i_0} w_i A_i}{A}$　$a_0=10.66$　$a_1=0.461$										

(7)砂石路面损坏调查与汇总可按表 3-3 进行。

表 3-3　砂石路面损坏调查表

<table>
<tr><td>路线名称</td><td colspan="2">调查方向</td><td colspan="3">调查时间</td><td colspan="3"></td><td colspan="4">调查人员</td><td></td></tr>
<tr><td rowspan="2">调查内容</td><td rowspan="2">权重
w_i</td><td rowspan="2">单位</td><td colspan="10">起点桩号：　　终点桩号：
路段长度：　　路面宽度：</td><td rowspan="2">累计
损坏</td></tr>
<tr><td>1</td><td>2</td><td>3</td><td>4</td><td>5</td><td>6</td><td>7</td><td>8</td><td>9</td><td>10</td></tr>
<tr><td>路拱不适</td><td>0.1</td><td>m</td><td></td><td></td><td></td><td></td><td></td><td></td><td></td><td></td><td></td><td></td><td></td></tr>
<tr><td>沉陷</td><td>0.8</td><td>m^2</td><td></td><td></td><td></td><td></td><td></td><td></td><td></td><td></td><td></td><td></td><td></td></tr>
<tr><td>波浪搓板</td><td>1.0</td><td>m^2</td><td></td><td></td><td></td><td></td><td></td><td></td><td></td><td></td><td></td><td></td><td></td></tr>
<tr><td>车辙</td><td>1.0</td><td>m</td><td></td><td></td><td></td><td></td><td></td><td></td><td></td><td></td><td></td><td></td><td></td></tr>
<tr><td>坑槽</td><td>1.0</td><td>m^2</td><td></td><td></td><td></td><td></td><td></td><td></td><td></td><td></td><td></td><td></td><td></td></tr>
<tr><td>露骨</td><td>0.8</td><td>m^2</td><td></td><td></td><td></td><td></td><td></td><td></td><td></td><td></td><td></td><td></td><td></td></tr>
<tr><td colspan="3">评定结果：
DR=　　%
PCI=</td><td colspan="11">计算方法：
$PCI=100-a_0 DR^{a_1}$
$DR=100\times\frac{\sum_{i=1}^{i_0} w_i A_i}{A}$
$a_0=10.10$
$a_1=0.487$</td></tr>
</table>

3103　路面平整度检测如何进行？

(1)路面平整度宜采用快速检测设备,可结合路面损坏和车辙一并检测。单独检测路面平整度时,宜采用高精度的断面类检测设备。

(2)路面平整度检测设备必须定期标定,每年至少标定一次,标定的相关系数应大于 0.95。

(3)条件不具备的三、四级公路,路面平整度可采用 3 m 直尺人工检测,检测结果按表 3-4 评定。

表 3-4　路面平整度人工评定标准

技术等级	优	良	中	次	差
RQI	≥90	≥80,<90	≥70,<80	≥60,<70	<60
3 米直尺(mm)	≤10	>10,≤12	>12,≤15	>15,≤18	>18
颠簸程度	无颠簸,行车 平稳	有轻微颠簸,行车尚平稳	有明显颠簸,行车不平稳	严重颠簸,行车很不平稳	非常颠簸,非常不平稳

(4)路面平整度检测数据应以 100 m(人工检测)或 20 m(快速检测)为单位长期保存。

3104　路面车辙检测如何进行?

(1)路面车辙宜采用快速检测设备,可结合路面损坏和路面平整度一并检测。路面车辙检测设备必须定期标定,每年至少标定一次。

(2)根据断面数据计算路面车辙深度(RD),计算结果应以 10 m 为单位长期保存。

3105　路面抗滑性能检测如何进行?

(1)路面抗滑性能宜采用基于横向力系数的路面抗滑性能检测设备或其他具有可靠数据标定关系的自动化检测设备。检测设备必须定期标定,每年至少标定一次。

(2)路面抗滑性能检测数据(横向力系数)应以 20 m 为单位长期保存。

3106　路面结构强度检测如何进行?

(1)路面结构强度宜采用自动检测设备检测。

(2)自动检测时,宜采用具有可靠数据标定关系的自动化检测设备,检测结果应能换算成回弹弯沉值。自动检测设备必须定期标定,每年至少标定一次。标定的相关系数不得小于 0.95。

(3)采用贝克曼梁检测时,检测数量应不小于 20 点/(km·车道)。

(4)抽样检测时,检测范围可控制在养护里程的20%以内。

(5)弯沉检测数据应以20 m为单位长期保存。

3107 公路路面技术状况评定所需数据的最低检测与调查频率有什么规定?

公路路面技术状况评定所需数据的最低检测与调查频率见表3-5。

表3-5 最低检测与调查频率

检测内容 \ 检测频率			路面损坏(PCI)	路面平整度(RQI)	抗滑性能(SRI)	路面车辙(RDI)	结构强度(PSSI)
路面PQI	沥青	高速、一级公路	1年1次	1年1次	2年1次	1年1次	抽样检测
		二、三、四级公路	1年1次	1年1次			
	水泥混凝土	高速、一级公路	1年1次	1年1次	2年1次		
		二、三、四级公路	1年1次	1年1次			
	砂石		1年1次				

第二节 沥青路面的养护

3201 什么是路面龟裂?如何分级及计量?

龟裂是指在路面上表现为相互交错的小网格状裂缝,因其形状类似乌龟背壳而被称为龟裂。按裂缝块度、缝宽的大小及裂缝有无变形,将龟裂分为轻、中和重三种。

轻度龟裂:初期裂缝,裂区无变形、无散落,缝细,主要裂缝宽度在2 mm以下,主要裂缝块度在0.2~0.5 m之间。

中度龟裂:龟裂的发展期,龟裂状态明显,裂缝区有轻度散落或轻度变形,主要裂缝宽度在2~5 mm之间,部分裂缝块度小于

0.2 m。

重度裂缝：龟裂特征显著，裂块较小，裂缝区变形明显、散落严重，主要裂缝宽度大于 5 mm，大部分裂缝块度小于 0.2 m。

龟裂损坏的统计按龟裂外接矩形面积计量，测量时分别实地丈量并记录龟裂的外接矩形长和宽，然后计算损坏面积。有时同一片区域中存在不同严重程度的龟裂损坏，无法进行分块区分时，应按其中最严重程度记录和统计。

3202　龟裂产生的主要原因有哪些？

(1)疲劳损坏是产生龟裂的最主要原因。在行车荷载的反复作用下，沥青面层和其下的半刚性基层等整体性材料逐渐失去承载能力，疲劳破坏就会产生。对于渠化交通比较明显的道路，一开始是沿轮迹带出现单条或多条不规则的小裂缝，而后在裂缝间出现横向和斜向连接缝，形成裂缝网。遇到路面结构局部软弱的情况，在少量重复荷载甚至一次荷载作用下，也会产生局部小面积的龟裂。这种龟裂在路面结构中都是自下而上产生的，裂缝贯穿整个路面结构。龟裂继续发展往往就会产生坑槽，影响路面行驶舒适性和安全性。

(2)由于沥青材料的原因，如低温时沥青混合料脆硬、严重的沥青老化等，在较低级的表处、贯入式等沥青路面中，也可能在沥青路面表面形成相互交错的小网格状、块度很小的裂缝即龟裂。这种龟裂病害仅限于沥青路面的表面，不会产生路面的变形，对路面的承载能力和功能性能并没有多大影响。

3203　什么是路面块裂？如何分级及计量？

块裂是指路面出现的纵向和横向裂缝交错而使路面分裂成近似成直角的多边形大块。按照裂缝块度和裂缝宽度的大小，将块裂分为轻、重两个等级。

轻度块裂：缝细、裂缝区无散落，裂缝宽度在 3 mm 以内，大部分裂缝块度大于 1.0 m。

重度块裂：缝宽、裂缝区有散落，裂缝宽度在 3 mm 以上，主要裂缝块度在 0.5～1.0 m 之间。

块裂的损坏计量按块裂涉及的路面面积计算。测量时分别实地丈量并记录块裂的外接矩形长和宽，然后计算损坏面积。如同一片区域中存在不同严重程度的块裂损坏且无法进行分块区分时，应按其中最重的严重程度记录和统计。

3204 块裂产生的主要原因是什么？

块状裂缝的产生同行车荷载作用关系不大，主要是由面层材料的低温收缩和沥青老化所引起。块裂可能出现在整个路面宽度内，范围较大。块状裂缝的裂缝深度一般仅限于路面表面，对路面承载能力和功能性能都没有太大影响。

3205 什么是纵向裂缝（纵裂）？如何分级与计量？

纵向裂缝是与道路中线大致平行的单条裂缝，有时伴有少量支缝，按裂缝宽度大小及裂缝边缘的破坏情况分为轻、重两个等级。

轻度纵裂：缝细、裂缝壁无散落或有轻微散落，无支缝或有少量支缝，裂缝宽度在 3 mm 以内。

重度纵裂：缝宽、裂缝壁有散落、有支缝，主要缝宽大于 3 mm。

纵裂的计量按长度计算，并按 0.2 m 的影响宽度换算成损坏面积。纵裂长度按裂缝在行车方向的投影长度实地丈量或目测估计，如同一条裂缝的不同部分损坏程度不同，应根据不同的损坏程度分段测量和统计。

3206 纵裂产生的主要原因是什么？

（1）疲劳损坏。在重复荷载作用下，路面承载能力逐渐不足，就会在经常承受荷载的路面轮迹带处首先产生多条平行的小纵裂，逐渐发展就会成为龟裂。

（2）不均匀沉降和裂缝的反射作用也会在路表产生纵缝。

在半填半挖路基的分界处、新旧路结合部或路面加宽处，由于路基压实不够，发生不均匀沉降，就会这些位置产生纵向裂缝。

(3)混合料摊铺时纵向施工搭接质量不好，或者老路面层纵向裂缝的反射作用，往往会在路面的中线处产生纵裂。

3207　什么是横向裂缝(横裂)？如何分级与计量？

横向裂缝是与道路中线近似垂直的裂缝，有时伴有少量支缝。按裂缝宽度大小及裂缝边缘的破坏情况分为轻、重两种等级。

轻度横裂：缝细、裂缝壁无散落或有轻微散落，裂缝宽度在3 mm以内。

重度横裂：缝宽、裂缝贯通整个路面、裂缝壁有散落并伴有少量支缝，主要缝宽大于3 mm。

横裂的计量按长度计算，并按0.2 m的影响宽度换算成损坏面积。横裂长度按裂缝在垂直于行车方向的投影长度实地丈量或目测估计，如同一条裂缝的不同部分损坏程度不同，应根据不同的损坏程度分段测量和统计。

3208　横向裂缝产生的主要原因是什么？

(1)横向裂缝产生的主要原因是温度变化。如果沥青模量过大或沥青变硬，在气温下降的时候就容易在垂直于行车方向形成间距大致相同的横向裂缝。因此在气候寒冷地区横缝是一种较为常见的裂缝形式。由低温收缩产生的横向裂缝是自上往下发展的，初期裂缝一般细且浅。

(2)半刚性基层裂缝或旧路面裂缝的反射裂缝也是沥青路面产生横向裂缝的一个重要原因。由于反射裂缝产生的横向裂缝是一种自下而上发展的裂缝，因此反映到路面表面时裂缝已经贯穿了整个路面结构。沥青路面与构造物连接处填土压实不足、固结沉陷等也易在相应的位置产生横向裂缝。

3209 什么是坑槽？如何分级与计量？

坑槽是局部集料丧失而在路面表面形成的坑洞，可深及不同的路面结构层次。按坑槽的深浅及有效面积的大小，将坑槽分为轻、重两个等级，轻度坑槽：坑浅，有效坑槽面积在 0.1 m^2 以内（约 0.3 m×0.3 m）。重度坑槽：坑深，有效坑槽面积大于 0.1 m^2（约 0.3 m×0.3 m）。

坑槽损坏都按面积进行计量。坑槽的有效面积按坑槽外接矩形面积计量。

3210 坑槽产生的主要原因是什么？

（1）坑槽通常是其他病害如龟裂、松散等未及时处理而逐渐发展形成的。当车轮驶过龟裂、松散等病害区域时有时会带走其中已经碎裂的小块面层材料，坑槽就会出现。坑槽的深度可深可浅，浅的坑洞仅限于路面表层，往往是表面松散发展的结果。深的坑洞可深至整个面层结构，一般是由龟裂发展而成。

（2）单独发生的坑槽可能是由于路面施工质量不好如压实不足、上面层厚度不够引起的，也可能是由水损坏引起。这种类型的坑槽多发生在面层较厚的高等级沥青公路上。

3211 什么是松散？如何分级与计量？

松散是一种从路面表面向下不断发展的集料颗粒流失和沥青结合料流失而造成的路面损坏。松散是由于沥青和集料之间失去黏结而产生的。沥青混合料中沥青用量偏少、低温施工或沥青和集料黏结性差、沥青老化变硬、压实不足或局部集料级配不均匀，都有可能在沥青路面表面形成松散。松散按损坏严重程度的不同分为轻、重两种等级。

松散轻：路面细集料散失、脱皮、麻面等表面损坏。

松散重：路面粗集料散失、脱皮、麻面、露骨、剥落、小坑洞等损坏。

松散损坏的计量按面积计算，松散损坏面积按损坏所涉及区域的外接矩形面积计量。

3212　什么是沉陷？如何分级与计量？

沉陷是路面表面产生的大于 10 mm 的局部凹陷变形。产生的主要原因是路基不均匀沉降、路面局部开挖回填压实不足、桥涵台背填土不实以及路面基层结构损坏或不稳定。按沉陷深度大小及对行车舒适性的影响将此类损坏分为轻、重两个等级。

轻度沉陷：深度在 10～25 mm 之间，正常行车无明显感觉。

重度沉陷：深度大于 25 mm，正常行车有明显感觉。

沉陷损坏按面积计量。

3213　什么是车辙？如何分级与计量？

车辙是在沥青路面表面形成的沿轮迹方向大于 10 mm 的纵向带状凹槽(辙槽)。车辙可分为结构性车辙、流动性车辙、压实性车辙及磨损性车辙。结构性车辙指的是路面结构层及土基在行车重复荷载作用下，材料压缩产生的永久累积变形，车辙断面一般呈两边高中间低的 V 型，同时常伴有网裂、龟裂和坑槽发生。流动性车辙是炎热季节仅在沥青混凝土层内产生的侧向流动变形而形成的车辙，车辙断面一般呈 W 型，轮迹带处下陷周边隆起。压实性车辙是指由于路面施工缺陷如混合料温度过低、压实次数过少等造成沥青层压实度不足，而在行车作用下进一步压密产生的车辙，这类车辙断面一般也呈 W 型。磨耗性车辙是指由于重载渠化交通对路面的磨耗作用形成的车辙。

按车辙深度的不同分为轻、重两个等级。

轻度车辙：辙槽浅，深度在 10～15 mm 之间。

重度车辙：辙槽深，深度 15 mm 以上。

车辙损坏的计量按长度计算，并按 0.4 m 的影响宽度换算为损坏面积。车辙长度可实地丈量或目测估计，车辙深度可按用直尺架在车道上测定直尺与车辙底部的距离。一般来说直尺长度应不短于车道宽度。

3214 什么是波浪壅包？如何分级与计量？

波浪壅包指的是由于局部沥青面层材料移动而在路表面形成的有规律的纵向起伏，波峰和波谷间隔很近。按波峰波谷的大小不同将此类损坏分为轻、重两个等级。

轻度波浪壅包：波峰波谷高差小，高差在10～25 mm之间。

重度波浪壅包：波峰波谷高差大，高差大于25 mm。

波浪壅包按波浪壅包涉及的面积大小计量损坏。

3215 什么是泛油？如何分级与计量？

泛油是指路面混合料中的沥青向上迁移到路表面，路面沥青被挤出或表面形成一层有光泽的沥青膜。泛油主要是由于沥青材料或设计缺陷造成的。沥青含量过多，混合料中空隙过少、拌和控制不严，沥青高温稳定性差，是产生泛油的主要原因。施工时黏层油用量不当，或雨水渗入使下层沥青与石料剥离，在动水作用下，沥青膜剥落上浮也会形成路面表面的泛油。

泛油损坏不分严重程度等级，按泛油涉及的面积计量。

3216 什么是修补？如何计量？

修补指因龟裂、坑槽、松散、沉陷、车辙等损坏处理后在路面表面形成修补部分，除裂缝修补外其余均按修补涉及的面积计量，裂缝修补按长度计量，并按0.2 m的影响宽度换算为损坏面积。

3217 公路沥青路面养护有哪些基本要求？

(1)对沥青路面进行预防性、经常性和周期性养护，加强路况巡查，掌握路面的使用状况，根据路面的实际情况制订日常小修保养和经常性、预防性、周期性养护工程计划。对于较大范围路面损坏和达到或超过设计使用年限的路面,应及时安排大中修或改建工程。

(2)应及时掌握路面的使用状况,加强小修保养,及时修补各种损坏,保持路面处于整洁、良好的技术状况。

(3)沥青路面养护工程使用的沥青、粗集料、细集料和填料的规格、质量要求、技术指标、级配组成及大修、中修、改建工程的设计、施工、质量控制,均应符合现行《公路沥青路面设计规范》(JTG D50)、《公路沥青路面施工技术规范》(JTG F40)、《公路路基施工技术规范》(JTG F10)、《公路路面基层施工技术规范》(JTJ 034)的有关规定。

(4)沥青路面养护质量的评定等级分为优、良、中、次、差5个等级,按现行《公路技术状况评定标准》(JTG H20)评定。

3218 针对不同的沥青路面技术状况等级,应采取什么样的养护对策?

(1)在满足强度要求的前提下,当高速公路及一级公路的路面损坏状况指数(PCI)评价为优、良,或者二级及二级以下公路的路面损坏状况指数评价为优、良、中时,以日常养护为主,并对局部破损进行小修;当高速公路及一级公路的路面损坏状况指数评价为中及中以下,或者二级及二级以下公路的路面损坏状况指数评价为次及次以下时,应采取中修罩面措施。

(2)当强度不能满足要求时,应采取大修补强措施以提高其承载能力。

(3)当高速公路及一级公路的路面行驶质量指数(RQI)评价为优、良,或者二级及二级以下公路路面行驶质量指数评价为优、良、中时,以日常养护为主;当高速公路及一级公路的路面行驶质量指数评价为中及中以下,或者二级及二级以下公路的路面行驶质量指数评价为次及次以下时,应采取罩面等措施改善路面的平整度。

(4)高速公路及一级公路的抗滑能力不足(SFC<40)的路段,

或二级及二级以下公路路抗滑能力不足(SFC<35.5)的路段,应采取加铺罩面层等措施提高路表面的抗滑能力。

(5)当路面不适应现有交通量或荷载的需要时,应通过提高现有路面的等级或通过加宽等改建措施提高公路的通过能力和服务质量。

(6)大、中修及改建工程的结构类型和厚度,可根据公路等级、交通量、当地经济条件和已有经验,通过设计确定。

(7)可根据公路网的资金分配情况和养护工作计划安排,结合各路况分项评价结果和本地区成熟的养护经验,选择具体的养护维修措施。

3219 沥青路面的初期养护应如何进行?

(1)摊铺、压实后的热拌沥青混合料路面,待摊铺层自然冷却,混合料表面温度低于 50 ℃后方可开放交通。开放交通初期,应控制行驶车辆限速在 20 km/h 以下,视表面成型情况,逐步恢复到设计时速。乳化沥青路面路面(含稀浆封层和微表处)的初期稳定性差,应设专人管理,按实际破乳情况,封闭交通 2~6 h。在未破乳的路段上,严禁一切车辆、人、畜通过;开放交通初期,应控制车速不超过 20 km/h,并不得制动和掉头。

(2)沥青贯入式路面及层铺法施工的沥青表面处治路面,应及时将行车驱散的面料回扫,扫匀、压实,以形成平整密实的上封层。

3220 沥青路面日常养护应如何进行?

(1)加强路况巡查,及时发现病害,研究分析病害产生的原因,并有针对性地时对病害进行维修处治。加强经常性和预防性的日常养护,以保障路面及沿线设施良好的技术状况。

(2)巡查过程中,发现路面上有杂物,应及时清扫,保持路面整洁。路面的日常清扫,应根据实际情况,采用机械或人工的方法进行。高速公路和一级公路应以机械清扫为主,其他等级可以机械和人工相结合进行清扫。二级和二级以上公路路面的清扫作业频率宜不少于1次/d,其他等级公路可根据路面污染程度、交通量大小及其组成、气候及环境等因素而定，但不宜少于1次/周,路面分隔带内的杂物清理宜不少于1次/月。长隧道内和大型桥梁的清扫频率应适当增加。清扫时,应防止产生扬尘而污染环境,危及行车安全,并及时清除和处理路面油类或化工类等污物。

(3)雨后路面积水应及时排除。在春融期,特别是汛期,应对排水设施进行全面检查并疏通。冬季降雪天气应及时除雪除冰,并采取必要的路面防滑措施。

(4)严禁履带车和铁轮车在沥青路面上直接行驶,如必须行驶,应采取相应保护措施。

3221　沥青路面病害的维修有哪些基本要求?

(1)对各种路面病害应分析其产生的原因,并根据路面的结构类型,设计使用年限,维修季节、气温等实际情况,及时采取相应维修处治措施,防止病害扩大,并应符合沥青路面养护标准。

(2)高速公路和一级公路路面病害的维修应采取机械作业,所使用的沥青混合料宜集中厂拌,并采取保温措施,其他等级的公路应逐步提高维修作业的机械化水平。

(3)对病害的维修事先应有周密的计划,做好材料准备,保证工序之间的衔接,对坑槽、沉陷、车辙等需将原路面面层挖除后进行机械修补作业的病害,宜当日开挖当日修补,并设置警示标志保障行车安全。

(4)修补面积应大于病害的实际面积,修补范围的轮廓线应与路面中心线平行或垂直,并在病害面积范围以外100～150 mm。应采取措施使修补部分与原路面联结紧密。

(5)在病害的处治中,凡需重新做面层的,其技术要求应符合现行《公路沥青路面施工技术规范》(JTG F40)的规定;凡需重新做基层的,其技术要求应符合现行《公路路面基层施工技术规范》(JTG 034)的规定。

3222　公路沥青路面罩面有哪几种？各适用于什么情况？

沥青路面罩面按其功能划分为普通型罩面（简称罩面）、防水型罩面（简称封层）和抗滑层罩面（简称抗滑层）三种。罩面主要适用于消除破损，恢复原有路面平整度，改善路面性能的修复工作。封层主要适用于提高原有路面的防水性能、平整度和抗滑性能的修复工作。抗滑层主要适用于提高路面抗滑能力的修复工作。

3223　普通罩面的厚度应如何确定？

（1）罩面厚度应根据路段的交通量、公路等级、路面状况、使用功能等综合考虑确定。

（2）当路面损坏状况指数、行驶质量指数在中、良等级，路面仅有轻度网裂时，可采用较薄的罩面层（厚 10～30 mm）。

（3）当路面破损、平整度、抗滑三项指标都在中等以下，要求恢复到优、良等级时，应采用较厚的罩面层（厚 30～50 mm）。

（4）一般情况下，高速公路、一级公路罩面宜采用 40～50 mm 的厚度；其他公路可采用较薄的罩面层（厚 10～40 mm）。

（5）各级公路的罩面厚度不得小于最小施工层厚度。

3224　封层的厚度如何确定？

（1）交通量较大、重型车较多的路段宜采用厚约 10 mm 的封层。

（2）在中轻交通量路段宜采用厚约 7 mm 的封层。

3225　抗滑层的厚度如何确定？

（1）用于高速公路、一级公路时宜采用不小于 40 mm 的厚度。

（2）用于二级公路时，宜采用中粒式、细粒式沥青混凝土结构，也可采用热拌沥青碎石或沥青表面处治结构，厚度不得小于最小施工层厚度。

(3)用于三级、四级公路时可采用乳化沥青封层结构，厚度可为5～10 mm。

3226　公路沥青路面翻修与再生利用有哪些要求?

(1)路面破损严重，采用罩面等措施不能使路面恢复良好的工作状态时，为保证必要的服务功能，应进行翻修并对旧沥青面层尽可能予以再生利用。

(2)翻修前，应对需要翻修路段的路面结构、路基土特性和交通量进行调查分析，并按路面补强设计要求或现行《公路沥青路面设计规范》(JTG D50)的规定进行结构厚度设计。

(3)如因路基软弱导致路面损坏时，应对软弱路基采取有效措施处治达到质量标准后再修筑基层、面层。

(4)热拌和冷拌再生沥青混合料一般运用于翻修养护工程，可用于高速公路和一级、二级、三级公路的中、下面层，以及四级公路的面层。对于一级、二级及三级的上面层，以及高速公路中、下面层，必须经试验、总结、评定合格后才能使用。

(5)再生沥青混合料的运输、施工和质量管理等技术要求应符合现行《公路沥青路面工技术规范》(JTG F40)的规定。

3227　公路沥青路面补强前，应对原有公路的技术状况进行哪些调查?

(1)调查原有公路路况，如路面破损及病害的情况和程度、路表排水(积水)状况、积雪(砂)状况、路肩采用的加固措施等。

(2)调查原有路面设计、施工、养护的技术资料，及从使用开始至改建的间隔时间、使用效果等。

(3)调查年平均双向日交通量、交通组成和交通量增长率等。

(4)调查路基和路面(行车道)的宽度、路线纵坡、路面横坡、平曲线半径等。

(5)原有公路的分段及弯沉调查按现行《公路沥青路面设计规范》(JTG D50)的有关规定进行。

3228 公路沥青路面在什么情况下应进行补强？补强设计应符合哪些要求？

在现有公路等级不变的情况下，沥青路面因损坏严重、路面结构强度指数(PSSI)不符合要求，应进行路面补强。补强也适用于提高公路等级而进行的改建工程。

(1)补强前，应对原有公路进行适当处治。公路路拱不符合现行《公路工程技术标准》(JTG B01)时，应结合补强设计对路拱进行调整，使其符合规定；对原路面的病害，应视其层位、严重程度和范围，按有关规定进行处治。

(2)补强设计应综合考虑由补强厚度导致的纵坡与横坡的调整，以及与沿线结构物的联结等的相互协调，使纵坡线形符合现行《公路工程技术标准》(JTG B01)的要求，否则应改建线形，使其符合标准后再进行补强设计。

(3)补强设计中应考虑补强层材料及结构形式的选择，考虑补强结构层与原路面结构的连接问题。补强层材料设计参数按新建路面材料设计参数的选择方法进行，并符合现行《公路沥青路面设计规范》(JTG D50)的有关规定。

(4)当基层需补强时，其结构的选择应根据公路等级、交通量大小、材料种类、路基干湿类型、现有路况，以及施工季节、施工机械配备和工期要求等因素综合考虑后确定。

(5)路面的补强应注意与桥涵的良好衔接。路面补强路段内若有桥涵等构造物，在补强前应对其铺装层进行检查。若原有铺装层出现破损，应及时修复；为保证路面与桥涵顶面的纵坡顺适，应综合考虑和重新设计路线纵坡。

3229 补强层材料及结构形式如何选择？

(1)沥青路面补强层材料类型应按现行《公路沥青路面设计规范》(JTG D50)的规定选取。

(2)高速公路和一级、二级公路宜采用半刚性、热拌或冷拌沥青碎石混合料、沥青贯入式碎石基层加沥青混合料面层的补强结构形式。

(3)三级公路在不提高公路等级的情况下,可采用单层或多层补强结构;当需提高公路等级时,宜采用半刚性基层加沥青混合料面层的补强结构形式。

(4)四级公路可采用单层或多层的补强形式。

3230 公路沥青路面加宽应符合哪些规定?

(1)路面加宽前,应对原有路面作全面调查,调查内容与路面补强前调查内容相同。

(2)加宽方案应根据原有公路等级、线形及交通量等确定。当原有公路线形不需改善,且路基较宽,加宽后路肩宽度符合现行《公路工程技术标准》(JTG B01)时,可在原公路的基础上直接加宽,否则应首先改善和加宽路基;如原有公路因线形较差而需改善,设计时应尽可能利用原有的沥青路面。

(3)路基、路面加宽的设计应按现行《公路路基设计规范》(JTG D30)和《公路沥青路面设计规范》(JTG D50)的规定进行。

(4)加宽时应处理好新路面与原有路面的纵横衔接。由于路基是高路堤路基加宽时,还应对加宽部分路基进行加固,避免加宽路面出现不均匀沉降。

(5)当路基加宽宽度小于1 m时,加宽的路面或基层压实质量不易控制,宜采用单侧加宽的方式。单侧加宽也包括因线形的约束只能在一侧进行加宽的情况。单侧加宽时应调整原有路面的路拱横坡。双侧加宽宜采用两侧相等的加宽方式。当不能采用两侧相等加宽的路面,如两侧加宽宽度差在1 m以下时,不必调整横坡;当两侧加宽宽度差超过1 m时,应调整路拱横坡。

(6)若加宽路面处于路线平曲线处,则应按现行《公路工程技术标准》(JTG B01)规定设置相应的超高和加宽。

(7)加宽路面的基层和面层材料应按规定进行实验和配合比设计。

(8)当路基路面同时加宽时，路基应加至应有宽度。为使路面边缘坚实，基层宜比面层宽出 200～250 mm 或埋设路缘石。

3231 沥青路面的轻微裂缝如何处理？

高温季节，全部或大部分可愈合的轻微裂缝，可不进行处理。不能愈合的轻微裂缝可用如下方法处治：

(1)将有裂缝(小于 5 mm)的路段清扫干净并均匀喷洒少量沥青(低温、潮湿季节宜喷洒乳化沥青)，再匀撒一层 2～5 mm 的干燥洁净石屑或中粗砂，最后用轻型压路机碾压整平。

(2)沿裂缝涂刷少量稠度较低的沥青。

3232 沥青路面的横向或纵向裂缝如何处治？

(1)缝宽在 3 mm 以内的裂缝：可采用一布两油的方法进行贴缝、隔缝处理。即：将土工布裁剪成长条状，宽度不宜小于 50 cm→沿裂缝处理范围内按 0.3～0.4 kg/m^2 涂刷黏层沥青→沿裂缝粘贴条形土工布，土工布接头搭接宽度不应小于 5 mm，搭接处应涂刷黏层沥青→粘贴完后在土工布上按 0.4～0.6 kg/m^2 涂刷一层黏层沥青→在土工布黏层沥青上按 3～5 m^3/1 000 m^2 均匀撒布石屑，并用轻型压路机压平。

(2)缝宽在 3～5 mm 以内的裂缝：

方法一：应先清除缝中杂物→将稠度较低的热沥青灌入缝内(灌入深度约为缝深的 2/3)→再填入干净石屑或粗中砂，并捣实→最后将溢出缝外的沥青、石屑、砂等余料清除。

方法二：采用两布三油进行处理即刷一层沥青贴一层布→再刷一层沥青贴一层布→在第二层布上最后刷一层沥青撒布石屑。

(3)缝宽在 5 mm 以上的裂缝：应除去已松动的裂缝边缘→再用热拌沥青混合料或乳化沥青混合料填入缝中，捣实。

3233 因使用年限较长或沥青老化等原因出现的大面积裂缝(包括网裂),而基层未破坏时可用哪些方法维修?

(1)采用乳化沥青稀浆封层,封层厚度宜为3~6 mm。

(2)加铺沥青混合料封层或先按要求铺设土工布,再加铺沥青混合料封层。

(3)改性沥青薄层罩面。

(4)因面层而造成路基、基层破坏的严重龟裂,应先按要求处理好路基、基层后再进行面层处理。

3234 沥青路面的壅包可如何处理?

(1)因施工操作不慎将沥青漏洒在面层上而成的壅包,将壅包刨除进行路面表面处治。

(2)已趋于稳定的轻微壅包,应将壅包用机械刨削或人工铲除后整平、处治。

(3)因面层沥青用量过多或细料集中而产生较严重壅包或路面连续出现多个壅包且面积较大,但基层稳定,则应用机械(如铣刨机)或人工将壅包全部除去,并低于路表面约10 mm,扫尽碎屑、杂物及粉尘后用热拌或冷补沥青混合料重铺面层。

(4)因基层顶部含水量过大,使面层与基层间结合不良而造成的推移变形引起的壅包,应将拥面层全部挖除,将水分晾晒干,并用水稳定性较好的材料更换已变形的基层,再重作面层。

(5)因路基软化、基层破坏而引起的面层壅包,应按设计要求先处理路基、基层后再处理面层。

3235 沥青路面的沉陷可如何处理?

因路基或基层结构破坏而引起的路面沉陷,应按要求处理好路基、基层后,再重做面层。因路基不均匀沉降而引起的局部路面沉陷,若沉降稳定,可根据路面的破损状况分别采取下列处治措施:

(1)路面略有下沉,并伴有少量轻微裂缝。可在沉陷处喷洒或涂刷粘层沥青,再用细粒式或砂粒式沥青混合料将沉降部分填补,并压实平整。

(2)路基沉陷导致路面破损严重,矿料松动、脱落而形成的坑槽,应按照坑槽的维修方法予以处治。

3236 沥青路面的车辙可如何处理?

(1)车行道表面因车辆行驶推移而产生的纵向车辙,应将出现车辙的面层铣刨清除后,重铺沥青面层。在城市主干道上可采用普通沥青混合料、改性乳化沥青混合料、稀浆封层等来修补车辙;次干道及以下等级道路可用冷补沥青混合料修补。

(2)路面因受横向推挤形成的横向波形车辙,可将凸出的部分刨除,在波谷喷洒或涂刷黏层沥青并填补沥青混合料找平、压实。

(3)因面层与基层间存在不稳定夹层而形成的车辙,应将面层挖除,清除夹层后,重作面层。

(4)因基层局部下沉破坏而造成的车辙,应先处治基层,再按要求处治面层。

3237 沥青路面的波浪与搓板可如何处理?

因基层局部破坏、失稳而造成的波浪(搓板),应先对基层进行处治,再重铺面层。因面层与基层之间存在不稳定的夹层而形成波浪(搓板),应挖除面层,清除不稳定的夹层后,喷洒黏层沥青,重铺面层。属于面层原因形成的波浪或搓板可按下述方法进行维修:

(1)路面仅有轻微波浪或搓板,可在波谷部分喷洒沥青,并均匀撒布适当粒径的矿料,找平后压实。

(2)波浪(搓板)的波峰与波谷高差起伏较大时,应顺行车方向将凸出部分铣刨削平,并低于路表面约 10 mm。在削除部分均匀喷洒热沥青,并撒布一层粒径不大于 10 mm 的矿料,扫匀、找平、压实。

(3)严重的、大面积波浪或搓板,应将面层全部挖除,重铺面层。

3238　沥青路面的坑槽可如何处理?

若因基层破坏而形成坑槽,应按规定先处理基层,再修复面层。基层完好,仅面层有坑槽时按下述方法进行维修:

(1)冷切热补处理

按照"圆洞方补、斜洞正补"的原则,划出所需修补坑槽的轮廓线→所划轮廓线开凿至坑底稳定部分,其深度不得小于原坑槽的最大深度。(如果坑槽深达 7 cm 以上,应将坑槽按 4 cm 一层凿开,每层接缝应错开 20 cm 左右)→清除槽底、槽壁的松动部分及粉尘、杂物,并涂刷黏层沥青→填入沥青混合料并整平→用小型压实机具或手扶振动夯将填补好的部分压(夯)实。新填补部分的混合料应略高于原路面(如果坑槽深达 7 cm 以上,应将沥青混合料分两次或三次摊铺和压实)。

(2)热刨热补处理

采用热修补养护车,用加热板加热坑槽处路面→翻松被加热软化铺装层,喷洒乳化沥青,加入新的沥青混合料,然后搅拌铺平→压路机压实成型,其压实度应达到 96%(马歇尔标准密度)。

3239　沥青路面的麻面与松散可如何处理?

(1)因嵌缝料散失出现轻微麻面,应均匀撒布适量沥青、嵌缝料,找平、扫匀、压实。

(2)大面积麻面应喷洒稠度较高的沥青,并撒布适当粒径的嵌缝料,麻面部分中部的嵌缝料应稍厚,与原路面衔接处要稍薄,定型应整齐,并碾压密实成形。

(3)因沥青老化失去黏结性而造成的松散,应将松散部分全部挖除后,重铺面层。

3240 沥青路面的泛油可如何处理？

(1)只有轻微泛油的路段，可不作处理。

(2)泛油较重的路段，可先撒 5～10 mm 粒径的碎石，用压路机初压待稳定后，再撒 3～5 mm 粒径的石屑或粗砂，并用压路机压实。

(3)面层已形成软层的严重泛油路段，可视情况采用下述方法进行处理：

先撒一层 S9 或 S10 碎石，用压路机将其强行压入面层，待基本稳定后，再分次撒上 S12 粒径的碎石，并碾压成型(采用撒布法处理泛油，应选在炎热季节节进行)→将含油量过高的软层铣刨清除后，按要求重铺面层。

3241 沥青路面的脱皮可如何处理？

(1)沥青面层层间产生脱皮，应将脱落及松动部分清除，在下层沥青面上涂刷黏层沥青，并重铺面层。

(2)面层与基层之间因黏结不良而产生的脱皮，应先清除掉脱落、松动的面层，找出黏结不良的原因。若面层与基层间所含水分较多，应将面层刨去，露出基层晾晒或烘干；若面层与基层之间夹有泥砂层，则应将泥砂清除干净，喷洒透层沥青后，重铺面层。

第三节 水泥路面的养护

3301 什么是破碎板？如何分级与计量？

破碎板指混凝土板被多条裂缝分为 3 个以上板块，通常是在重载作用下裂缝进一步发展的结果。在荷载的作用下，破碎板会进一步破碎直至完全失去整体性。根据破碎板块的活动情况，将损坏分成轻、重两种等级。

轻：板块被裂缝分为 3 块以上，破碎板未发生松动和沉陷。

重:板块被裂缝分为 3 块以上,破碎板块有松动、沉陷和唧泥等现象。

破碎板损坏按水泥板整块面积计量

3302 什么是水泥混凝土路面裂缝损坏,如何分级与计量?

裂缝损坏是指板块上只有一条裂缝,可以为横向、纵向或不规则的斜裂缝。裂缝通常由于收缩应力、重载反复作用、温度或湿度翘曲应力、丧失地基支撑等因素单独或多种因素综合作用而产生。按裂缝缝宽及边缘碎裂情况分为轻、中和重三个等级。

轻:裂缝较窄、裂缝处未剥落,缝宽小于 3 mm,一般裂缝未贯通板厚。

中:裂缝边缘有碎裂现象,裂缝宽度 3～10 mm 之间。

重:裂缝较宽、边缘有碎裂并伴有错台出现,缝宽大于 10 mm。

裂缝损坏按裂缝长度计量,用 1.0 m 的影响宽度换算成损坏面积。

3303 什么是板角断裂?如何分级与计量?

板角断裂指水泥混凝土的板角被与纵横接缝相交且交点距离等于或小于板边长度的一半的裂缝从板体断开。按裂缝宽度和板角的 松动程度分为轻、中和重三种等级。

轻:裂缝宽度小于 3mm;

中:裂缝宽度在 3～10 mm;

重:裂缝宽度大于 10 mm,断角有松动。

损坏按断裂板角的面积计量。

3304 什么是错台?如何分级与计量?

错台指水泥混凝土路面板的纵向或横向接缝两边板块出现大于 5 mm 的高差。根据错台两边高差的大小,分为轻和重两个等级。

轻:高差小于 10 mm。

重:高差 10 mm 以上。

损坏按发生错台的接缝长度计量,换算成损坏面积时乘以 1.0 m 的影响宽度。

3305 什么是唧泥?如何计量?

唧泥指由于路面排水不良,引起基层材料产生液化,在行车的重复作用下,因板体上下运动而产生抽吸作用,使路面下稀释的泥浆或细料从接缝或裂缝处挤出的现象。唧泥的明显标志是接缝附近的路面表面有污渍或基层材料沉积物。

损坏按唧泥处接缝的长度计量,换算成损坏面积时乘以 1.0m 的影响宽度。损坏不分严重程度。

3306 什么是边角剥落,如何分级与计量。

边角剥落指沿接缝方向的板边出现裂缝、破碎或脱落现象,裂缝面一般不是垂直贯穿板厚,而是与板面成一定角度。边角剥落是由于接缝内进入坚硬材料而妨碍了板的膨胀变形,接缝处混凝土强度不足,传荷设施(传力杆)设计或设置不当(未正确定位、锈蚀等),接缝施工质量差,重载反复作用等造成的。

按剥落的深度分为轻、中和重三个等级。

轻:浅层剥落。

中:中深层剥落,接缝附近水泥混凝土多处开裂。

重:深层剥落,接缝附近水泥混凝土多处开裂,深度超过接缝槽底部。

损坏按发生剥落的接缝长度计量,换算成损坏面积时乘以 1.0 m 的影响宽度。

3307 什么是接缝料损坏?如何分级与计量?

接缝料损坏是指由于接缝的填缝料老化、剥落等原因,造成接缝内已无填料,接缝被砂、石、土等填塞的现象。按接缝料剥落的程度分为轻、重两个等级。

轻：填料老化，但尚未剥落脱空，未被砂、石、泥土等填塞；

重：三分之一以上接缝出现空缝或被砂、石、土填塞。

按出现接缝料损坏的接缝长度计量，换算成损坏面积时乘以1.0 m的影响宽度。

3308　什么是坑洞？如何计量？

板面出现有效直径大于30 mm、深度大于10 mm的局部坑洞，施工质量差或浇筑的混凝土砂石材料含泥量过大，夹带朽木、纸张、泥块等杂物，以及行驶的某些车辆、机械的金属硬轮对路面产生撞击都可造成坑洞的产生。

损坏按单个坑洞外接矩形面积或坑洞群所涉及的面积计量。损坏不分轻重。

3309　什么是拱起？如何计量？

拱起损坏指水泥混凝土路面在温度升高时，因胀缝不能充分发挥作用，造成板体向上隆起的现象。横缝两侧的板体发生明显抬高，高度大于10 mm时达到拱起损坏。损坏按拱起所涉及的板块面积计算。损坏不分轻重。

3310　什么是露骨？如何计量？

露骨指板块表面出现细集料散失、粗集料暴露或表层疏松剥落等现象。主要是由于混凝土表面灰浆不足，洒水提浆造成混凝土路面表层强度不足引起。损坏按面积计量，损坏不分轻重。

3311　什么是修补？如何计量？

修补损坏指裂缝、板角断裂、边角剥落、坑洞和层状剥落的修补造成的路面损坏。按修补面积或修补影响面积（裂缝修补按长度计算，影响宽度为0.2 m）。损坏不分轻重。

3312 水泥混凝土路面养护的基本要求是什么？

(1)做好预防性、经常性的保养和破损修补，保持路面处于良好的技术状况与服务水平。

(2)应保持路容整洁，定期进行清扫保洁。

(3)水泥混凝土路面的接缝应保持良好，表面平顺。

(4)水泥混凝土路面应加强日常巡查，并做好定期检查。

(5)水泥混凝土路面的养护应符合现行《公路技术状况评定标准》(JTG H20)有关规定。养护质量评定等级分优、良、中、次、差5个等级。

3313 水泥混凝土路面清扫频次有什么要求？

(1)路面的日常清扫，应根据实际情况，采用机械或人工的方法进行。

(2)高速公路和一级公路应以机械清扫为主，其他等级可以机械和人工相结合进行清扫。

(3)二级和二级以上公路路面的清扫作业频率宜不少于1次/d，其他等级公路可根据路面污染程度、交通量大小及其组成、气候及环境等因素而定，但不宜少于1次/周。

(4)路面分隔带内的杂物清理宜不少于1次/月。

(5)长隧道内和大型桥梁的清扫频率应适当增加。

(6)清扫时，应防止产生扬尘而污染环境，危及行车安全，并及时清除和处理路面油类或化工类等污物。

3314 水泥混凝土路面的接缝养护有什么要求？如何养护？

(1)水泥混凝土路面的接缝中填缝料凸出板面的高度，高速公路及一级公路不得超过3 mm，其他等级公路不得超过5 mm。

(2)填缝料局部脱落、缺损时，应及时灌缝填补；填缝料老化、接缝渗水严重时，应及时进行整条接缝的填缝料更换。

(3)填缝料更换前，应清除原接缝内的填缝料和杂物。新灌注填缝料时，应做到饱满、密实、黏结牢固。

(4)填缝料的更换时间，应选择在当地气温居中的时间段进行，一般在春秋季节实施。填缝料的灌注深度，一般为 30～40 mm。当填料深度较大时，应设置垫底材料或支撑条。

(5)填缝料有常温施工式和加热施工式两种，其技术指标应符合现行《公路水泥混凝土路面接缝材料》(JT/T 203)的规定。填缝材料应选择具有与混凝土板壁黏结牢固、回弹性好、不溶于水、不渗水，高温时不挤出、不流淌，抗嵌入能力强、耐老化龟裂、负温拉伸量大、低温不脆裂、耐久性好等性能的材料。高速公路、一级公路应优先使用树脂类、橡胶类或改性沥青类填缝材料，并宜在填缝料中加入耐老化剂。

3315 日常巡查主要检查哪些内容？巡查有哪些要求？

日常巡查是对水泥混凝土路面外观状况进行的日常巡视检查。主要检查拱起、沉陷、错台等病害，以及路面油污、积水、结冰等诱发病害的因素和可能妨碍交通的路障。

(1)巡查频率应不小于 1 次/天。雨季、冰冻季节和遇台风暴雨等灾害性气候，应加强日常巡查工作。

(2)日常巡查可以以车行为主，采取观察、目测及人工计量，定性与定量观测相结合，重要情况应予摄影或摄像。

(3)发现妨碍交通的路障应及时清除，一时无法清除的，应采取相应的安全措施。

(4)日常巡查结果应及时做好记录。

3316 如何确定水泥混凝土路面的养护对策？

(1)高速公路及一级公路的路面损坏状况指数评价为优和良，二级及二级以下公路的路面损坏状况指数评价为中及中以上时，可采取日常养护和局部或个别板块修补措施。

(2)高速公路及一级公路的路面损坏状况指数评价为中及中以下，二级及二级以下公路的路面损坏状况指数评价为次及次以下时，就采取全路段修复或改善措施。

(3)高速公路及一级公路的路面行驶质量指数、抗滑性能指数评价为中及中以下,二级及二级以下公路的路面行驶质量指数、抗滑性能指数评价为次及次以下时,应分别采取措施,改善路面平整度,提高路表面的抗滑能力。

(4)路面结构承载能力不能满足现有交通的要求时,应采取铺筑沥青混凝土或水泥混凝土加铺层措施,提高其承载能力。

3317 水泥混凝土路面整块板更换和板的局部更换处治?应符合什么要求?

(1)处治好基层或垫层,并设置横向排水设施。

(2)原有拉杆、传力杆应保持顺直、有效。

(3)重新浇筑的水泥混凝土强度不应低于原设计强度。

(4)重新浇筑的水泥混凝土材料要求、配合比、施工工艺、标准等应符合有关设计与施工规范的规定。

(5)修复后的路面平整度,包括接缝在内,用 3 m 直尺检测,高速公路、一级公路应不大于 3 mm,其他等级公路应不大于 5 mm。

(6)旧混凝土局部板块凿除应采用液压镐,以免影响相邻板块。

(7)需对损坏基层或垫层进行清除的,由于修补面积较小,难以碾压,可采用 C15 贫混凝土进行补强,补强后的标高应与原基层顶面标高相同,并设置横向盲沟,以免路基积水。尤其是路肩路面化的,应设置盲沟。

3318 采用灌浆法和条带罩面法处治水泥混凝土路面裂缝,应符合那些要求?

(1)灌浆法处治裂缝主要有压注灌浆、扩缝灌浆、直接灌浆等,应根据病害程度和施工条件等因素进行选择。水泥混凝土路面裂缝缝隙小于 3 mm 且边缘无碎裂现象,适用于直接灌浆。直接灌浆材料,宜采用聚氯乙烯胶泥、焦油类填缝材料、橡胶沥青等加热施工式填缝料或选用聚氨酯油类常温施工式填缝料。条带罩面法适用于裂缝贯穿于板块全厚，且缝宽大于 3 mm、小于 15 mm 的情况。

(2)灌浆材料应具有较好防水性能和足够的强度与湿度稳定性，并应通过实验确定。

(3)当采用条带罩面法时，裂缝两侧的切缝应平行于横缝(或纵缝)，且距裂缝距离不小于 150 mm，凿除的混凝土深度以70 mm为宜。

(4)修复后的路面平整度，包括接缝在内，用 3 m 直尺检测，高速公路、一级公路应不大于 3 mm，其他等级公路应不大于 5 mm。

3319　扩缝灌浆应按什么顺序施工?

(1)顺着裂缝扩宽成 15～20 mm 的沟槽，槽深可根据裂缝深度确定，宜为 3～5 cm，槽最大深度不得超过 2/3 板厚，如图 3-1 所示。

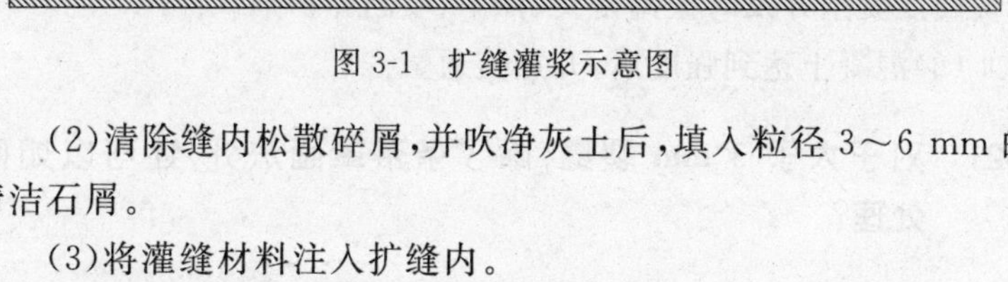

图 3-1　扩缝灌浆示意图

(2)清除缝内松散碎屑，并吹净灰土后，填入粒径 3～6 mm 的清洁石屑。

(3)将灌缝材料注入扩缝内。

(4)灌缝材料达到通车强度后，开放交通。

3320　条带罩面法施工应按什么顺序进行?

(1)在距裂缝两侧 150 mm 处，切割平行于横缝(或纵缝)且深 70 mm 的缝槽，如图 3-2 所示。

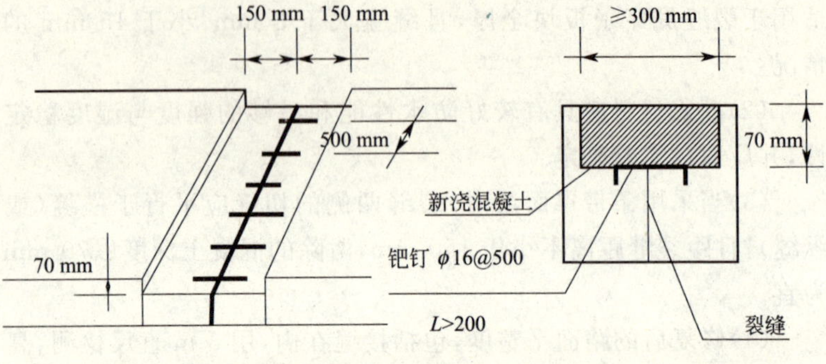

图 3-2 条带罩面法示意图

(2)凿除两切缝之间的混凝土。

(3)于裂缝两侧垂直于裂缝每隔 500 mm 打一对深为 70 mm 的钯钉孔(孔的间距为 200 mm,裂缝两侧各 100 mm),并在两钯钉孔之间打一条与钯钉孔直径相一致的钯钉槽。

(4)安装钯钉。钯钉宜采 ϕ16 mm 用螺纹钢筋。钯钉长度为 200 mm,弯勾长度 70 mm。钯钉孔必须填满砂浆,方可将钯钉插入孔内安装。

(5)切割的缝内壁应凿毛,并清除松动的混凝土碎块及表面尘土、松石。浇筑前均匀涂刷水泥浆或环氧水泥浆,宜浇筑钢纤维膨胀快硬混凝土并及时振捣密实、抹平、喷洒养护剂。

(6)混凝土达到强度后,开放交通。

3321 对于大于 3 mm 裂缝,除了条带罩面法外,还可以如何处理?

(1)对于 3～5 mm 的裂缝还可以采用两布三油进行贴缝、隔缝处理,其方法与沥青面层贴缝的处理相同。

(2)对宽度大于 5 mm 的严重裂缝应采取全深度切缝、凿除、补块的方法进行处治。其方法有整块翻修更换,设置传力杆,设置加强钢筋等方法。

3322　处理大于 5 mm 的严重裂缝采用整块翻修更换法如何施工?

(1)旧板宜用液压镐混凝土破碎机凿除,(凿除时应注意不损坏相邻板块及基层,保留原有拉杆、传力杆,并及时清运破碎混凝土块)。

(2)基层损坏部分应清除干净,宜采用 C15 贫混凝土对基层进行补强(其补强混凝土厚度不宜小于 8 cm,顶面高程应与旧路面基层顶面高程相同)宜在混凝土路面板接缝处的基层上涂刷一道宽 20 cm 沥青带

(3)更换板面的混凝土配合比及所选用的材料应符合原设计要求(可根据施工工期的要求掺用 JK、AS、SC 等快速修补材料,也可采用硫铝酸盐水泥配制达设计要求的混凝土)。

(4)按浇筑混凝土路面的要求,进行摊铺、振捣、抹面、养生、切缝、灌缝等施工。

3323　处理大于 5 mm 的严重裂缝采用设置传力杆法如何施工?

(1)在裂缝两侧划线,线应与板面垂直,线距应不小于 1.5 m,线长为板面宽度。

(2)沿划线采用全深度切缝,将切缝范围内的混凝土破除、清渣并进行基层处理。

(3)处理基层后,应修复、安设传力杆和拉杆(传力杆或拉杆折断时,应用与原规格相同的钢筋焊接或重新安设)。

(4)安装前,应在板厚 1/2 处钻比传力杆或拉力杆直径大 2～4 mm 的孔(传力杆、拉杆的型号、直径、长度、孔距应符合原设计要求)。

(5)将孔中尘屑吹净,注入环氧砂浆,将传力杆和拉杆固定在保留板规定的位置上。

(6)光圆钢筋传力杆的伸出端应均匀涂刷少许沥青(传力杆、拉杆倾斜或松动失效,应予以校正或更换)。

(7)按原设计要求进行混凝土配合比设计(根据工期要求可掺用JK、AS、SC等快速修补材料,也可用硫铝酸盐水泥配制达到设计要求的混凝土)。

(8)按浇筑混凝土路面的要求,进行摊铺、振捣、抹面、切缝、灌缝、养生等施工。

夹板更换时拉杆与传力杆设置如图3-3所示。

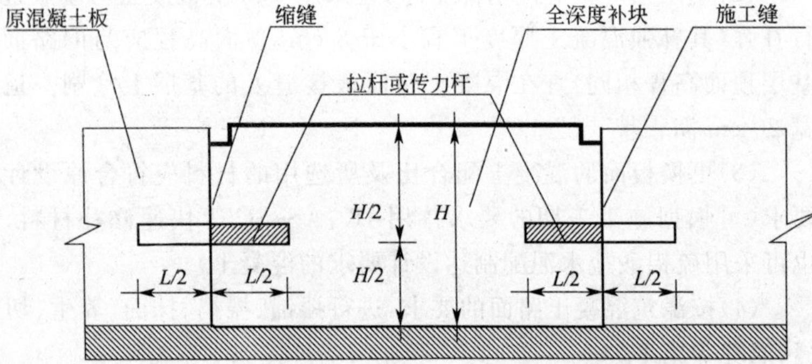

图3-3　整块板更换时拉杆与传力杆设置示意图

3324　处理大于5 mm的严重裂缝采用设置加强钢筋法如何施工?

(1)在裂缝两侧划线,线与板面垂直,线距应不小于70 cm,线长为板面宽度,沿线用锯缝机深切缝,将切缝范围内的混凝土破除、清渣并处理基层。

(2)安装加强钢筋(受力钢筋宜采用直径为12～14 mm的螺纹钢筋,间距宜为150～200 mm,箍筋宜采用直径为6～8 mm的圆钢,间距宜为200～300 mm,距混凝土顶面不小于50 mm,底部保护层为30 mm左右),如图3-4所示。

(3)浇筑混凝土前在保留板侧面均匀涂刷一层水泥浆。

(4)按原混凝土板面的要求进行混凝土配合比设计、拌制、摊铺、振捣、收浆、抹面、养生等施工。

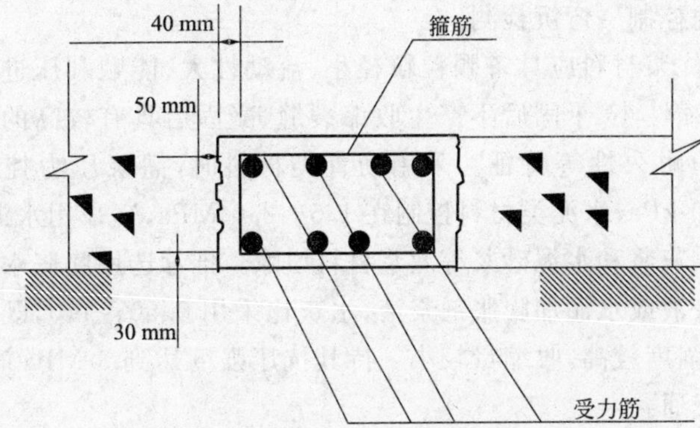

图 3-4　设置加强钢筋法示意图

3325　采用注浆法处治板底脱空，应符合哪些要求？

(1)根据检查结果，确定空隙部位，合理布置注浆孔。灌浆孔数不能过多，孔与孔之间的距离也不能过短，孔与面板边的距离不应小于 500 mm，以避免破坏面板的整体强度。一般一块面板上的灌浆孔数量以 5 个为宜。灌浆孔的布置如图 3-5 所示。

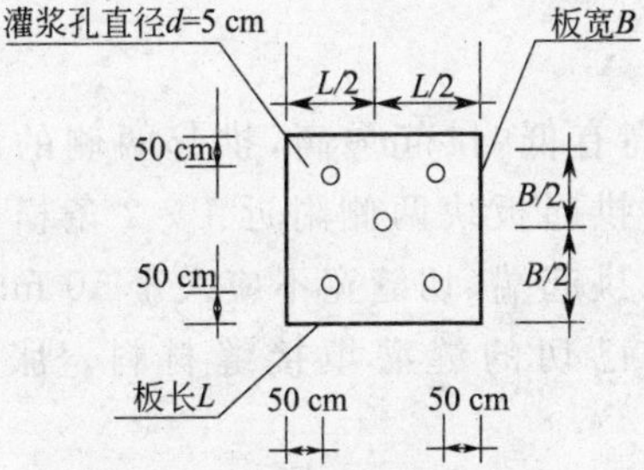

图 3-5　灌浆孔布置示意图

(2)压浆设备主要有：钻孔设备、制浆储浆设备、压浆设备、紧固装置。灌浆机械设备可用压力灌浆机或压力泵，灌注压力宜为 1～2 MPa。

(3)具体的工艺流程为:定位→钻孔→制浆→压浆→压浆孔封堵→交通控制→弯沉检测。

(4)注浆材料应具备颗粒粒径小、流动性大、能顺利压进板底空隙、收缩性小、干固后不产生收缩裂缝、凝固后具有较高的强度和较好的耐久性等特征。采用沥青类材料时,灌浆压力控制在200～400 kPa,水泥类材料控制在1.5～2.0 MPa,宜采用水泥浆、水泥粉煤灰浆和水泥砂浆等灌浆材料填隙。推荐选用膨胀水泥加粉煤灰浆液或水泥加膨胀剂浆液,水灰比采用0.50～1.0,既便于施工,且强度较高,收缩量较小。待其抗压强度达到3 MPa时,方能开放交通。

(5)灌浆孔钻好后,应采用压缩空气将脱空孔隙中杂物清除干净。

(6)灌浆作业应先从沉陷量大的部位开始,逐步由小间隙到大间隙进行。当相邻孔或接缝中冒浆,可停止泵送浆液,每灌完一孔应用木楔堵孔。

(7)注浆效果检查可采取钻孔取芯、超声波或雷达检测等方法。

3326 水泥混凝土路面板发生拱起、胀起、坑洞等病害时,应如何处治?

(1)拱起有高有低,拱起愈高,拱起两侧的影响板块愈多。在处治时应先将拱起板块两侧附近1～2条横缝切宽,待应力充分释放后切除拱起端(切缝宽不应大于50 mm),逐渐将板块恢复原位,并对已切的缝灌填接缝材料。胀起的处治与之相同。

(2)坑洞分个别坑洞和连片坑洞。对个别坑洞,应清除洞内杂物,用水泥砂浆等材料填充密实;对连片坑洞,应将这些病害集中起来,划为一个施工面,进行罩面处治。

(3)当采用沥青混凝土进行罩面时,为使罩面层与旧混凝土面板黏结牢固,应对旧混凝土面板进行切槽处理,并在罩面施工前刷一层黏层剂。

3327　水泥混凝土路面错台如何处理?

(1)错台的处治方法有磨平法和填补法两种,可按错台的轻重程度选定。

(2)高差小于等于 10 mm 的错台,可采用磨平机磨平或人工凿平。

①应从错台最高点开始向四周扩展,边磨边用 3 m 直尺找平,直至相邻两块板齐平为止,如图 3-6 所示。

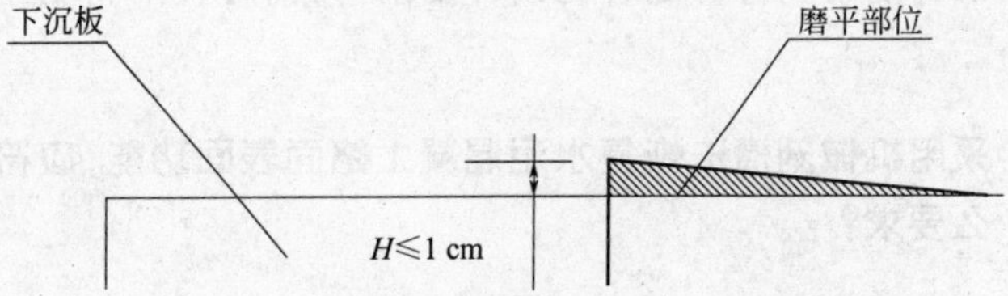

图 3-6　磨平法处理错台施工示意图

②磨平后,接缝内应将杂物清除干净,并吹净灰尘,及时将嵌缝料填入。

(3)高差大于 10 mm 的严重错台,可采用细石水泥混凝土或细粒式、砂粒式沥青混凝土进行处治。

1)细石水泥混凝土修补方法(图 3-7)及要求:

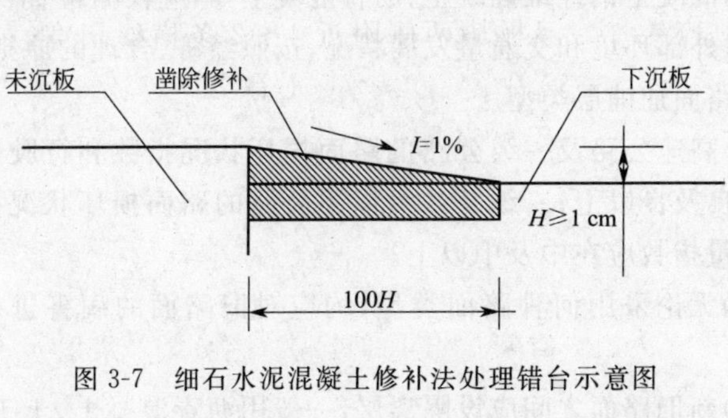

图 3-7　细石水泥混凝土修补法处理错台示意图

①应将错台下沉板凿除 2～5 cm 深,修补长度按错台高度除

以坡度(1.0%)计算。

②凿除面应将杂物灰尘清除干净,浇筑前,在凿除面均匀涂刷一层水泥浆。

③浇筑高强细石混凝土,其配合比通过试验确定。

④混凝土达到通车强度后,即可进行面层施工。

2)细粒式沥青混凝土修补方法及要求:

①在修补前应将路面杂物和灰尘清除干净,并喷洒一层热沥青或乳化沥青,沥青用量为0.40~0.6 kg/m²。

②修补面纵坡变化应控制在 $i\leqslant 1.0\%$。

③沥青混凝土符合配合比设计要求,摊铺后宜用轮胎压路机压实。

3328 采用机械刻槽法恢复水泥混凝土路面表面功能,应符合什么要求?

(1)刻槽深度3~5 mm,槽宽3~5 mm,槽距10~20 mm。

(2)纵向刻槽时,应平行于纵缝;横向刻槽时,应平行于横缝。

(3)刻槽深度应逐步推进,不求一蹴而就,以免刻槽边缘碎裂。

3329 采用在旧水泥混凝土路面上直接加铺,应符合哪些要求?

(1)旧水泥混凝土路面上直接加铺的路面种类主要有:素混凝土、钢筋混凝土钢纤维混凝土、沥青混凝土等,应根据检查、检测结果,针对外部环境和交通量发展状况,按照经济、合理的原则,选择相应的路面加铺层类型。

(2)高速公路及一级公路的路面损坏状况指数和行驶质量指数应在良及良以上;二级及二级以下公路的路面损坏状况指数和行驶质量指数应在中及中以上。

(3)无论采用何种路面类型,均应对旧路面的病害进行修复处治。

(4)新旧路面之间应设隔离层,一般用沥青混凝土、土工布、油毡等。

(5)加铺层的路面厚度应通过计算确定，普通水泥混凝土不小于180 mm，钢纤维混凝土不小于120 mm，钢筋混凝土不小于140 mm，沥青混凝土不小于70 mm。

(6)路面加铺层的纵、横缝位置应与旧水泥混凝土面板一致。

(7)路面加铺层的设计与施工，按照相关路面的设计、施工规范执行。

3330 采用在旧水泥混凝土路面上分离加铺，应符合哪些要求？

(1)旧水泥混凝土路面的损坏状况指数和行驶质量指数在中或中以下。

(2)旧水泥混凝土板块应充分破碎或压裂，并稳定无脱空，必要时可采用乳化沥青水泥浆压注稳定。

(3)在旧水泥混凝土板破碎或压裂时，应做好涵洞、地下管道、电缆、排水管等设施的保护。

(4)基层的厚度应通过结构设计确定，且不小于最小结构厚度

(5)加铺的基层与面层的设计与施工，按照相关设计、施工规范规定执行。

3331 旧水泥混凝土再生利用时，应符合什么要求？

(1)若旧水泥混凝土路面板破坏不属于碱集料反应，旧水泥混凝土被破碎以后，作为再生混凝土集料使用，其强度应达到二级标准及以上，且最大粒径应为40 mm，小于20 mm的粒料不能再作为混凝土集料，应筛除。

(2)作为基层集料使用，其强度应达到三级标准且集料含量以80%～85%为宜。

(3)用做底基层时，应将混凝土板块充分破碎或压裂，并做到稳定无松动碎块。

3332 **水泥混凝土路面的加宽,应符合哪些基本要求?**

(1)路基加宽应符合公路路基设计、施工规范的有关规定。

(2)路基加宽时,新加宽的基层强度不得低于原有水泥混凝土路面的基层强度,并宜采用台阶法搭接。

(3)两侧新加宽的水泥混凝土路面宽度差大于1 m和单侧加宽时,应调整路拱。如条件许可,应尽可能采取双侧相等加宽方式。

(4)在平曲线处,应按现行《公路工程技术标准》(JTG B01)规定设置超高、加宽,原来漏设的,应予补设。

(5)路面板加宽处的纵缝应设置拉杆。

(6)加宽水泥混凝土面板的强度、厚度、路拱、横缝均应与原设计相同。

(7)加宽水泥混凝土路面的施工,应符合相关施工规范规定。

第四节 砂石路面与砌块路面的养护

3401 **什么是砂石路面路拱不适损坏?如何计量?**

路拱不适是由于施工时路面高程控制不严或设计的原因造成的路面横坡过大或过小,过大将降低行车安全性,过小将使路面雨水不能及时排出。路拱不适程度根据经验确定,按长度计算,检测结果要用影响宽度(3.0 m)换算成面积。

3402 **砂石路面的沉陷指什么?如何计量?**

沉陷指砂石路面表面的局部凹陷,通常是由于路基承载力不足,路基土或基层材料的不均匀沉降,路基压实不足或路堤边坡失稳等引起的。按面积计量。

3403 **什么是砂石路面的波浪搓板损坏?如何计量?**

波浪搓板是指峰谷高差大于30 mm的搓板状纵向连续起

伏，通常沿轮迹带较为显著，在加速和减速路段（如转弯处、上坡、下坡和交叉口处）较易出现。面层混合料组成不当或施工不当等，都会引起波浪搓板的产生。波浪搓板损坏按面积计量。

3404 什么是砂石路面车辙损坏？如何计量？

砂石路面车辙损坏是指由于路面或路基强度不足，道路结构过分潮湿，行车荷载反复作用造成的砂石路面轮迹处深度大于30 mm的纵向带状凹槽（车辙），按沿行车方向的长度计算，换算成损坏面积时乘以0.4 m的影响宽度。

3405 砂石路面的坑槽、露骨指什么？如何计量？

坑槽是指路面上深度大于30 mm、直径大于0.1 m的坑洞，按坑槽外接矩形面积计量。

露骨是指路面表面黏结料和细集料散失，主骨料外露的损坏，按面积计算。

3406 砂石路面养护的基本要求有哪些？

(1)应保持路面平整坚实，防止和修复路面的破损和变形，保持排水良好。

(2)养护材料应尽可能就地取材和旧料再生利用（和新料参配使用）以降低成本。

(3)路面磨耗层和保护层应保持良好，发现波浪、坑槽、车辙等病害应及时维修。

(4)路面与路肩连接处，应保持平整坚实，高差（错台）不得大于20 mm。路面与桥涵衔接应平顺，防止跳车。

(5)当原有路面磨耗过大，强度或宽度不足，不能满足交通量增长的需要时，应对路面采取加宽、加厚或翻修措施，提高通行能力。

3407 砂石路面日常养护主要工作是什么?

砂石路面的日常养护工作,主要是保护层的养护(铺砂、扫砂、匀砂),磨耗层的小面积修补,排除路面积水,保持路面整洁。

雨季和冬季冰雪时节是砂石路面养护的不利季节,应加强日常养护工作。做到雨前注意扫砂匀砂,保持路面平整;雨中注意排水,不使路面、路肩积水;雨后注意刮(铲)补,及时刮(铲)波浪和修补坑洞,冬季加强冰雪防治,防止损坏路面结构。

3408 砂石路面出现不同病害的养护对策是什么?

(1)砂石路面出现磨耗层破损、坑槽、车辙、松散、波浪等病害时,应及时修复。

(2)当砂石路面保护层(含松散保护层和稳定保护层)出现大面积损坏或飞散、减薄,磨耗层损坏、松散时,应及时加铺磨耗层和保护层。

(3)当砂石路面强度不足,出现坑槽、车辙既深且多或破坏面积大,且深达基层或路面沉陷过剧、路基翻浆严重等时,应进行或整段大修。在大修前应分析破坏原因,调查路基稳定性,确定大修方案。

(4)交通量增大或重型车辆增多,原有路面宽度、厚度已不能满足行车要求时,可加宽、加厚原路面。加宽、加厚路面,应根据原有路况及所用材料,做好综合调查,通过设计确定方案。

3409 砂石路面磨耗层损坏应如何修理?

(1)磨耗层发生高低不平,应铲去凸出部分,并用同样的润湿混合料补平低凹部分,碾压密实,使其与原磨耗层保持一致。

(2)局部路段磨耗层大面积被磨损,应清除残存部分,整平洒水润湿,然后按新铺磨耗层的方法用同样的混合料重铺。

(3)磨耗层经行车碾压而减薄,但还基本可以利用时,可加铺一层封面。

3410 砂石路面的路面坑槽和车辙应如何修理?

(1)路面发生坑槽和车辙后,应按破损面积大小及深浅程度采取不同方法及时修补。

(2)面积较小、深度较浅的坑槽和较浅的车辙(小于 30 mm),用与原路面相同的材料拌和填补并碾压密实。

(3)坑槽或车辙的面积较大、深度较深(大于 30 mm)时,应采取挖槽修补措施。

(4)坑槽或车辙深达路基时,应先处治路基土层,再在其上修铺路面。

3411 砂石路面发生路面松散和波浪时应如何修理?

(1)路面出现松散时,应将保护层和松动的材料扫集堆起,按有关要求补充新料、重新拌和摊铺并压实后扫回保护层。

(2)路面轻微波浪且稳定时,应铲高补凹,保持平整。波浪严重,其波峰与波谷高差达 50 mm 以上时,可按大修处治。

3412 砂石路面铺筑磨耗层、保护层时,其厚度及级配应符合什么规定?

(1)磨耗层的铺筑应严格按放样清底、扫浆、配料拌和、铺料、培肩和碾压、加铺保护层、初期养护等程序进行。其厚度及级配应符合表 3-1 规定。

表 3-1 磨耗层厚度及级配组成

编号	通过下列筛孔(mm)的质量百分率(%)						<0.5 mm 塑性指数	厚度(mm)	适用范围
	30	20	10	5	2	0.5			
1	100	80~100	55~75	40~60	25~50	18~30	15~21	30~40	南方潮湿地区
2		100	75~90	50~70	38~56	18~35	15~21	20~30	南方潮湿地区
3		100	75~90	50~70	38~56	25~40	15~21	20~30	北方半干旱地区
4		100	75~85	55~70	45~55	30~45	>12	30~40	西北干旱地区

续上表

编号	通过下列筛孔(mm)的质量百分率(%)						<0.5 mm 塑性指数	厚度 (mm)	适用范围
	30	20	10	5	2	0.5			
5			100	75～100	45～75	25～45	15～21	10～20	南方潮湿地区
6			100	80～95	60～80	35～50	15～21	20～30	北方半干旱地区
7				90～100	60～80	35～55	15～18	10～20	北方半干旱地区

(2)松散保护层一般采用 2～8 mm 的粗砂、砾砂、石屑等材料,厚度一般为 5～10 mm。材料应坚硬耐磨,粒径均匀,粒径小于 0.5 mm 的颗粒含量不得超过 15%。松散保护层粒径规格应符合表 3-2 的规定。

表 3-2　松散保护层粒径规格

编　号	粒径规格 (mm)	0.5 mm 以下颗粒允许含量(%)	适宜厚度 (mm)	适用范围
1	2～5	<15	5～8	铺有坚实平整的磨耗层,又出 产合适的材料时
2	2～8	<15	8～10	磨耗层平整度差或不够坚实,又出产合适的材料时
3	6～0	<15	8～12	磨耗层平整度差,合格料采集 困难地区

(3)砂土稳定保护层。材料级配应符合表 3-3 的规定,压实厚度 8～10 mm。

表 3-3　砂土稳定保护层级配

编号	通过下列筛孔(mm)的质量百分率(%)				<0.5 mm 的混合料塑性指数	适用条件
	5	10	2	0.5		
1	100	90～100	60～80	35～55	12～18	不过分潮湿和不过分干燥 且有坚实平整层的路段

3413 砂石路面加宽应符合哪些要求?

(1)应按原路面厚度、材料和操作方法铺筑。

(2)根据路基情况,因地制宜,视路肩宽窄确定双边或单边加宽。如路基过窄,则在加宽路基后,再加宽路面。新加宽的路基达到要求的压实度后才能加铺路面。

3414 砂石路面加厚应符合哪些要求?

(1)按设计要求加厚。加厚层的压实厚度最小不得小于80 mm,否则应将旧路表面挖松后与加厚部分一并拌和压实。超过120 mm时,应分层铺筑,其上层厚度宜为全部加厚层的40%。

(2)加厚部分与原路面的接头处,宜采用5~10 m长的缓坡搭接。

3415 砂石路面同时加宽、加厚应符合哪些要求?

(1)先进性综合调查,并做好设计。

(2)先加宽,后加厚。新加厚的路面,可采用同样的结构类型。要求做到路面横坡适宜,并做好新旧部分的结合。

(3)加宽、加厚的路段稳定后,及时铺筑磨耗层和保护层。

(4)加强初期养护,使其早日达到稳定、密实、平整,保证工程质量,特别应注意加宽部分与路肩接合处保持平整,排水顺畅。

3416 砂石路面加宽、加厚时,所用材料有什么要求?

砂石路面翻修和加宽、加厚时,粒料规格应符合现行有关规范的规定;黏土的含量不应大于15%,塑性指数宜为18~27。

级配碎(砾)石路面翻修和加宽、加厚时,其矿料级配应符合表3-4的规定。在天然碎(砾)石材料不能满足表列要求时,应进行人工掺配,组成最佳混合料。

表 3-4　级配碎(砾)石路面的矿料级配组成

分类	编号	通过下列筛孔(mm)的质量百分率(%)										塑性指数 I_P
		60	50	40	30	20	10	5	2	0.5	0.075	
碎石	1		100	90~00		68~85	45~70	30~55	20~37	15~25	7~12	12~21
	2			100	85~100	70~90	50~70	50~60	25~40	20~32	8~15	12~18
砾石	1		100	90~00		65~85	45~70	30~55	20~37	15~25	7~12	12~21
	2			100	85~100	70 ~90	50~70	40~60	25~40	20~32	8~15	12~18
	3			100		85~00	60~80	45~65	30~50	20 ~2	8~15	12~18

注：1. 碎石路面用圆孔筛时，可用 1、2 号级配；用方孔筛时，只用 2 号级配。

2. 砾石路面用圆孔筛时，可用 1、2、3 号级配；用方孔筛时，只用 2、3 号级配。

3417　砌块路面养护应符合哪些要求？

(1)砌块路面的填缝料应无散失、损坏。

(2)砌块路面应保持平整，无严重破碎块。

(3)砌块路面应排水良好，无积水。

(4)砌块路面应人工定期清扫保洁，不宜用机械清扫。

砌块路面的养护关键是及时添加嵌缝料，排除路面积水，保持排水畅通。

3418　砌块路面的养护标准有什么规定？

砌块路面养护标准见表 3-5。

表 3-5　砌块路面养护标准

项　目	允许值	说　明
平整度(mm)	≤10	用 3 m 直尺量测
相邻块顶面高度差(mm)	≤5	用钢尺量测，取最大值
最大缝宽(mm)	≤10	用楔形塞尺量测，取最大值
横坡度(%)	±0.5	用水准仪测量
破损率(%)	≤1	量测每 1 000 m^2 中破损块的面积

3419　砌块路面的填缝料修复应符合哪些要求？

（1）用水泥砂浆做填缝料的，可采用快硬早强砂浆，砂浆强度未达到设计强度的不得开放交通。

（2）用砂做填缝料的，应填筑密实，并及时添补。

3420　砌块路面的局部损坏维修，应符合哪些要求？

（1）破碎砌块应按原材料和原尺寸补换。

（2）基层和垫层应压实处治。

（3）重铺的砌块宜高出原路面 5 mm。

（4）缝隙内的填料应保持密实、饱满。

3421　砌块路面翻修施工，应符合哪些要求？

砌块路面的破损率大于 15% 时，应予翻修。砌块路面翻修时，应对路基土、路面结构、排水、地下水以及交通量等进行详细调查，并据此进行设计。翻修应符合下列要求：

（1）水泥混凝土预制块和石块强度指标应达到设计要求。

（2）原有的各种病害应彻底处治。

（3）砂垫层厚度以 30 mm 为宜，砂的含泥量不应大于 3%。

（4）砌块路面两侧应预先设置坚固的边缘约束。

（5）应按设计形式铺好第一排砌块，随后的铺砌应与前一排砌块稳固、紧密相靠。

（6）约束边缘与砌块间的缝隙，应按设计要求镶嵌。不得采用小而薄的切割块填塞。

（7）边缘内空隙镶嵌完毕，应采用平板振动器全面振压砌块表面。振动板的面积宜为 0.35～0.5 m^2；振动频率以 75～100 Hz 为宜。振压后应的铺砌面上撒砂，用砂填充缝隙，并继续振压 2～3 遍，即可开放交通。

（8）当用水泥砂浆做填缝料时，砌块周边应干净无浮尘，砂浆饱满、密实。水泥砂浆强度未达到设计强度的不得开放交通。

第四章 桥涵养护

第一节 桥梁检查

4101 桥梁检查分为哪三类?

桥梁检查分为经常检查、定期检查和特殊检查。

(1)经常检查:主要指对桥面设施、上部结构、下部结构及附属构造物的技术状况进行的检查。

(2)定期检查:为评定桥梁使用功能,制定管理养护计划提供基本数据,对桥梁主体结构及其附属构造物的技术状况进行的全面检查,它为桥梁养护管理系统搜集结构技术状态的动态数据。从而确定特别检查的需求与结构维修、加固或更换的优先排序。

(3)特殊检查:特殊检查是查清桥梁的病害原因、破损程度、承载能力、抗灾能力,确定桥梁技术状况的工作。特殊检查分为专门检查和应急检查。

1)专门检查:根据经常检查和定期检查的结果,对需要进一步判明损坏原因、缺损程度或使用能力的桥梁,针对病害进行专门的现场试验检测、验算与分析等鉴定工作。

2)应急检查:当桥梁受到灾害性损伤后,为了查明破损状况,采取应急措施,组织恢复交通,对结构进行的详细检查和鉴定工作。

4102 桥梁经常检查一般包括哪些内容?

(1)外观是否整洁,有无杂物堆积,杂草蔓生。构件表面的涂装层是否完好,有无损坏、老化变色、开裂、起皮、剥落、锈迹。

(2)桥面铺装是否平整,有无裂缝、局部坑槽、积水、沉陷、波浪、碎边；混凝土桥面是否有剥离、渗漏，钢筋是否露筋、锈蚀，缝料是否老化、损坏，桥头有无跳车。伸缩缝是否堵塞卡死，连接部件有无松动、脱落、局部破损。

(3)排水设施是否良好，桥面泄水管是否堵塞和破损。人行道、缘石、栏杆、扶手、防撞护栏和引道护栏(柱)有无撞坏、断裂、松动、错位、缺件、剥落、锈蚀等。

(4)观察桥梁结构有无异常变形，异常的竖向振动、横向摆动等情况，然后检查各部件的技术状况，查找异常原因。支座是否有明显缺陷，活动支座是否灵活，位移量是否正常。支座的经常检查一般可以每季度一次。

(5)桥位区段河床冲游变化情况。基础是否受到冲刷损坏、外露、悬空、下沉，墩台及基础是否受到生物腐蚀。墩台是否受到船只或漂浮物撞击而受损。

(6)翼墙(侧墙、耳墙)有无开裂、倾斜、滑移、沉降、风化剥落和异常变形。锥坡、护坡、调治构造物有无塌陷、铺砌面有无缺损、勾缝脱落、灌木杂草丛生。

(7)交通信号、标志、标线、照明设施以及桥梁其他附属设施是否完好。

(8)其他显而易见的损坏或病害。

4103　桥梁经常检查有哪些要求?

(1)经常检查的周期根据桥梁技术状况而定，一般每月不得少于一次，汛期应加强不定期检查。

(2)经常检查采用目测方法，也可配以简单工具进行测量，特大型桥梁宜采用信息技术与人工作业相结合的手段进行经常性检查。现场要登记所检查项目的缺损类型，估计缺损范围及养护工作量，提出相应的小修保养措施，为编制辖区内的桥梁养护(小修保养)计划提供依据。

(3)经常检查中发现桥梁重要部件存在明显缺损时，应及时向上级提交专项报告。

4104 桥梁定期检查的主要工作包括哪些?

(1)现场校核桥梁基本数据,如桥梁经常检查收集的数据。

(2)当场填写“桥梁定期检查记录表”,记录各部件缺损状况并做出技术状况评分。

(3)实地判断缺损原因,确定维修范围及方式。

(4)对难以判断损坏原因和程度的部件,提出特殊检查(专门检查)的要求。

(5)对损坏严重、危及安全运行的危桥,提出限制交通或改建的建议。

(6)根据桥梁的技术状况,确定下次检查时间。

4105 桥梁定期检查的频次和方法有什么要求?

(1)定期检查周期根据技术状况确定,最长不得超过三年。新建桥梁交付使用一年后,进行第一次全面检查。临时桥梁每年检查不少于一次。

(2)在经常检查中发现重要部(构)件的缺损明显达到三、四、五类技术状况时,应立即安排一次定期检查。

(3)定期检查以目测观察结合仪器观测进行,必须接近各部件仔细检查其缺损情况。

4106 桥梁永久性控制检测点应如何设置?

(1)新建大、中桥和特大桥交付使用前,公路管理机构应事先要求在竣工测量时设置便于校验复测的永久性控制检测点。测点的编号、位置(表明距离、高程和地物特征)和竣工测量数据,均应在竣工图上标明,作为验收文件中必要的竣工资料予以归档。

(2)没有设置永久性控制检测点的既有大、中桥和特大桥,应在定期检查时按规定补设。测点的布设和首次检测的时间及数据等,应按竣工资料的要求予以归档。

(3)桥梁主体结构维修、加固或改建工程竣工后,应保持原有的永久性控制检测点，并重新检测一次。

(4)桥梁的永久性控制检测点应牢固可靠，按永久性测量标志设定。当与国家大地测量网联网困难时可建立本桥相对独立的基准测量系统。

(5)特大、大、中桥墩(台)旁，必要时可设置水尺或标志，以观测水位和冲刷情况。

(6)桥梁永久性控制检测的检测项目、检测方法及检测点的位置与数量见表 4-1。特大型桥梁或特殊桥梁还可根据养护、管理的需要，增加相应的控制检测项目。

表 4-1 桥梁永久性控制检测项目

序号	检测项目	检测点	检测方法
1	墩、台身、索塔、锚锭的高程	墩、台身底部（距地面或常水位 0.5～2 m 内），桥台侧墙尾部顶面和锚锭的上、下游两侧各 1～2 点	水准仪
2	墩、台身、索塔倾斜度	墩、台身底部（距地面或常水位 0.5～2 m内)，桥台侧墙尾部顶面和锚锭的上、下游两侧各 1～2 点	垂线法或测斜仪
3	桥面高程	沿行车道两边(近缘石处)，按每孔跨中、$L/4$，支点等不少于 5 个位置(10 个点)。测点应固着于桥面板上	水准仪
4	拱桥桥台、吊桥锚锭水平位移	在拱座、锚锭的上、下游两侧各 1 点	经纬仪
5	悬索桥索卡滑移	索卡处设 1 点	
说明	1. 上下行分离式桥按两座桥分别设点。 2. 倾斜度测点应用于上下相距 0.5～1 m 的两点标记检测。 3. 永久性测点宜用统一规格的圆头锚钉和在铝板上有钢印编号，或靠地固定于被测部件上。 4. 所有测点的位置和编号，以及检测数据必须在桥梁总体图和数据表中注明，并归档		

4107 桥梁定期检查后应提出哪些文件?

(1)桥梁定期检查数据表。当天检查的桥梁现场记录，应在次日内整理成每座桥梁定期检查数据表。

(2)典型缺损和病害的照片及说明。缺损状况的描述应采用专业标准术语，说明缺损的部位、类型、性质、范围、数量和程度等。

(3)两张总体照片。一张桥面正面照片，一张桥梁上游侧立面照片。桥梁改建后应重新拍照一次。如果桥梁拓宽改造后，上下游桥梁结构不一致，还要有下游侧立面照片，并标注清楚。

(4)桥梁清单。

(5)桥梁基本状况卡片。定期检查完成后，应将本次检查的桥梁各部件技术状况评定结果登记在桥梁基本状况卡片内。

(6)定期检查报告。该报告应包括下列内容：辖区内所有桥梁的保养小修情况；需要大中修或改建的桥梁计划，说明修理的项目，拟用的修理方案，估计费用和实施时间；要求进行特殊检查桥梁的报告，说明检验的项目及理由；需限制桥梁交通的建议报告。

4108 桥面系构造的定期检查包括哪些内容？

(1)桥面铺装层纵、横坡是否顺适，有无严重的裂缝(龟裂、纵横裂缝)、坑槽、波浪、桥头跳车、防水层漏水。

(2)伸缩缝是否有异常变形、破损、脱落、漏水，是否造成明显的跳车。

(3)人行道构件、栏杆、护栏有无撞坏、断裂、错位、缺件、剥落、锈蚀等。

(4)桥面排水是否顺畅，泄水管是否完好、畅通，桥头排水沟功能是否完好，锥坡有无冲蚀、塌陷。

(5)桥上交通信号、标志、标线、照明设施是否损坏、老化、失效，是否需要更换。

(6)桥上避雷装置是否完善，避雷系统性能是否良好。

(7)桥上航空灯、航道灯是否完好，能否保证正常照明。结构物内供养护检修的照明系统是否完好。

(8)桥上的路用通信、供电线路及设备是否完好。

4109 钢筋混凝土和预应力混凝土梁桥的定期检查包括哪些内容?

(1)梁端头、底面是否损坏,箱形梁内是否有积水,通风是否良好。

(2)混凝土有无裂缝、渗水、表面风化、剥落、露筋和钢筋锈蚀,有无碱集料反应引起的整体龟裂现象。混凝土表面有无严重碳化。

(3)预应力钢束锚固区段混凝土有无开裂,沿预应力筋的混凝土表面有无纵向裂缝。

(4)梁(板)式结构的跨中、支点及变截面处,悬臂端牛腿或中间铰部位,刚构的固结处和桁架节点部位,混凝土是否开裂、缺损和出现钢筋锈蚀。

(5)装配式梁桥应注意检查联结部位的缺损状况。如组合梁的桥面板与梁的结合部位及预制桥面板之间的接头处混凝土有无开裂、渗水;横向联结构件是否开裂,连接钢板的焊缝有无锈蚀、断裂,边梁有无横移或向外倾斜。

4110 拱桥的定期检查包括哪些内容?

(1)主拱圈的拱板或拱肋是否开裂。钢筋混凝土拱有无露筋、钢筋锈蚀。圬工拱桥砌块有无压碎、局部掉块,砌缝有无脱离或脱落、渗水,表面有无苔藓、草木滋生,拱铰工作是否正常。空腹拱的小拱有无较大的变形、开裂、错位,立墙或立柱有无倾斜、开裂。

(2)拱上立柱(或立墙)上下端、盖梁和横系梁的混凝土有无开裂、剥落、露筋和锈蚀。中、下承式拱桥的吊杆上下锚固区的混凝土有无开裂、渗水,吊杆锚头附近有无锈蚀现象,外罩是否有裂纹,锚头夹片、楔块是否发生滑移,吊杆钢索有无断丝。采用型钢或钢管混凝土芯的劲性骨架拱桥,混凝土是否沿骨架出现纵向或横向裂缝。

(3)拱的侧墙与主拱圈间有无脱落,侧墙有无鼓突变形、开裂,实腹拱拱上填料有无沉陷。肋拱桥的肋间横向联结是否开裂、表面剥落、钢筋外露、锈蚀等。

(4)双曲拱桥拱肋间横向联结拉杆是否松动或断裂,拱波与拱肋结合处是否开裂、脱开,拱波之间砂浆有无松散脱落,拱波顶是否开裂、渗水等。

(5)薄壳拱桥壳体纵、横向及斜向是否出现裂缝及系杆是否开裂。

(6)系杆拱的系杆是否开裂,无混凝土包裹的系杆是否有锈蚀。

(7)钢管混凝土拱桥裸露部分的钢管及构件检查参见钢桥检查有关内容,同时还应检查管内混凝土是否填充密实。

4111 钢桥的定期检查包括哪些内容?

(1)构件(特别是受压构件)是否扭曲变形、局部损伤。

(2)铆钉和螺栓有无松动、脱落或断裂,节点是否滑动、错裂。

(3)焊缝边缘(热影响区)有无裂纹或脱开。

(4)油漆层有无裂纹、起皮、脱落,构件有无锈蚀。

(5)钢箱梁封闭环境中的湿度是否符合要求,除湿设施是否工作正常。

4112 通道、跨线桥与高架桥的定期检查与一般桥梁有什么不同?

通道、跨线桥与高架桥的结构检查同其他一般公路桥梁。通道还应检查通道内有无积水,机械排水的泵站是否完好,排水系统是否畅通。跨线桥、高架桥还应检查防抛网、隔音墙是否完好。通道、跨线桥与高架桥下的道面是否完好,有无非法占用情况等。

4113 悬索桥和斜拉桥的定期检查包括哪些内容?

(1)检查索塔高程、塔柱倾斜度、桥面高程及梁体纵向位移,注意是否有异常变位。

(2)检测索体振动频率、索力有无异常变化,索体振动频率观测应在多种典型气候下进行。每一观测周期不超过 6 年。

(3)主梁或加劲梁的检查,按预应力混凝土及钢结构的相应要求进行。

(4)悬索桥的锚锭及锚杆有无异常的拨动,锚头、散索鞍有无锈蚀破损,锚室(锚洞)有无开裂、变形、积水,温湿度是否符合要求。

(5)主缆、吊杆及斜拉索的表面封闭、防护是否完好,有无破损、老化。

(6)悬索桥的索鞍是否有异常的错位、卡死、辊轴歪斜,构件是否有锈蚀、破损,主缆索跨过索鞍部分是否有挤扁现象。

(7)悬索桥吊杆上端与主缆索的索夹是否有松动、移位和破损,下端与梁连接的螺栓有无松动。

(8)逐束检测索体是否开裂、鼓胀及变形,必要时可剥开护套检查索内干湿情况和钢索的锈蚀情况。检查后应做好保护套剥开处的防护处理。

(9)逐个检查锚具及周围混凝土的情况,锚具是否渗水、锈蚀,是否有锈水流出的痕迹,周围混凝土是否开裂。必要时可打开锚具后盖抽查锚杯内是否积水、潮湿,防锈油是否结块、乳化失效,锚杯是否锈蚀。

(10)逐个检查索端出索处钢护筒、钢管与索套管连接处的外观情况。检查钢护筒是否松动脱落、锈蚀、渗水,抽查连接处钢护筒内防水垫圈是否老化失效,筒内是否潮湿积水。

(11)索塔的爬梯、检查门、工作电梯是否可靠安全,塔内的照明系统是否完好。

4114　支座的定期检查包括哪些内容?

(1)支座组件是否完好、清洁,有无断裂、错位、脱空。

(2)活动支座是否灵活,实际位移量是否正常,固定支座的锚销是否完好。

(3)支撑垫石是否有裂缝。

(4)简易支座的油毡是否老化、破裂或失效。

(5)橡胶支座是否老化开裂,有无过大的剪切变形或压缩变形,各夹层钢板之间的橡胶层外凸是否均匀。

(6)四氟滑板支座是否脏污、老化,四氟乙烯板是否完好,橡胶块是否滑出钢板。

(7)盆式橡胶支座的固定螺栓是否剪断,螺母是否松动,钢盆外露部分是否锈蚀,防尘罩是否完好。

(8)组合式钢支座是否干涩、锈蚀,固定支座的锚栓是否紧固,销板或销钉是否完好。

(9)摆柱支座各组件相对位置是否准确,受力是否均匀。

(10)辊轴支座的辊轴是否出现不允许的爬动、歪斜。

(11)摇轴支座是否倾斜。

(12)钢筋混凝土摆柱支座的柱体有无混凝土脱皮、开裂、露筋,钢筋及钢板有无锈蚀。

4115 墩台与基础的定期检查包括哪些内容?

(1)墩台及基础有无滑动、倾斜、下沉或冻拔。

(2)台背填土有无沉降或挤压隆起。

(3)混凝土墩台及帽梁有无冻胀、风化、开裂、剥落、露筋等。

(4)石砌墩台有无砌块断裂、通缝脱开、变形,砌体泄水孔是否堵塞,防水层是否损坏。

(5)墩台顶面是否清洁,伸缩缝处是否漏水。

(6)基础下是否发生不许可的冲刷或掏空现象,扩大基础的地基有无侵蚀。桩基顶段在水位涨落、干湿交替变化处有无冲刷磨损、颈缩、露筋,有无环状冻裂,是否受到污水、咸水或生物的腐蚀。必要时对大桥、特大桥的深水基础应派潜水员潜水检查。

4116 哪些情况下桥梁应进行特殊检查?

桥梁遭受洪水、流冰、滑坡、地震、风灾、漂流物或船舶撞击,因超重车辆通过或其他异常情况影响造成损害时,应进行应急检查。在下列情况下应作专门检查:

(1)定期检查中难以判明损坏原因及程度的桥梁。

(2)桥梁技术状况为四、五类者。

(3)拟通过加固手段提高荷载等级的桥梁。

(4)条件许可时,特殊重要的桥梁在正常使用期间可周期性进行荷载试验。

4117 桥梁特殊检查应根据需要对哪三个方面问题作出鉴定?采用什么方法进行鉴定?

(1)桥梁结构材料缺损状况。包括对材料物理、化学性能退化程度及原因的测试鉴定;结构或构件开裂状态的检测及评定。桥梁结构材料缺损状况鉴定,可根据鉴定要求和缺损的类型、位置,选择表面测量、无破损检测和局部取试样等有效可靠的方法。试样应在有代表性构件的次要部位获取。

(2)桥梁结构承载能力,包括对结构强度、稳定性和刚度的验算、试验和鉴定。桥梁结构检算及承载力试验应按国家及行业有关标准和技术规范进行。

(3)桥梁防灾能力,包括抵抗洪水、流冰、风、地震及其他地质灾害等能力的检测鉴定。桥梁抗灾能力鉴定一般采用现场测试与检算的方法,特别重要的桥梁可进行模拟试验。

4118 桥梁特殊检查报告主要包括哪些内容?

(1)概述检查的一般情况。包括桥梁的基本情况、检查的组织、时间、背景和工作过程等。

(2)描述目前的桥梁技术状况。包括现场调查、试验与检测的项目及方法、检测数据与分析结果和桥梁技术状况评价等。

(3)详细叙述检查部位的损坏程度及原因,并提出结构部件和总体的维修、加固或改建的建议方案。

4119 桥梁评定分为哪两种?

桥梁评定分为一般评定和适应性评定。

(1)一般评定是依据桥梁定期检查资料,通过对桥梁各部件技术状况的综合评定,确定桥梁的技术状况等级,提出各类桥梁的养护措施。一般由负责定期检查者进行。

(2)桥梁适应性评定包括以下内容:依据桥梁定期及特殊检查资料,结合试验与结构受力分析,评定桥梁的实际承载能力、通行能力、抗洪能力,提出桥梁养护、改造方案。适应性评定应委托有相应资质及能力的单位进行。

4120 桥梁各部件技术状况如何评定?

(1)根据缺损程度(大小、多少或轻重)、缺损对结构使用功能的影响程度(无、小、大)和缺损发展变化状况(趋向稳定、发展缓慢、发展较快)等三个方面,以累加评分方法对各部件缺损状况做出等级评定。评定方法见表 4-2。

表 4-2 桥梁部件缺损状况评定方法

缺损状况及标度			组合评定标度					
缺损程度及标度		程度	小→大 少→多 轻度→严重					
		标度		0	1	2		
缺损对结构使用功能的影响	无、不重要	0				0	1	2
	小、次要	+1				1	2	3
	大、重要	+2				2	3	4
以上两项评定组合标度				0	1	2	3	4
缺损发展变化状况的修正	趋向稳定	−1			0	1	2	3
	发展缓慢	0			1	2	3	4
	发展较快	+1		1	2	3	4	5
最终评定结果			0	1	2	3	4	5

注:"0"表示完好状态,或表示没有设置的构造部件。当缺损程度标度为"0"时,不再进行叠加;"5"表示危险状态,或表示原未设置,而调查表明需要补设的部件。

(2)重要部件(如墩台与基础、上部承重构件、支座)以其中缺损最严重的构件评分，其他部件，根据多数构件缺损状况评分。

4121　墩台与基础技术状况评定标准是什么？

(1)一类

1)墩台各部分完好；

2)基础及地基状况良好。

(2)二类

1)墩台基本完好；

2)3%以内的表面有风化、麻面、短细裂缝，缝宽小于限值，砌体灰缝脱落；

3)表面长有青苔、杂草；

4)基础无冲蚀现象。

(3)三类

1)墩台3%～10%的表面有各种缺损，裂缝宽超限值，有风化、剥落、露筋、锈蚀现象；砌体灰缝脱落，局部变形等；

2)出现轻微的下沉、倾斜、滑动等现象，发展缓慢或趋向稳定；

3)基础有局部冲蚀现象，桩基顶段被磨损。

(4)四类

1)墩台10%～20%的表面有各种缺损，裂缝宽而密，剥落、露筋、锈蚀严重，砌体大面积松动、变形；

2)墩台出现下沉、倾斜、滑动、冻拔现象，变形小于或等于规范值。台背填土有沉降裂缝或挤压隆起，变形发展较快；

3)基础冲刷大于设计值，基底冲空面在10%～20%以内。桩基顶段被侵蚀、露筋、缩颈或有环状冻裂，木桩腐蚀、蛀蚀严重。

(5)五类

1)墩台不稳定，下沉、倾斜、滑动、冻拔现象严重，变形大于规范值，造成上部结构和桥面变形过大，不能正常行车；

2)墩台、桩基出现结构性裂缝，裂缝宽度超过限值；

3)基底冲刷深度大于设计值，冲空面达20%以上。地基承载力降低，桥台岸坡滑移。

4122 支座技术状况评定标准是什么?

(1)一类

1)各部分清洁完好,位置正确;

2)支座工作状态正常。

(2)二类

1)支座有尘土堆积、略有腐蚀;

2)支座滑动面干涩。

(3)三类

1)钢支座固定螺栓松动,锈蚀严重;

2)橡胶支座开始老化;

3)混凝土支座有剥落、露筋、锈蚀现象。

(4)四类

1)钢支座的组件出现断裂;

2)橡胶支座老化开裂;

3)混凝土支座碎裂;

4)活动支座坏死,不能活动;

5)支座上下错位过大,有倾倒脱落的危险。

(5)五类

支座错位、变形、破损严重,已失去正常支承功能,使上下部结构受到异常约束,造成支承部位的缺损和桥面的不平顺。

4123 砖、石混凝土上部结构技术状况评定标准是什么?

(1)一类

1)结构完好,无渗水,无污染;

2)次要部位有少量短细裂纹,裂纹宽度小于限值。

(2)二类

1)结构基本完好;

2)3%以内的表面有风化、麻面、短细裂缝,缝宽小于限值,砌体灰缝脱落;

3)上下游侧表面有水迹污染,砌体滋生杂草。

(3)三类

1)结构3%～10%的表面有各种缺损,裂缝宽超限值,有风化、剥落、露筋、锈蚀,桥面板裂缝渗水;

2)石砌拱桥砌体灰缝脱落,局部松动、外鼓;

3)横向连接件断裂、脱焊或松动,边梁或边拱肋有横移或外倾迹象。

(4)四类

1)结构10%～20%的表面有各种缺损,重点部位出现接近全截面的开裂,裂缝宽超限值,顺主筋方向有纵向裂缝,钢筋锈蚀和混凝土剥落严重,桥面开裂渗水严重,砌体有较大松动、变形;

2)结构存在明显的永久变形,变形小于或等于规范值,桥面竖向成波形。

(5)五类

1)结构永久变形大于规范值;

2)重点部分出现全截面开裂,裂缝宽度超过限值,部分钢筋屈服或断裂,混凝土压碎。主拱圈出现四铰,成不稳定结构;

3)受压构件有严重的横向扭曲变形;

4)承载能力比设计降低25%以上。

4124　钢结构技术状况评定标准是什么?

(1)一类

1)各部件及焊缝均完好;

2)各节点铆钉、螺栓无松动;

3)各部分油漆均匀、完整,色泽鲜明。

(2)二类

1)各部件完好,焊缝无开焊;

2)少数节点有个别铆钉、螺栓松动变形;

3)油漆变色、起泡剥落,面积在10%以内。

(3)三类

1)个别次要构件有局部变形,焊缝有裂纹;

2)连接铆钉、螺栓损坏在10%以内;

3)油漆失效面积在10%～20%之间。

(4)四类

1)个别主要构件有扭曲变形、损伤裂纹、开焊、严重锈蚀;

2)连接铆钉、螺栓损坏在10%～20%之间;

3)油漆失效面积在20%以上。

(5)五类

1)主要构件有严重扭曲变形、开焊,锈蚀削弱截面10%以上,钢材变质,强度性能恶化。油漆失效面积在50%以上;

2)节点板及连接铆钉、螺栓损坏在20%以上;

3)结构永久变形大于规范值;

4)结构振动或摆动过大,行车和行人有不安全感。

4125 人行道栏杆技术状况评定标准是什么?

(1)一类

完整清洁,无松动,少数构件局部有细裂纹、麻面。

(2)二类

个别构件破损、脱落,3%以内构件有松动、开裂、剥落和污染。

(3)三类

10%以内构件有松动、开裂、剥落、露筋、锈蚀、破损、脱落。

(4)四类

10%～20%构件严重损坏、错位、变形、脱落、残缺。

4126 桥面铺装、伸缩缝技术状况评定标准是什么?

(1)一类

1)铺装层完好、平整、清洁,或有个别细裂缝;

2)防水层完好、泄水管完好、畅通;

3)伸缩缝完好、清洁;

4)桥头平顺,无跳车现象。

(2)二类

1)铺装层10%以内的表面有纵横裂缝、浅坑槽、波浪；

2)防水层基本完好；泄水管堵塞，周围渗水；

3)伸缩缝局部破损；

4)桥头轻度跳车，台背路面下沉在2 cm以内。

(3)三类

1)铺装层10%～20%的表面有严重的龟裂、深坑槽、波浪；

2)桥面板接缝处 防水层断裂渗水，泄水管破损、脱落；

3)伸缩缝普遍缺损；

4)桥头跳车明显，台背路面下沉2～5 cm。

(4)四类

1)铺装层20%以上表面有严重的破坏，桥面普遍坑洼不平、积水；

2)防水层老化失效，普遍断裂、渗水，泄水管脱落，泄水孔堵塞；

3)伸缩缝严重破损、失效，难以修补；

4)桥头跳车严重，台背路面下沉大于5 cm。

4127　调治构造物技术状况评定标准是什么。

(1)一类

1)构造设置合理，功能正常；

2)构造物完好。

(2)二类

1)构造功能基本正常；

2)构造物局部断裂，砌体松动、变形。

(3)三类

1)构造本身抗洪能力不足，基础局部冲蚀；

2)构造物20%以内出现下沉、倾斜、局部坍塌。

(4)四类

1)构造本身抗洪能力太低，基础冲蚀严重；

2)构造物20%以上被破坏，部分丧失功能或功能下降。

4128 翼(耳)墙、锥(护)坡技术状况评定标准是什么?

(1)一类

1)翼(耳)墙完好无损,清洁;

2)锥(护)坡完好,无垃圾堆积,无草木滋生;

3)桥头排水沟和行人台阶完好。

(2)二类

1)翼(耳)墙出现个别裂缝,缝宽小于限值,局部剥落,砌体灰缝脱落,面积在10%以内;

2)锥(护)坡局部塌陷,铺砌缺损,垃圾堆积,草木丛生;

3)桥头排水沟堵塞不畅通,行人台阶局部塌落。

(3)三类

1)翼墙断裂与桥台前墙脱开,但无明显外倾、下沉,砌体灰缝脱落、局部松动外鼓,面积小于20%;

2)锥(护)坡出现大面积塌陷,铺砌缺损,形成冲沟或积水坑,坡脚有局部冲蚀;

3)桥头排水沟和行人台阶损坏,功能较低。

(4)四类

1)翼墙断裂、下沉、外倾失稳,砌体变形,部分严重倒塌;

2)锥(护)坡体和坡脚冲蚀严重,有滑移、坍塌,坡顶下降较大,作用明显减小;

3)桥头排水沟和行人台阶全部损坏,几乎消失。

4129 照明、标志、附属设施技术状况评定标准是什么?

(1)一类

完好无缺,布置合理。

(2)二类

照明灯泡损坏,灯柱锈蚀,标志不正、脱落,附属设施基本完好。

(3)三类

灯柱歪斜不正,灯具损坏,标志倾斜损坏,附属设施需保养维修。

(4)四类

照明线老化破断或短路,灯柱、灯具残缺不齐,标志损失严重,附属设施需维修与更换。

4130　全桥总体技术状况等级如何评定?

全桥总体技术状况等级评定,宜采用考虑桥梁各部件权重的综合评定方法。亦可按重要部件最差的缺损状况评定或对照桥梁技术状况评定标准进行评定。采用考虑桥梁各部件权重的综合评定方法时,评定方法如下:

(1)综合评定采用下列计算式:

$$D_r = 100 - \sum_{i=1}^{n} R_i W_i / 5$$

式中 R_i——按表4-2方法对各部件确定的评定标度(0～5);

W_i——各部件权重,按照《公路桥涵养护规范》推荐的各部件权重见表4-3。各地区也可根据本地区的环境条件和养护要求,采用专家评估法修订各部件的权重;

D_r——全桥结构技术状况评分(0～100);评分高表示结构状况好,缺损少。

表4-3　推荐的桥梁各部件权

部件	部件名称	权重 W_i	部件	部件名称	权重 W_i
1	灯具、标志	1	10	桥面铺装	3
2	翼墙、耳墙	1	11	桥头与路堤连接部	3
3	锥坡、护坡	23	12	伸缩缝	1
4	桥台及基础	24	13	人行道	1
5	桥墩及基础	8	14	栏杆、护栏	1
6	地基冲刷	3	15	其他	1
7	支座	80	16	调治构造物	3
8	上部主要承重构件	5	17	排水设施	1
9	上部一般承重构件	1			

(2)评定分类采用下列界限

$D_r \geqslant 88$,一类;$88 > D_r \geqslant 60$,二类;$60 > D_r \geqslant 40$,三类;$40 > D_r$,四类、五类。

4131 桥梁总体技术状况评定标准是什么?

桥梁技术状况评定等级分为一类、二类、三类、四类、五类。桥梁总体技术状况评定标准如下:

(1)一类桥:完好、良好状态

1)重要部件功能与材料均良好;

2)次要部件功能良好,材料有少量(3%以内)轻度缺损或污染;

3)承载能力和桥面行车条件符合设计指标。

(2)二类桥:较好状态

1)重要部件功能良好,材料有局部(3%以内)轻度缺损或污染,裂缝宽小于限值;

2)次要部件有较多(10%以内)中等缺损或污染;

3)承载能力和桥面行车条件达到设计指标。

(3)三类桥:较差状态

1)重要部件材料有较多(10%以内)中等缺损,裂缝宽超限值或出现轻度功能性病害,但发展缓慢,尚能维持正常使用功能;

2)次要部件有大量(10%~20%)严重缺损,功能降低,进一步恶化将不利于重要部件和影响正常交通;

3)承载能力比设计降低10%以内,桥面行车不舒适。

(4)四类桥:差的状态

1)重要部件材料有大量(10%~20%)严重缺损,裂缝宽超限值,风化、剥落、露筋、锈蚀严重或出现轻度功能性病害,且发展较快。结构变形小于或等于规范值,功能明显降低;

2)次要部件有20%以上的严重缺损,失去应有功能,严重影响正常交通;

3)承载能力比设计降低10%~25%。

(5)五类桥:危险状态

1)重要部件出现严重的功能性病害,且有继续扩张现象,关键部位的部分材料强度达到极限,出现部分钢筋断裂、混凝土压碎或杆件失稳变形的破损现象,变形大于规范值,结构的强度、刚度、稳定性和动力响应不能达到平时交通安全通行的要求;

2)承载能力比设计降低25%以上。

4132　桥梁适应性评定如何进行?

对桥梁的承载能力、通行能力、抗洪能力应周期性地进行评定。评定周期一般为3~6年。评定工作可与桥梁的定期检查、特殊检查结合进行。

承载能力、通行能力的评定一般采用现行荷载标准及交通量,也可考虑使用期预测交通量。承载能力、通行能力评定方法按照《公路桥梁承载能力检测评定规程》(JTG/T J21—2011)进行。

抗洪能力评定按《公路桥涵养护规范》(JTG H11—2004)进行。

第二节　桥梁上部结构养护

4201　公路桥涵养护应达到哪些要求?

(1)桥涵外观整洁。

(2)桥面铺装坚实平整、横坡适度。

(3)桥头顺适。

(4)排水、伸缩缝、支座、护墙、栏杆、标志、标线等设施齐全良好。

(5)结构无损坏。

(6)基础无冲刷、掏空。

(7)与路基不同宽度的小桥,应逐步改建成与路基同宽。

4202　公路桥涵养护的一般原则是什么?

(1)公路桥涵养护工作应贯彻“预防为主,防治结合”的方针,以桥梁结构安全为中心,以承重部件为重点,加强全面养护。

(2)应加强桥涵的日常巡查。桥涵日常巡查是桥涵日常工作的重要内容之一,应予以充分重视,系统地掌握其技术状况,及时发现缺损和相关环境的变化。按桥梁检查结果,对桥梁技术状况进行分类评定,制定相应的养护对策。

(3)桥涵构造物的养护,应首先使原结构保持原设计汽车荷载等级的承载要求及设计交通量的通行要求。根据交通发展的需要,也可通过改造和改建来提高承载能力和通行能力。

(4)桥涵养护工程应重视经济技术方案的比选,并充分利用原有工程材料和原有工程设施,以降低成本。

(5)桥梁管养单位应对辖区内所有桥梁建立信息化档案,加强桥涵档案管理工作。

(6)为利于分析判断桥梁可能发生的病害原因,应在结构正常状况时设置永久性控制检测点。

4203 公路桥梁的养护对策是什么?

(1)对一般评定划定的各类桥梁,分别采取不同的养护措施:一类桥梁进行正常保养;二类桥梁需进行小修;三类桥梁需进行中修,酌情进行交通管制;四类桥梁需进行大修或改造,及时进行交通管制,如限载、限速通过,当缺损较严重时应关闭交通;五类桥梁需要进行改建或重建,及时关闭交通。

(2)对适应性不能满足的桥梁,应采取提高承载力、加宽、加长、基础防护等改造措施。若整个路段有多座桥梁的适应性不能满足,应结合路线改造进行方案比较和决策。

4204 桥面铺装应如何养护?

(1)桥面应经常清扫,排除积水,清除泥土、杂物、冰凌和积雪,保持桥面平整、清洁。

(2)沥青混合料桥面出现泛油、拥包、裂缝、波浪、坑槽、车辙等病害时,应及时处治。当损坏面积较小时,可局部修补;损坏面积较大时，可将整跨铺装层凿除，重铺新的铺装层。一般不应在原桥面上直接加铺，以免增加桥梁恒载。

(3)水泥混凝土桥面出现断缝、拱胀、错台、起皮、露骨等病害时，应及时处理。损坏面积较大时，应将原铺装整块或整跨凿除，重铺新的铺装层。

(4)桥面防水层如有损坏，应及时修复。

4205　排水系统包括哪些？应如何养护？

排水系统包括在桥面设置的纵、横坡，安装的泄水管或在桥头做的截水槽，拱桥及桥台还有排除腹腔积水的泄水管(孔)，这些泄水管设在防水层上面，通过防水层汇集渗水。排水系统的养护应做到以下方面。

(1)桥面的泄水管、排水槽如有堵塞，应及时疏通，并经常保持畅通。

(2)桥面应保持大于1.5%的横坡，以利于桥面排水。

(3)桥梁上设置的封闭式排水系统，应保持各排水管道畅通，排水系统的设备如水泵等应工作正常，若有堵塞应及时疏通，若有损坏则应及时更换。

4206　人行道、栏杆、护栏、防撞墙的养护应做到哪些？

(1)人行道块件应牢固、完整，桥面路缘石应经常保持完好状态。若出现松动、缺损应及时进行修整或更换。

(2)桥梁栏杆应经常保持完好状态。栏杆柱应竖立正直，扶手应无损坏、断裂，伸缩缝处的水平杆件应能自由伸缩。栏杆柱、扶手如有缺损，应及时补齐。因栏杆损坏而采用临时防护措施时，使用时间不得超过三个月。

(3)钢筋混凝土栏杆开裂严重或混凝土剥落，应凿除损坏部分，修补完整。

(4)钢质栏杆应涂漆防锈，一般每年一次。

(5)护栏、防撞墙应牢固、可靠，若有损坏应及时修理或更换。

钢护栏与钢筋混凝土护栏上的外露钢构件应定期涂漆防锈,一般每年一次。

(6)桥梁两端的栏杆柱或防撞墙端面,涂有立面标记或示警标志的,应定期涂刷,一般一年一次,使油漆颜色保持鲜明。

4207 伸缩装置、桥头搭板应如何养护?

(1)应经常清除缝内积土、垃圾等杂物,使其发挥正常作用,若有损坏或功能失效应及时修理或更换。

(2)以下伸缩装置出现下列病害时,应及时进行更换:

U 形锌铁皮伸缩装置的锌铁皮老化、开裂、断裂。

钢板伸缩装置或锯齿钢板伸缩装置的钢板变形,螺栓脱落,伸缩不能正常进行。

橡胶条伸缩装置的橡胶条老化、脱落,固定角钢变形、松动。

板式橡胶伸缩装置的橡胶板老化开裂,预埋螺栓松脱,伸缩失效。

(3)更换的伸缩装置应选型合理,伸缩量应满足桥跨结构变形需要,伸缩位移量小的可采用弹塑体填充式伸缩缝,位移量中等的可采用型钢伸缩缝,位移量大的可采用组合式伸缩缝。更新伸缩缝应由有资质的专业公司来进行,安装应牢固、平整、不漏水。

(4)维修或更换伸缩缝,可采取半幅桥面施工,在伸缩缝上覆盖钢板等措施维持交通,并实行交通管制以保证施工安全。

(5)桥头搭板脱空、断裂或枕梁下沉引起桥路连接不顺适,出现桥头跳车时,应进行维修处理。

4208 标志、标线和交通安全设施的养护包括哪些内容?

(1)桥上的交通标志应齐全、醒目、牢固,标志板应保持整洁、无裂纹和残缺。若有损坏应及时整修。

(2)交通标线应经常保持完好、清晰,定期进行标线重涂。

(3)桥上的防眩板应保持齐全、整洁,若有损坏应及时整修。

(4)桥上的防护隔离设施应完整、牢固,若有损坏应及时修理。

(5)桥上设置的航空灯、航道灯及供电线路、通信线路必须保持完好状态,如有损坏应立即修复。避雷设备要经常保持完好,接地电阻要符合要求,接地线附近禁止堆放物品,禁止挖取接地线的覆土。

4209 钢筋混凝土梁桥和预应力混凝土梁桥的日常养护内容包括哪些?

钢筋混凝土梁桥日常养护维修内容包括:清除表面污垢;修补混凝土空洞、破损、剥落、表面风化以及裂缝;清除暴露钢筋的锈渍、恢复保护层;处理各种横、纵向构件的开裂、开焊和锈蚀;保持箱梁的箱内通风,未设通风孔的应补设。

对预应力混凝土梁桥日常养护维修内容除以上钢筋混凝土梁桥日常养护维修内容外,对预应力锚固区的破损及开裂、沿预应力钢束纵向的开裂应进行修补。

4210 钢筋混凝土梁桥和预应力混凝土梁桥常见病害应如何养护?

(1)对梁(板)体混凝土的空洞、蜂窝、麻面、表面风化、剥落等应先将松散部分清除,再用高强度等级混凝土、水泥砂浆或其他材料进行修补。新补的混凝土要密实,与原结构应结合牢固、表面平整。新补的混凝土必须良好养生。

(2)梁体若发现露筋或保护层剥落,应先将松动的保护层凿去,并清除钢筋锈迹,然后修复保护层。如损坏面积不大可用环氧砂浆修补,如损坏面积过大可用喷射高强度等级水泥砂浆的方法修补。

(3)梁(板)体的横、纵向联结件开裂、断裂、开焊,可采取更换、补焊、帮焊等措施修补。

(4)裂缝的宽度大于限值及裂缝分布超出正常范围时,应作处理。当裂缝宽度在限值范围内时,可进行封闭处理,一般涂刷环氧树脂胶。当裂缝宽度大于限值规定时,应采用压力灌浆法灌注环氧树脂胶或其他灌缝材料。当裂缝发展严重时,应加强观测,查明原因,按照有关规定进行加固处理。对于不允许出现裂缝的桥梁,不论裂缝宽窄,都应查明原因进行处理或加固。

4211 钢筋混凝土构件修补时应注意哪些方面?

(1)在昼夜平均气温低于5 ℃的冬季维修桥梁时,对修补的混凝土构件应采取保温措施,保证混凝土的凝固硬化。

(2)用于修补加固的混凝土、钢材,其强度和其他质量指标应不低于原桥材料。修补用的混凝土强度等级应比原强度等级提高一级,在pH值小于5.6的地区,所用水泥应根据环境特点采用耐酸的硅酸盐水泥、抗铝硅酸盐水泥等。

(3)受拉区修补用的混凝土宜用环氧树脂配制,受压区修补用的混凝土可用膨胀水泥配制。用水泥混凝土或砂浆修补的构件应加强养生,有条件时宜用蒸汽养生或封闭养生。

4212 钢筋混凝土梁桥、预应力混凝土梁桥常用的加强构件截面加固法有哪些?各适用于什么情况?

(1)浇筑钢筋混凝土加大截面加固法。用于加强构件,应注意加大截面时自重也相应增加的影响。

(2)增加钢筋加固法。用于加强构件,常与上一方法共同使用。

(3)粘贴钢板加固法。是普遍采用的方法,钢板与原结构必须可靠连接,并作防锈处理。

(4)粘贴碳纤维、特种玻璃纤维加固法。主要用于提高构件抗弯承载力。使用此法加固几乎不增加原结构自重。

(5)预应力加固法。对于提高构件强度、控制裂缝和变形的作用较好。

(6)改变梁体截面形式加固法。一般是将开口的T形截面或N形截面转换成箱形截面。

4213 钢筋混凝土梁桥、预应力混凝土梁桥常用的改变结构加固法有哪些？各适用于什么情况？

(1)增加横隔板加固法。用于无中横隔梁或少中横隔梁的加固，可增加桥梁整体刚度、调整荷载横向分配。

(2)在桥下净空和墩台基础受力许可的条件下，采用在梁(板)底下加八字支撑加固法。

(3)桥梁结构由简支变连续加固法。

(4)当支座设置不当造成梁体受力恶化时，可采用调整支座标高的加固方法。

(5)更换主梁加固法。

4214 拱桥的日常养护内容包括哪些？如何维修？

(1)经常清除表面污垢及圬工砌体因渗水而在表面附着的游离物。

(2)经常疏通泄水管孔，保持桥面及实腹拱拱腔排水畅通。如发现拱桥桥面漏水应及时修补，空腹拱的主拱圈(肋)若发现渗水，应对拱背进行清理，清除可能积水的残渣、堆积物等，并用砂浆等材料抹平或堵塞裂缝。实腹拱若发现主拱圈渗水，应检查拱腔排水系统，必要时可挖开拱上填料，修补防水层，修理排水管道。

(3)主拱及拱式腹拱的拱铰及变形缝应保持正常工作状态。清除弧面铰及变形缝内嵌入的杂物，保持能自由转、变形。填缝材料如油毛毡，浸渍沥青的木板等，如有损坏应及时更换。

(4)圬工砌体的边角压碎、砌块断裂，干砌石拱桥砌缝张口等，可用水泥砂浆修补。若个别块体压碎或脱落，应用新的块体填塞更换，更换时应保证嵌挤或填塞紧密。砌缝砂浆若发生脱离，应凿除后重新用干硬性砂浆或微膨胀砂浆填筑，表面重新勾缝。

(5)钢筋混凝土拱构件的表面缺损与裂缝修补按钢筋混凝土梁桥有关要求进行。钢管混凝土拱钢构件表面的防锈涂层应保持完好，并定期重涂，养护工作按钢桥有关要求进行。中、下承式桥的吊杆养护按斜拉桥的拉索养护要求进行。

(6)实腹拱的侧墙若发生较大变形、开裂,应查明原因并作相应处理。若是填料不实或拱腔积水,应挖开拱上填料,修补防排水系统,拆除鼓凸部分侧墙后重新砌筑,重新回填拱上填料及重做路面,也可酌情换用轻质填料或加大侧墙尺寸。若发现侧墙与拱圈之间脱开,或侧墙上有斜向(若是砌体通常沿砲缝成锯齿状)开裂,应检查墩台与主拱的变形。开裂轻微且不再发展的,可作一般修补裂缝处理。若开裂严重或裂缝在发展中,应考虑加固、改造方案。

(7)系杆拱桥的系杆混凝土裂缝应用环氧砂浆等材料进行处理。系杆采用无混凝土包裹的预应力钢束时,应定期对钢束的防锈保护层进行养护、更换防护油脂等。系杆的支撑点如有下沉要及时调整。

(8)冬季月平均气温低于－20 ℃的地区,对淹没于结冰水位的拱圈,应在枯水期从结冰水位以上 50 cm 开始至拱脚涂抹一层防冻环氧砂浆,砂浆表面再涂刷沥青进行保护。

4215　引起拱桥的拱圈开裂病害的原因有哪些？各有什么开裂特点？

(1)主拱圈抗弯强度不够引起拱圈开裂。裂缝主要发生在拱顶区段的拱圈下缘与侧面,拱脚处的拱圈上缘与侧面。

(2)主拱圈抗剪强度不够引起拱圈开裂。裂缝主要发生在拱脚,空腹拱的立柱柱脚。

(3)拱圈材料抗压强度不够,引起劈裂或压碎。

(4)两拱脚墩台不均匀沉降引起拱圈开裂,一般出现在拱顶区段,横桥向贯穿全拱圈,裂缝宽度上下变化不大,且两侧有错动。墩、台基础上、下游不均匀沉降引起拱圈及墩台出现顺桥向裂缝。

(5)墩台沿桥梁纵向发生向后滑动或转动引起拱圈开裂,裂缝规律与第一种情况相同。当向桥孔方向滑动或转动时,裂缝在拱圈上、下缘的位置与第一种情况相反。

4216 拱桥除拱圈外常出现哪些病害?

(1)肋拱、刚架拱、桁架拱、双曲拱的肋间横向联结如横系梁、斜撑强度不够引起开裂。

(2)拱上排架、梁、柱开裂,短柱的两端开裂,侧墙斜、竖方向开裂,侧墙与拱圈连接处开裂。开裂的主要原因分别为构造不合理、强度不够、施工质量不好,以及由于拱圈变形、墩、台变位对拱上结构造成不利影响所致。

(3)预制拼装拱桥或分环砌筑的圬工拱桥,沿连接部位或砌缝发生环向裂缝。双曲拱桥的拱肋与拱波连接处开裂。拱肋接头混凝土局部压碎。

(4)双曲拱桥的拱顶纵向开裂。多为肋间横向连接偏弱,采用平板式填平层使拱横截面刚度分配不均,墩台横向不均匀沉降等原因引起。

(5)桁架拱、刚架拱、系杆拱的节点强度不够引起节点及杆件端部开裂。

(6)中、下承式拱的吊杆铺头滑脱或钢丝锈蚀、折断。

(7)拱铰失效或部分失效,引起拱的受力恶化而开裂。

(8)钢管混凝土拱的钢管因厚度不足,或节间过大造成钢管出现压缩状折皱。

(9)桥面板(平板、微弯板、肋腋板等)开裂。引起开裂的原因主要有局部承受车辆荷载强度不够,参与主拱受力后强度不够,肋片发生较大位移,板与肋连接破坏,或在施工中已开裂未予彻底处理等。

4217 拱桥主拱圈强度不足时,如何进行加固?

主拱圈强度不足时,可加大拱圈截面,加大拱圈截面的方法分为从腹面加固和从腹背加固两大类。

(1)腹面加固的前提是拱下有施工条件,虽然工作条件差,但是不需要拆除和重建拱上建筑，中断交通时间短。从拱腹面加固时，可采用下列方法：粘贴钢板；浇筑钢筋混凝土加大拱肋截面；布设钢筋网用喷射混凝土或水泥砂浆加大拱圈截面；在拱肋间加底板，变双曲拱截面为箱形截面。在桥下净空条件允许时，也可在腹面做衬拱及相应的下部结构。

(2)拱背加固作业条件好，施工质量易于保证，不受桥下条件的限制，但加固工作量大，中断交通时间较长。若拱上建筑也需改建维修，宜选择从拱背面加固的方案。从拱背面加固时，可在拱脚区段的空腹段背面加大拱圈截面或拆除拱上建筑，在全拱圈背面加大截面。一般使用混凝土或钢筋混凝土材料。

4218 拱桥常采用的加固方法有哪些？适用范围如何？

加固拱桥时，应注意恒载变化对拱压力线的影响及引起的推力变化，对各施工工序应进行检算，并作出详细的施工组织设计，严格按照设计的工序施工。因墩、台变位引起拱圈开裂时，应先维修加固墩台，然后修补拱圈。

(1)加大截面加固法

用加大截面的方法加强拱肋之间的横向连接。采用横拉杆的双曲拱，可把拉杆改为系梁。

在钢管混凝土拱肋拱脚区段或其他构件的外面包裹钢筋混凝土。

主拱圈强度不足时，可加大拱圈截面。

(2)粘钢或粘贴复合纤维材料

拱肋、拱上立柱、纵横梁、桁架拱、刚架拱的杆件损坏可用粘钢或复合纤维片材加固。粘钢时可粘贴钢板，也可在四角处粘贴角钢。

用粘钢板或复合纤维片材加固桁架拱、刚架拱及拱上框架的节点。

用嵌入剪力键的方法加固拱圈的环向连接。剪力键一般采用钢板或铸件，按一定间隔布置，其间的裂缝用环氧砂浆等处理。

(3)更换构件

更换锈蚀、断丝或滑丝的吊杆。若原构造许可,可以用收紧锚头的方法张拉松弛的系杆或吊杆来调整内力。

更换拱上建筑,减轻自重,更换实腹拱的拱上填料为轻质填料。如将腹拱式空腹拱的立墙改为立柱,将整个拱上建筑改为自重较小的钢筋混凝土框架等轻型结构。实腹拱的轻质填料可采用炉渣、矿渣等。

用更换桥面板,增加桥面铺装的钢筋网,加厚桥面铺装,换用钢纤维混凝土等方法维修加固桥面。

(4)改变结构体系

改变拱桥结构体系的加固方法,需经过周密设计后方可采用。常用的方法是加系杆,系杆可设置于拱脚之间,如同下承式系杆拱的系杆,也可设置于起拱线上某一高度。增设的系杆除采用型钢外,也有采用预应力钢筋的作法,预应力筋可锚固于拱圈背面或桥台,通过主动施加预应力来调整拱圈受力。

4219　钢桥日常养护与维修如何进行?

(1)清除钢结构的表面污垢,保持杆件清洁,特别应注意节点、转角、钢板搭接处等易积聚污垢的部位。清除的污垢不要扫入泄水孔或排水槽中,以免堵塞。

(2)更换所有松动和损坏的铆钉。更换过的铆钉在检验之后,均应涂上与桥梁结构显著不同的颜色,并记入桥梁记录簿,注明其数量和位置。

在更换铆钉前,应仔细察看钉孔位置是否正确。如钉孔不圆或偏位大于 2 mm 时,必须扩钻加大孔径。在铆接杆件时,如钉孔不合适,严禁采用强力钻进的铆接方法。更换铆钉后,应对其所有相邻而未更换的铆钉加以敲击,检查是否受到损伤。

(3)普通螺栓或高强螺栓连接的构件,若发现松动应及时加以拧紧,对于高强螺栓必须施加设计的预拉应力。为了便于螺栓的更换,应防止丝口锈蚀,如接合杆件表面有角度时,则应在螺帽之下垫以楔形垫圈。

(4)焊接连接的构件,焊缝处若发现裂纹、未熔合、夹渣、未填满、弧坑等缺陷时,应进行返修焊,焊后的焊缝应随即铲磨匀顺。

(5)钢杆件受到冲击造成局部弯曲时,可用撬棍、弓形螺旋顶或油压千斤顶进行冷矫,禁止用锻钢烧材的方法来矫正。

钢杆件如有不同方向的弯曲,应对导致弯曲的原因作调查分析以确定矫正方法,矫正时按不同的弯曲方向分别进行。如杆件同时有扭转和弯曲,应先矫正弯曲,再矫正扭转。若由于杆件强度、刚度不足或稳定性差等原因引起弯曲的,矫正后应进行加固处理。如需拆卸杆件修理时,可安装临时杆件替代被拆卸杆件,以保证行车安全。

(6)钢梁木桥面板的保养,可抽换破损桥面板,加铺轨道板或加设辅助横梁(木梁或钢梁),经计算允许增加恒载时可把木桥面改为钢筋混凝土桥面。

(7)对整座钢桥,应视油漆失效情况,定期进行涂装防锈;部分油漆失效应及时除锈补漆。

4220 装配式钢桥如何养护?

(1)在桥两端竖立鲜明的限速、限载标志,严禁超速、超载。

(2)对各部件接合点的销子、螺栓,横梁夹具、抗风拉杆等进行检查。如有松动和缺损,应及时拧紧和修补更换;销子周围应涂油脂,防止雨水进入销孔缝隙;外露的螺栓丝扣应涂油,防止锈蚀。

(3)木桥面板出现破裂、弯曲及不平整时,应及时抽换。若经常有履带车通过,则应加铺轨道板。

4221 钢桥杆件的除锈补漆、涂装防锈有什么要求?

(1)在涂漆之前,对铁锈、旧漆、污垢、尘土和油水等,均应仔细清除。对所有易锈蚀的部位,如凹处、缝隙、纵横梁及主桁架的弦杆等,尤应仔细清理。

(2)除锈应做到点锈不留、除锈彻底、打磨匀亮、揩擦干净。可采用在浓度10%的无机酸中加入0.2%～0.4%的面粉、树胶或煤焦油等缓蚀剂来清洗锈蚀，也可采用喷砂除锈法或其他更有效的除锈方法。

(3)油漆层数一般为底、面漆各两层。对于易遭受损坏或工作条件困难的部位应多涂一层面漆。在第一层底漆干燥后，应对裂缝、不平整处和局部凹痕的部位用油性腻子腻塞，并对腻封质量进行检查，发现缺陷应予消除。

(4)钢桥油漆工作应在天气干燥和温暖季节(不低于+5 ℃)进行。涂刷油漆时的气温应与被漆钢构件表面温度相近。在风沙天气、雾天、雨天不应进行油漆，对表面潮湿的钢构件也不应进行油漆。

(5)钢桥的防腐可采用镀锌、铝等阳极防腐的金属涂层。金属涂层的制作工艺有喷涂、热镀、电镀、电泳、渗镀、包覆等方法。关键部位及维修困难的部位，可采取在喷、镀金属层上再涂防腐涂料的复合面层或涂玻璃鳞片涂料等防护措施。

4222　钢桥的杆件可用哪些方法进行加固?

(1)钢板梁由于穿孔或破裂削弱断面时，可补贴钢板或用钢夹板夹紧并铆接来加固，这时钢板的边缘应锉平，使之结合紧密。如钢板受到了较短和较深的创伤，宜用电焊填补。

(2)采用增设水平加劲肋、竖向加劲肋的方法加固钢板梁。

(3)钢桁梁加固一般用补加新钢板、角钢或槽钢来加大杆件截面。加固可用栓接、铆接或焊接。

(4)加设加劲杆件或增强各杆件间的联系。

(5)在结合处用贴板拼接，加设短角钢加强桁架杆件与节点板的连接。

(6)如桥梁下挠显著增加，销子与销孔有损坏或上下弦强度不足，应停止交通进行检查修理或更换。

(7)钢结构杆件在修理加固之后，应涂漆防锈。

4223 恢复和提高整座钢桥承载力的加固方法有哪些？

(1)增设补充钢梁，可装在原有各梁之间，也可以紧靠在原有各梁的旁边。

(2)用加劲梁装在原主梁的下缘或下弦杆上。加劲梁加固方法，适宜于不通航的桥孔或桥下净空足够的小型桥梁。

(3)用体外预应力加固，预应力施加在下挠后的下弦杆截面上。预应力加固法对桥下净空的影响较小，施工方便，但预应力钢索的防锈工作较困难。

(4)用拱式桁架结构装在原主梁的上面，拱脚和原主梁固接或铰接，适宜于下部结构能承受所增加恒载的通航桥孔的加固。

(5)用悬索结构加在原主梁上面，可使被加孔的恒载转移到悬索上，以改善结构的变形。这种方法可在运营状态下进行，适宜于下部结构能承受所增加恒载的通航桥孔的加固。

(6)在不影响排洪和通航的情况下，可在桥孔中间添建桥墩，缩短跨径，减小桁梁杆件的内力。为了承受新增支点处的剪应力，在新桥墩墩顶处的上部结构中，必须加置竖杆及必要的斜杆。

(7)对于多孔简支桁架，分联将其转变为连续桁架，可采用体外预应力加固方法，使被连接的主桁上弦杆在墩顶处得以补强。

4224 斜拉桥的拉索如何养护？

(1)拉索两端的锚具及护筒应经常保持清洁和干燥。塔端锚头若漏水、渗水应及时用防水材料封堵，梁端锚头若漏水、积水应及时将水排出并封堵水源。

(2)定期更换拉索两端锚具锚杯内的防护油。

(3)定期更换钢护筒与套管连接处的防水垫圈及阻尼垫圈，做好搭接处的防水处理。

(4)定期对索端钢护筒做涂漆防锈处理。

(5)若拉索护套出现开裂、漏水、渗水应及时处理。可剥开已损坏的护套，将已潮湿的钢索吹干，对已生锈的钢索做好除锈处理，再涂刷防护漆及防护油，并用玻璃丝布或其他防护材料包扎严密。

(6)斜拉索的减振装置要保持正常工作状态，发现异常或失效要及时维修。

4225　斜拉桥日常养护与维修有什么要求?

(1)斜拉桥梁体和索塔部分的养护，视其结构类型可按钢筋混凝土桥、预应力混凝土桥及钢桥的相关规定进行。

(2)索塔的爬梯应每年保养一次，包括除锈、油漆、修理损坏的部件。进出口检查门应经常保持完好。有工作或观光电梯的，应按有关规定进行保养。

(3)空心索塔的塔内应经常保持通风干燥。塔内通风照明系统每年至少检查保养一次，损坏的灯具应及时更换。

(4)对因钢索、锚具损坏而超出安全限值的拉索应及时进行更换。对索力偏离设计限值的拉索进行索力调整。张拉的顺序级次和量值应按设计规定进行，并测定索力和延伸值，同时进行控制。

4226　悬索桥(吊桥)的日常养护与维修有什么要求?

(1)悬索桥梁体和索塔部分的养护，视其结构类型可按钢筋混凝土桥及钢桥的相关规定进行。

(2)主缆各索股的受力应保持均匀，经检查个别索股受力出现明显偏差、松弛或过紧，应通过索端拉杆螺栓进行调整。

(3)防止主缆索股的锚头、锚杆、裸露索股、分索器、散索鞍等锈蚀，涂装防锈油漆的部分应定期涂刷。涂抹黄油的部分应定期更换黄油，发现剥落、锈蚀应及时处理。

(4)主缆索的防护层如有开裂、剥落，应尽快修复，必要时可切开防护层检查主缆是否锈蚀并作相应处理，处理完毕后应及时修复。采用涂敷黄油防锈并用简易包裹做防护层的，应定期更换黄油及防护层，并保持其完好状态。

(5)网格式悬索桥，肢杆拉锁应保持正常的工作状态，若发现松弛，可调整端头拉杆螺母使其复位。

(6)索鞍应经常清扫，防止尘土杂物堆积、积水(雪)及锈蚀。索鞍的辊轴或滑板应保持正常工作状态。

(7)锚室及封闭的索鞍罩内应保持干燥。有除湿设备的应保持设备正常工作，出现故障及时检修。

(8)索夹、索鞍、吊杆等的紧固螺栓应保持其原设计受力状态，视其工作情况，每半年至两年定期紧固，若发现松动应及时紧固。

(9)若吊杆有明显摆动、倾斜或检查发现其受力变化，应查明原因。若索夹松动，应使其复位并紧固锚栓；若拉杆螺栓松动，应予拧紧；若吊索锚头出现松动，应予更换。吊杆复位后应进行索力检测。

(10)吊杆的保护套，止水密封圈、防雨罩等应保持完好，若发现老化、开裂、破损要及时修补、更换。

(11)吊杆的减振装置要保持正常工作状态，发现异常或失效要及时检修。

(12)未作衬砌的岩石锚室或锚洞，若有表面风化或表面裂纹，应用环氧树脂砂浆或钢丝网水泥砂浆进行处理。

4227 悬索桥(吊桥)常用哪些加固方法？

(1)减少悬索桥竖向变位的加固方法：

1)设置中央构件，把加劲梁与主缆索在跨中联结起来。

2)把直吊杆(索)改为斜吊杆(索)或交叉斜吊杆(索)。

3)增加斜拉索改变结构受力体系，斜拉索可设在主跨四分之一跨径区段，并妥善解决斜拉索与加劲梁及索塔的锚固，同时注意解决索塔受力平衡问题。

(2)减少悬索桥横向摆动的加固方法：

1)在桥的两岸上、下游对称增设侧风缆，风缆锚固于悬索桥的加劲梁上，锚固位置可选在四分之一跨至跨中之间。

2)在桥的上、下游各架设一根跨河钢缆，其高度可略低于桥面，用钢丝绳将加劲梁与过河钢缆做多点联结，适当张紧形成抛物面网络。

3)加强加劲梁的水平风撑,加大横向刚度。

(3)主缆垂度调整。

对采用少量索股的悬索桥,结构条件许可时,才可对主缆的垂度进行调整。

先将要调整的主缆一侧的恒载卸载,放松索夹,用卷扬机或其他张拉设备逐股张紧主缆索索股,再用调整索股端头的螺杆固定。

(4)索鞍座复位。当索鞍座偏移超出设计允许值时,可用千斤顶将辊轴归位。

(5)锚锭及锚室结构开裂、变形,应及时查明原因,进行加固处理。锚锭板开裂,可增补钢筋混凝土锚锭板,支撑开裂或破损可增加型钢支撑,若锚室发生变形、位移,可用增加压重等方法处理山体。

4228　桥梁支座如何进行日常养护?

(1)支座各部应保持完整、清洁,每半年至少清扫一次。清除支座周围的油污、垃圾,防止积水、积雪,保证支座正常工作。

(2)滚动支座的滚动面应定期涂润滑油(一般每年一次)。在涂油之前,应把滚动面擦揩干净。

(3)对钢支座要进行除锈防腐。除铰轴和滚动面外,其余部分均应涂刷防锈油漆。

(4)及时拧紧钢支座各部接合螺栓,使支承垫板平整、牢固。

(5)应防止橡胶支座接触油污引起老化、变质。

(6)滑板支座、盆式橡胶支座的防尘罩,应维护完好,防止尘埃落入或雨、雪渗入支座内。

4229　哪些情况下支座应及时修整或更换?

(1)支座的固定锚销剪断,滚动面不平整,轴承有裂纹或切口,辊轴大小不合适,混凝土摆柱出现严重开裂、歪斜,必须更换。

(2)支座座板翘起、变形、断裂时应予更换,焊缝开裂应予整修。

(3)板式橡胶支座出现脱空或不均匀压缩变形时应进行调整。

(4)板式橡胶支座发生过大剪切变形、中间钢板外露、橡胶开裂、老化时应及时更换。

(5)油毡垫层支座失去功能时，应及时更换。

4230 如何调整、更换板式橡胶支座、钢板支座、油毛毡垫层支座?

(1)在支座旁边的梁底或端横隔处设置千斤顶，将梁(板)适当顶起。千斤顶的支顶位置应尽可能接近原支座，宜在横桥向沿原支座的两侧架顶。起顶宜各点同步，也可用小位移量逐次交叉顶升。

(2)根据抬高量的大小，可采用垫入钢板(50 mm 以内)或铸钢板(50～100 mm)，或更换为板式橡胶支座，或就地浇筑钢筋混凝土支座垫石的方法，使支座脱空不受力。

(3)进行调整或更换。

(4)调整完毕或新支座就位正确后，落梁(板)到使用位置。落梁宜各点同步，也可用小位移量逐次交叉降落。

第三节 桥梁下部结构养护

4301 墩台基础的日常养护与维修有哪些要求?

(1)应采取措施保持桥梁墩台基础附近河床的稳定。桥梁上下游各 200 m 的范围内(当桥长的 1.5 倍超过 200 m 时，范围应适当扩大)应做到：

1)应适时地进行河床疏浚。每次洪水过后，应及时清理河床上的漂浮物，使水流顺利宣泄。

2)在桥下树立警告示牌，禁止任何人或单位在上述范围内挖砂、取土、采石、倾倒废弃物，禁止进行爆破作业及其他危及公路桥梁安全的活动。

3)不得任意修建对桥梁有害的建筑物,因抢险、防汛需要修筑堤坝、压缩或拓宽河床时,应事先上报,经交通主管部门或公路管理机构同意,并采取有效的防护措施。发现任何有可能破坏桥梁安全的行为,应及时制止。

(2)若基础冲刷过深或基底局部掏空,应立即抛填块石、片石、铅丝石笼等进行维护。

(3)桥下河床铺砌出现局部损坏时应及时维修。若砌块损坏,可补砌或采用混凝土修补。

(4)对设置的防撞、导航、警示等附属设施应经常检查、维护,保持良好状态。

4302 什么时候墩台基础应进行加固?

(1)简支梁桥墩台基础的沉降和位移,超过以下容许限值或通过观察裂缝持续发展时,应采取相应措施予以加固:

1)墩台均匀总沉降值(不包括施工中的沉降):$2.0\sqrt{L}$ cm;

2)相邻墩台总沉降差值(不包括施工中的沉降):$1.0\sqrt{L}$ cm;

3)敏台顶面水平位移值:$0.5\sqrt{L}$ cm。

其中 L 为相邻墩台间最小跨径,以 m 计,跨径小于 25 m 时仍以 25 m 计算。

(2)桩、柱式柔性墩台的沉降,以及桩基承台上墩台顶面的水平位移值,可视具体情况确定,以保证正常使用为原则。

(3)当墩台变位所产生的附加内力影响到桥梁的正常使用和安全时或桥梁墩台基础自身结构出现大的缺损使承载力不够时,必须进行加固处理。

4303 当墩台基础地基承载力不足时,可采用哪些措施进行加固?

(1)重力式基础的加固

在刚性实体基础周围浇筑混凝土扩大基础。一般应修筑围堰,抽干水后开挖基坑,再浇筑混凝土。新旧基础(承台)之间可埋置连接钢筋，并将旧基础表面刷洗干净、凿毛，使新老混凝土连成整体。

当梁式桥桥台基础承载能力不足时，可在台前增加桩基及柱并浇筑新盖梁、增设支座。这时梁的支点发生变化，应根据结构受力变化对主梁进行检算及加固。

对于拱桥基础可在桥台两侧加设钢筋混凝土实体耳墙，并将耳墙与原桥台用钢销连接起来，增大桥台基础面积，提高桥台承载力。

当桥下净空允许时，可在台前加建新的扩大基础及台身，将主拱改建为变截面拱支承到新基础及台身上。新老基础之间用钢筋或钢销进行连接，有条件时可在台前新基础下增加短桩，以提高承载力。

(2)桩基础的加固

增加桩，可用钻孔桩或打入桩增设基桩，并扩大原承台。增加桩的缺点是基础范围扩大较多。

对单排架桩式桥墩采用加桩加固时，如原有桩距较大(4～5倍桩径)，可在桩间插桩。如原有桩距较小，但通航净空有富裕时，可在原排架两侧增加新桩，变为三排式墩桩。

对钻孔灌注桩桩身损坏，露筋、缩颈等病害，可采用灌(压)浆或扩大桩径的方法进行维修加固。采用压浆方法增加桩壁摩阻力也是有效的加固方法。

(3)人工地基加固

对墩台基础以下的地层，采用注浆、旋喷注浆或深层搅拌等方法，将各种浆液及加固剂注入或搅拌于土层中，通过浆液凝固使原来松散的土固结，成为有足够强度和防渗性能的整体。该加固方法的作用主要有：

1)填充土壤或岩石的空洞和裂缝。如果空洞大，应使用水泥混凝土；如果是裂缝，则应使用水泥浆，堵塞土壤或岩石的渗流孔道，提高其承压能力，减少渗流冲刷的可能性。

2)填充砂子和砾石的孔隙，提高其承压能力。

3）挤密较软弱的土层（例如未压实的填土或塑性较大的黏土等），形成复合地基，使地基承载能力得到提高。

4304　采用注浆加固时各种浆液材料的基本要求有哪些？

（1）浆液应是真溶液而不是悬浊液。浆液黏度低，流动性好，能进入细小裂缝；浆液的稳定性好，在常温常压下，长期存放不改变性质，不发生任何化学反应。

（2）材料来源丰富，价格低廉；浆液无毒无嗅，对环境无污染，对人体无害，属非易燃、易爆物品；浆液对注浆设备、管路、混凝土结构物、橡胶制品无腐蚀性，并容易清洗。

（3）浆液配制方便，操作容易；浆液凝结时间可从几秒至几小时范围内随意调节，并能准确地控制，浆液一经发生凝结就在瞬间完成；浆液固化时无收缩现象，固化后与岩石、混凝土等有一定黏结性。

（4）浆液结石体有二定抗压和抗拉强度，不龟裂，抗渗压性能和防冲刷性能良好；结石体耐老化性能好，能长期耐酸、碱、盐、生物细菌等的腐蚀，且不受温度和湿度的影响。

4305　墩台基础局部被冲空时，可如何加固？

（1）水深 3 m 以下，可筑围堰将水抽干，以砌石或混凝土填补冲空部分。桥台基础采用该方法加固时，还应修整或加筑护坡。

（2）水深 3 m 以上，可在基础四周打板桩或做其他围堰，灌注水下混凝土。也可用编织袋装干硬性混凝土（每袋装量为袋容积的 2/3），通过潜水作业将袋装混凝土分层填塞冲空部分，填塞范围比基础边缘宽 0.4 m 以上。

（3）当基础置于风化岩层上，基底外缘已被冲空时，应先清除岩层严重风化部分，再用混凝土填补。对基础周围的风化岩层还应用水泥砂浆进行封闭。

（4）当河床不稳定，基础埋置较浅，冲刷范围较大时，可采用平面防护加固，其范围要覆盖全部冲刷坑。方法如下：打梅花桩，桩间用块、片石砌平卡紧；用块、片石防护或用水泥混凝土板、水泥混凝土预制块防护；用铁丝笼、竹笼等柔性结构防护。

(5)墩台周围河床冲刷严重，危及基础安全时，除分别采用上述方法进行防护加固外，应在洪水期过后，采取必需的调治构造物防护措施，或对河床采取防冲刷处理，以防再次被冲坏。

4306　桥台发生滑移和倾斜时，应如何加固?

(1)梁式桥或陡拱因台背土压力过大，造成桥台向桥孔方向位移，可采取下列方法进行加固：

1)挖出台背填土，改用轻质材料回填，减轻台后土压力，以使桥台稳定。拱桥在换填材料时，应维持与拱推力的平衡，如在桥孔设临时拉杆或在后台设临时支撑。

2)挖去台背填土，加厚台身。

3)对于单跨的小跨径梁式桥，可在两桥台基础之间增设钢筋混凝土支撑梁或浆砌片石支撑板，支撑顶面应不高于河床。埋置式桥台可采用挡墙、支撑杆或挡块等进行加固。

(2)拱桥桥台产生向台后方向位移，可根据不同情况采用下列加固方法：

1)在U形桥台两侧加厚翼墙。翼墙与原桥台应牢固结合，增大桥台断面和自重，借以抵抗水平位移。若为一字形桥台，可增设翼墙变为U形桥台。

2)当桥台的位移尚未稳定时，可在台后增设小跨引桥和摩擦板，以制止桥台继续移。

3)当桥下净空许可时，可在墩台之间设置拉杆承受推力，限制水平位移。对于多孔拱桥，要注意各孔之间的推力平衡。

4307　若桥梁墩台发生了较明显的沉降、位移，可采用哪些方法使上部结构复位?

(1)梁式桥上部结构状况基本完好，桥面没有损坏，下部地基较好时，可对上部结构整体或单孔顶升，然后加设垫块、调整支座。

(2)梁式桥上部结构状况基本完好,但桥面损坏严重时,可凿除桥面及主梁之间的连接,将主梁逐一移位,加厚盖梁,重新安装主梁,并重新铺装桥面。

(3)拱桥桥台发生位移,使拱轴线变形较大,承载能力不足时,可采用顶推方法调整拱轴线,恢复其承载能力。

4308 墩台如何进行日常的养护与维修?

(1)保持墩台表面整洁,及时清除墩台表面的青苔、杂草、灌木和污秽。

(2)对发生灰缝脱落的圬工砌体,应清除缝内杂物,重新用水泥砂浆勾缝。

(3)墩、台身圬工砌体表面风化剥落或损坏时,损坏深度在3 cm以内的,可用水泥砂浆抹面修补,砂浆强度等级一般不应低于M5。当损坏面积较大且深度超过3 cm时,不得用砂浆修补,而需采用挂网喷浆或浇筑混凝土的方法加固。

(4)圬工砌体镶面部分严重风化和损坏时,应用石料或混凝土预制块补砌、更换,新老部分要结合牢固,色泽质地应与原砌体基本一致。

(5)墩台身圬工砌体的砌块如出现裂缝,应拆除后重新砌筑。

(6)墩、台表面发生侵蚀剥落、蜂窝麻面、裂缝、露筋等病害时,应采用水泥砂浆修补。因受行车振动影响,不易用水泥砂浆补牢的,应考虑采用环氧树脂或其他聚合物混凝土进行修补。

(7)墩、台混凝土裂缝宽度超过限值时,应对裂缝进行修补。

4309 墩台常见病害采用的加固方法有哪些?

(1)由于活动支座失灵而造成墩台拉裂,应修复或更换支座,并按上述方法修补裂缝。

(2)墩台身发生纵向贯通裂缝时,可采用钢筋混凝土围带、粘贴钢板箍或加大墩台截面的方法进行加固。

(3)因基础不均匀下沉引起墩、台自下而上的裂缝时,应先加固基础，再采用灌缝或加箍的方法进行加固。

(4)U形桥台的翼墙外倾时，可在横向钻孔加设钢拉杆，钢拉杆固定在翼墙外壁的型钢或钢筋混凝土梁柱上。

(5)当墩台损坏严重，如出现大面积开裂、破损、风化、剥落时，一般可用钢筋混凝土“箍套”加固，对结构基本完好，但承载能力不足的圆柱形墩柱可用包裹碳纤维片材的方法加固。

(6)钢筋混凝土墩台出现缺损，而墩台身处于常水位以下时，可根据不同情况采用围堰抽水或水下作业的方法进行修补。

4310 锥坡、翼墙的养护有何基本要求？

(1)锥坡应保持完好。锥坡开裂、沉陷，受洪水冲空时，应及时采取措施进行维修加固。

(2)翼墙出现下沉、断裂或其他损坏时，应及时维修加固。

4311 为预防水毁每年应对桥梁下部结构等部位进行那些检查？

每年汛期前应对公路桥梁进行一次预防水毁的技术检查。其主要内容如下：

(1)桥梁墩、台、调治构造物、引道、护坡、挡墙结构是否完好，基础是否冲空或损坏。

(2)桥下有无杂草、树枝、石块等杂物堵塞河道。桥位上下游有无堆积物、漂浮物。

(3)桥梁上游河道是否稳定，水流有无变化，桥梁下游是否发生冲刷。

(4)有无挖砂、取石对桥梁上、下游河道造成的破坏情况。

(5)调查桥梁上游附近有无水库及其设计标准，是否存在病害隐患。

4312 桥梁下部结构应在雨季前做好哪些预防水毁的工作？

为防止或减轻洪水对桥梁的危害，在雨季和洪水来临之前应进行下列水毁预防工作：

(1)做好河道清淤。

(2)修理、加固、改善或增设各类调治构造物及基础防护构造物。

(3)采取适当措施,防止漂浮物大量进入桥孔。在漂浮物较多的河流,为避免漂浮物撞击桥墩,可在桥墩前一定距离处设置防撞设施。其形式可根据水流缓急、水位高低、漂浮物多少、流量大小等选择,一般可采用单桩、群桩或三角形护墩等。

(4)做好抢险物资和设备的准备。

(5)在汛期应组织人员对所辖路线上的桥梁进行昼夜巡查,防洪指挥部门应实行全天 24 h 值班。小的水毁及时进行处理排除;发生严重毁坏,危及行车安全时,应立即在桥梁两端设立警告标志或禁止通行的标志,组织抢修并及时向上级报告。

4313 洪水期如何对桥梁下部结构组织抢险与维修?

(1)监视漂浮物在桥下的通过情况,必要时用竹竿、钩杆等引导其顺利通过桥孔。对堵塞在桥下的漂浮物,应随时移开或捞起。

(2)洪水时,如桥梁墩台、引道、护坡、锥坡发生冲刷,危及构造物安全时,应采取抛石、沉砂袋或柴排等紧急措施进行抢护。但抛填不能过多,以免减少泄水面积而增大冲刷。抛填块石时,可设置临时木溜槽,以控制抛填位置。

(3)遇特大洪水,若采用抢险措施仍不能保障安全的重要桥梁,在紧急情况下,经上级主管部门批准,可用炸药炸开桥头引道宣泄洪水,以保护主桥安全度汛。

(4)桥梁锥坡、路堤和导流堤等,应视不同情况,因地制宜采取有效的防波浪措施进行防护。

(5)公路桥梁一旦被洪水冲毁而中断交通时,应安排车辆绕行,并组织抢修便桥、便道,尽快恢复交通。

4314 对于河流水源不大、入冬后河面结冰,且冰面上升造成桥孔被堵或在路上形成冰坝的情况,可如何进行防护?

(1)桥梁上游如有大片低洼地,可用土坝截流。

(2)河床纵坡不大的河流,可于入冬初在桥位下游修筑土坝,使桥梁上、下游约50 m范围形成水池。水面结冰坚实后,在水池上游开挖人字形冰沟,同时在下游河床最深处挖开土坝,放干净水池内存水,保持上下游进、出水口不被堵塞,使水从冰层下流走。

(3)在桥位上下游各30～50 m的水道中部顺流开挖冰沟,用树枝、柴草覆盖,再加铺土雪保温,并经常进行检查维修,使冰沟不被冻塞,解冻开始时将其拆除。

4315 为防止流冰对桥梁墩、台、桩的危害,可采取什么防护方法?

(1)解冻前,对桥梁上游5 km河道中的冰层及其厚度进行调查、测探。为防止流冰威胁桥梁安全,应备足抢护材料、工具和照明设备。在流冰期由专职小组进行检查、观测和抢护。并提前在桥边设置悬梯,在墩台和破冰体之间搭设跳板以利抢护工作进行。

(2)解冻临近时,在桥位下游用人工或爆破方法开挖冰池。开挖长度为河面宽的1～2倍,宽度为河面宽的1/3～1/4,并不小于最大桥跨。当河面宽度小于30 m时,开挖长度宜增加到河面宽的5倍,冰池下游应开凿0.5 m宽的横向冰沟。当冰块很厚有强流冰发生时,可在桥台、墩、桩、破冰体周围及桥位下游20～25 m范围内,开挖纵横冰沟。对冰池、冰沟应经常检查,若有冻结应反复捣开。危急时刻,可在下游用撬棍、长杆、钩杆等工具,将凿开的冰块逐一送入冰层下流走。

(3)流冰临近时,应清除上游冰层。冰层厚度在30 cm以下的,可用人工撬拨,大于30 cm的,宜用炸药炸碎。对较大的流冰体,应在上游用炸药炸碎。

4316 桥梁下部结构如何防治冻害?

(1)位于寒冷地区的桥梁,因墩、台、桩、调治构造物的基础埋深不足,出现基础冻胀、融沉、桩基冻拔、翼墙开裂等冻害时,根治的办法是通过改建,将基础埋置于冰冻线以下一定深度。

(2)融沉防治。防治融沉主要采用保护覆盖法,即尽量不破坏基础周围的地表覆盖层，尤其对草皮和泥炭层更应注意，以减少热量散失。对已发生轻微融沉的桥梁，应在融化前采用隔热保冻措施，用隔热性好的材料或土壤换填铺覆，保证地基土处于冻结状态。

(3)冻胀防治，其主要措施如下：

1)基侧换土：将基础侧面的冻胀土挖除，换填纯净的粗颗粒不冻胀土，换土厚度应不小于 2.0 m 或 2 倍桩径。若换填土下是不透水黏土层时，由于冻结时未冻水无通路挤渗排出而降低防冻胀效果，这时可加深换填深度或采用盲沟加强排水。

2)改善基础侧面光滑程度：将原粗糙的基础侧面，改建成表面光滑的侧面，并用工业凡士林、沥青渣油或渣油表面活性剂(活性剂可用铬盐和憎水性脂肪胺)等涂抹基础壁面，也可在侧面铺油毛毡，以减少冻结力。

3)分离式套管法：用于桩基础的防冻，套管可采用钢或钢筋混凝土制作，为防止套管因土冻胀而被不断拔出，可在套管底部设置钢板翼缘。套管与桩之间填以砂石与渣油(或腊)的混合料。

(4)桥台水平冻害防治，其主要措施如下：

1)增强桥台抗冻胀能力。可用锚杆、锚锭板来平衡水平冻胀力或将八字墙与前墙连成整体，增加台身配筋等。

2)减弱水平冻胀力。可采用换填、排水和保温措施。如在台背换填不冻胀的纯净砂砾，在台背设排水盲沟及在台背和路面下层铺设保温材料。

4317　桥梁下部结构防治泥石流的原则是什么？

(1)当桥梁位于经常发生黏性泥石流的河段及规模较大的稀性泥石流河段时，可考虑改线绕避，无法绕避时须采取治理措施。

(2)调治构造物的布设，应根据桥梁所在位置的地形、沟槽宽度、泥石流性质、流势等综合考虑，宜导不宜挑。

(3)与有关部门协商，进行工程和生物防治与水土保持相结合的综合治理。

(4)在泥石流形成区,采取平整山坡、填筑沟槽、修建阶梯及土埂等措施控制水土流失和防止坍塌发生。

(5)在泥石流流经区,可在储存条件较好处修建拦挡坝及停游场。

(6)可根据实际情况采用导坝、丁坝、导流堤相结合的综合调治措施。

4318　什么是桥位调治结构物?分为哪几类?

桥位调治构造物是在桥位及其上、下游附近河段上修建的水工构造物,其作用是调治水流,改善桥位河段水流条件,使桥孔排水、输砂通畅,并减缓水流对桥位附近河床、河岸的冲刷,保证桥梁及桥头引道稳定、安全。按其作用的不同,调治构造物可分为下列四类:

(1)导流建筑物

导流建筑物与水流的交角较小,对水流压缩小而缓和,平顺、缓慢地改变水流方向,将水流导入桥孔,防止水流旁蚀淘刷。属于这一类的建筑物有导流堤、顺坝、大堤(河堤)等。

(2)挑流建筑物

按需要剧烈地改变水流方向,将水流部分或全部挑离被冲刷的河岸,对水流结构影响较大,其结构形式为一横向障碍物。属于这一类的建筑物有丁坝、透水坝、防水林等。

(3)固底建筑物

用于防止河床冲刷下降,常配合浅基墩台、导流堤等防护基础冲刷。属于这一类的建筑物有潜坝、拦砂坝、挑坝等。

(4)边坡加固建筑物

用于导流堤、桥头引道路堤以及桥址上下游河岸的防护加固。属于这一类的建筑物有浆砌或干砌片石砌体、铁丝石笼及抛石等。

4319　调治构造物的日常养护有什么要求?

(1)导流堤、丁坝、顺坝和透水坝等调治构造物,应保持良好的技术状况，引导水流均匀、顺畅地通过桥孔，防止和减少桥位附近河床和河岸的变迁，保证桥梁、桥头引道和河岸的安全与稳定。

(2)洪水前后应巡察及时清除调治构造物上的漂流物。

(3)导流堤、梨形堤、丁坝或顺坝的边坡受到洪水冲刷和波浪冲击，坡脚发生局部破坏时，应及时抛填块石和铁丝石笼等进行防护。

(4)对河道改变而增设的护岸工程，应注意坡面有无变化，基础是否牢固，发现缺损应及时处理。

(5)河滩、河岸的路堤边坡外侧，可种植生长迅速、根系发达、枝叶茂密的乔木或耐水的灌木作为防护。其布置以乔、灌间种的多行带状或梅花式为宜。

4320　调治构造物如何维修与加固?

(1)将竹木、铁丝石笼等临时性的调治构造物有计划地改为浆砌块、片石或混凝土的永久性结构。

(2)调治构造物由于洪水冲刷及漂浮物撞击，发生基础冲空，砌体开裂时，应及时维修。

(3)若调治构造物不足以抗御洪水冲击，则应进行加固。可采用植草皮、干砌或浆砌片石、铁丝石笼、抛石等，亦可用梢捆、柴排、混凝土或钢筋混凝土板、土工织物等进行加固。加固时，应综合考虑水深、流速及波浪冲击等因素。加固的高度，淹没式的应加固至坝顶，非淹没式的应高于设计洪水位以上至少 50 cm。

(4)河床冲刷严重，危及墩台基础时，可分别进行下列处治：

1)水深较浅的，在枯水季节修整墩台基础冲空部分，中、小桥可对桥下河床做单层或双层片石铺砌，必要时可铺设挑坎防护。

2)水深较深、施工困难的，可采用沉柴排、沉石笼、抛石护基等方法。

3)对于流速过大或河床纵坡过大、冲刷严重的不通航小河，可在下游适当地点修筑拦砂坝。拦砂坝的高度、间距应根据河床的标高和纵坡确定，下游坝顶标高一般应与上游桥址处河床的标高相等。

(5)通过观察,发现调治构造物的位置不当,数量、长度不合理,不能发挥正常作用时,应在洪水退后进行改善。

(6)因河道变迁、流向不稳定或因桥梁上下游河道弯曲形成斜流、涡流危及桥梁墩台、基础、桥头引道时,应因地制宜地增设调治构造物。新增的调治构造物的布设应进行多方案比选。

第四节　通道、涵洞、跨线桥与高架桥养护

4401　通道养护的基本要求有哪些?

(1)通道的上下部结构及桥面养护与一般公路桥梁相同,可参照有关规定执行。在进行结构或道路维修时宜维持行车与行人。当不中断交通进行维修时必须要有严格的安全保障措施,部分路面关闭时设置的警告、禁令、指示标志要规范。

(2)通道混凝土出现裂缝、渗水,应根据不同情况及时维修。

(3)通道的沉降缝等缝隙处的止水带应保持完好,定期更换,有破损时应及时更换。更换的止水带应具有高弹性、耐磨性,抗撕裂性及耐老化等性质,且与混凝土能可靠黏结。

(4)采用自然排水通道的沟管一般较长,纵坡偏小,容易积水和淤砂,应经常养护清理,特别是进水口的沉砂井和出水口必须保持完好状态,使水流畅通。洞内排水明沟每星期应清扫一次,洞内排水暗沟每季度应疏通一次。

(5)采用机械排水的通道,其排水泵、阀及其他设备、排水管道应保持功能完好、运转正常,并作定期检修。抽流泵累计运行3 000 h、离心泵累计运行4 000 h、混流泵及潜水泵累计运行5 000 h、不经常运行的水泵每隔3年,均应解体维修。水泵维修后,其流量不应低于设计流量的90%。泵房应配备备用泵一台,泵房蓄水池每季度应清捞污泥一次,泵房内的电器、机电设备及水位仪等每年应校验一次。其他配套设施如集水井、沉淀池(井)应经常清淤,排除杂

物，以防堵塞管道。

(6)对设有照明设施的通道，应保持照明设备处于完好状态，照明灯具和输电线路如有损坏应及时更换、修理。

(7)通道应设置明显的限高标志并保持完好。通道端面应涂设立面标记，并保持颜色鲜明，一般每年涂刷一次。

4402　通道混凝土出现裂缝、渗水，应如何进行修理？

(1)混凝土表面的细裂缝和网状裂缝可采用涂抹或喷涂的方法修补，也可加罩新面层。加罩面层前，应将原混凝土表面凿毛。

(2)用嵌填法堵漏时，先将裂缝凿成深度不小于 3 cm、宽度不小于 1.5 cm 的 V 形槽，清理干净后，用水泥胶浆或石棉膨胀水泥填实，厚度为 1.5 cm。经检查无漏后，再用抗渗水泥砂浆填平余下的 1.5 cm。

(3)当渗漏严重时，宜采用壁外注浆堵漏或采用其他可靠的堵漏方法。

4403　跨线桥与高架桥养护的基本要求是什么？

(1)跨线桥、高架桥的上、下部结构及桥面的养护维修与一般公路桥相同，可参照有关规定执行。

(2)采用封闭式排水系统的跨线桥、高架桥，应保持排水系统完好。将桥面水按规定的方向和地点排出，防止桥面水向下行道任意溢流、渗漏。

(3)桥上防撞墙、护栏应保持清洁完好。对于金属护栏，每年要进行油漆，防止锈蚀损坏。

(4)跨线桥、高架桥上的防抛网，隔音墙应保持完好、整洁，及时清除垃圾等杂物，并修理或更换损坏部件。

(5)注意加强对跨线桥、高架桥桥孔的检查和管理，桥孔下不能被任意占用或违章堆物，发现问题及时处理。

(6)跨线桥、高架桥桥上的照明设施应保持完好，照明器具和输电线路若有损坏，应及时修理或更换。

(7)跨线桥与道路交叉部分应设限高标志并保持完好。跨线桥的墩柱及侧墙端面应涂设立面标记,并保持颜色鲜明,一般每年涂刷一次。

4404 涵洞养护的工作内容包括什么?基本要求是什么?

涵洞养护工作内容包括:经常检查和定期检查,日常养护、维修、加固与改建。涵洞养护的基本要求是:

(1)确保行车安全,尽量作到车辆通过时平顺、不跳车。

(2)涵洞的排水要求顺畅并排放到适当的地方,涵洞排水不应直冲农田耕地。

(3)除了非冰冻地区的某些结构如干砌石拱涵可以允许有轻微渗水外,其他在冰冻地区涵洞,钢筋混凝土盖板涵、箱涵均不应渗水。

(4)保持涵洞结构及填土完好。

(5)维护涵洞表面清洁、不漏水。

(6)涵洞开挖维修时,应维持好交通,并设立安全标志及护栏。涵洞的开挖维修,通常采用半边施工、半边维持交通的方式进行。通行部分需要有足够单车通行的宽度。也有采用开设便道(便桥)绕行或就地架设钢梁,在梁下开挖维修的全宽维修方式。

4405 涵洞检查分为哪两类?其中经常检查如何进行?

涵洞检查分为经常检查和定期检查。经常检查按以下要求进行:

(1)经常检查每月至少进行两次,在洪水、冰雪前后及行洪期间应加强检查。

(2)经常检查内容包括:进水口是否堵塞、沉砂井有无淤积、洞内有无淤塞及排水不畅;洞口周围是否有杂物堆积,涵洞是否清洁、漏水;周围路基填土是否稳定和完整;涵洞结构是否有损坏。

(3)经常检查中发现有排水堵塞或有较大损坏需要进行维修的,应做好记录并及时报告。

4406　涵洞定期检查有何规定？检查内容包括哪些？

涵洞定期检查每年至少进行一次，在接到较大损坏情况的报告后应增加检查。定期检查中，检查人员应当场填写“涵洞定期检查表”，实地查明损坏情况，根据涵洞的技术状况及排水适应状况，参照桥梁技术状况评定标准相关结构类型，对涵洞的技术状况综合做出好、较好、较差、差、危险等五个级别的评定，提出日常养护、维修、加固、改建等建议。定期检查内容包括：

(1)检查涵洞的过水能力，包括涵洞的位置是否适当，孔径是否足够，涵底纵坡是否合适。若过水能力明显不足，经常造成内涝及路基损毁的，应考虑改造。

(2)进水口铺砌、翼墙、护坡、挡水墙、沉砂井等是否完整，洞口连接是否平整顺适。

(3)出水口铺砌、挡水墙、翼墙、护坡等是否完整，排水是否顺畅。

(4)涵体侧墙是否渗漏水、开裂、变形或倾斜，墙身砌体砂浆是否脱落、石块是否松动，基础是否冲刷淘空。

(5)涵身顶部盖板或拱顶是否开裂、漏水、变形下挠，拱顶砌块是否松动脱落。

(6)涵底是否淤塞阻水，涵底铺砌是否完整。

(7)洞口附近填土是否有渗水、冲刷、空洞，填土是否稳定。

(8)涵洞顶路面是否开裂、下沉。行车是否安全。

4407　涵洞的日常养护如何进行？

(1)涵洞的洞口应保持清洁，发现杂物堆积应及时清除。涵洞内应保持排水畅通，发现淤塞应及时疏通。洞口和涵洞内如有积雪应尽快清除，被清除的积雪应堆放在路基边沟以外。经常积雪或积雪较深的涵洞，入冬前可在洞口外加设栅栏或用柴草捆封洞口，融雪时及时拆除。

(2)涵底铺砌、洞口上下游路基护坡、引水沟、汇水槽、沉砂井发生变形时，均应及时修理。涵底铺砌出现冲刷损坏、下沉、缺口应及时修复。路基填土出现渗水、缺口应及时封塞填平。

(3)涵底和涵墙出现渗漏水,应查明原因,分别采取下列方法处治:

1)疏通水道,使洞口铺砌与上下游水槽坡道平齐顺适。

2)保持洞内底面平顺,并有适当纵坡。

3)用水泥砂浆对涵底和涵墙重新勾缝。

(4)涵洞出水口的跌水构造应与洞口结合成整体,若有裂缝应及时填塞。

(5)浆砌石拱涵的砌体表面风化、开裂、灰缝剥落,局部石块松动、脱落或砌体渗漏水,可分别按下列方法处理:

1)用水泥砂浆重新勾缝或局部拆除后重砌。

2)表面抹浆或喷浆。

3)在砌体背后压注水泥砂浆或化学浆液。

4)加设涵内衬砌。

5)挖开填土,对砌体进行维修处治,并加设防水层。

(6)混凝土管涵的接头处和有铰接缝处发生填缝料脱落,引起路基渗水时,应及时封堵处理。可用干燥麻絮浸透沥青后填实或用其他黏弹性材料封堵,不宜用灰浆抹缝,以免再次脱落。

(7)压力式涵洞进水口周围路堤发现渗流、空洞、缺口或冲刷现象时,应及时进行修补处理。洞口周围路基可用不透水黏性土封堵,洞前做铺砌或修挡水墙。

(8)压力式涵洞或倒虹吸管的涵顶路面出现浸溃,应及时处理。可采用对涵内顶部表面抹浆、喷浆或衬砌的方法处理。

4408 涵洞的维修及改建常采用的方法有哪些?

(1)涵洞经常发生泥砂淤积时,可在进水口设沉砂井,以沉淀泥砂、杂物。

(2)管涵的管节因基础沉陷而发生严重错裂时,应挖开填土处理地基,再重建基础。也可直接采用对地基及基础压浆的方法处理。有铰涵管如变形大于直径的1/20时,应查明原因进行处理。

(3)波纹管涵发生涵管沉陷、变形,应挖开填土进行修理。管底应按土质情况做好垫层，管上加铺一层防水层，并注意对回填土分层夯实。

(4)涵洞的侧墙和翼墙，如有倾斜变形发生，应查明原因后加以处理，如因填土未夯实发生沉落，或填土中水分过多土压力增大而引起的，应更换透水性好的填土并夯实；如属基础变形引起的，则需要修理或加固基础。

(5)因加宽或加高路基导致涵洞长度不足时，应接长处理。一般可将原涵洞洞身接长，两端新建洞口端墙和路基护坡；当路基加高、加宽不多时，也可采用只加高两端洞口端墙或加高加长洞口翼墙的方法。接长时应采取措施尽量减少新、旧涵洞段的不均匀沉降。

(6)当涵洞位置不当，过水能力不足时应进行改建。改建施工宜分段进行，并做好接缝的防水处理。

(7)更换新结构或改设、增设涵洞，一般均采用分段施工的方法维持交通，应注意施工、行车安全，设置相应的标志、护栏等，必要时应有值守人员指挥交通，维护安全。

4409 涵洞进、出水口处发生严重冲刷时，可如何维修?

(1)位于陡坡上的涵洞或直接受水流冲击的涵洞，其入口处应采取适当的防护措施。

(2)用浆砌块石铺底，并用水泥砂浆勾缝。铺砌长度视土质和流速而定，铺砌的末端应设置混凝土或浆砌块石抑水墙。

(3)流速特别大的涵洞，应在出水口加设消力设施，如消力槛、消力池等。消力槛的末端应设置混凝土或浆砌块石抑水墙，或设置三级挑槛。

4410 对承载力不足的涵洞可采用哪些方法加固或改建?

(1)挖开填土，用混凝土或钢筋混凝土加大原涵洞断面。

(2)涵内用混凝土或钢筋混凝土预制块衬砌加固或用现浇衬砌进行加固。

(3)挖开填土，用新构件分段进行更换改建。

第五章　隧道养护

第一节　土建结构检查与评定

5101　隧道养护的土建结构检查分为哪四类？根据检查结果，隧道等级判断分类的标准是什么？

根据结构检查的目的、内容、方法等因素，将土建结构的检查工作分为日常检查、定期检查、特别检查和专项检查四类。日常检查、定期检查和特别检查的结果，把隧道按表 5-1 的规定判定为三类；专项检查的结果，把隧道按表 5-2 的规定判定为四类。

表 5-1　日常、定期和特别检查结果

判定分类	检查结论
S	情况正常（无异常情况，或虽有异常情况但很轻微）
B	存在异常情况，但不明确，应作进一步检查或观测以确定对策
A	异常情况显著，危及行人、行车安全、应采取处治或特别对策

表 5-2　专项检查的判定

判定分类	检查结论
B	结构存在轻微破损，现阶段对行人、行车不会有影响，但应进行监视或观测
1A	结构存在破坏，可能会危及行人、行车安全，应准备采取对策措施
2A	结构存在较严重破坏，将会危及行人、行车安全，应尽早采取对策措施
3A	结构存在严重破坏，已危及行人、行车安全，必须立即采取紧急对策措施

5102 隧道根据专项检查结果判定其分类时，主要考虑哪些因素？各因素的影响程度如何？

专项检查主要根据结构的破损程度、发展变化趋势和对交通安全、结构设施安全的影响等因素进行判定，各因素对隧道分类的影响程度见表 5-3。

表 5-3 专项检查结果的判定因素

判定分类	判定因素			
	破损程度	破损发展趋势	对行人、行车、安全的影响	对结构、设施、安全的影响
B	轻微	无或趋于稳定	无或轻微	无或轻微
A1	一般	较慢	暂无，将来可能构成危险	暂无，将来可能构成危险
2A	较重	轻快	已有一定的威胁，比较危险	已有一定的威胁，比较危险
3A	严重	迅速	危险	危险

5103 什么时候进行隧道日常检查？如何进行检查与隧道类别判定？

日常检查是对土建结构的外观状况进行的日常巡查。通过日常检查，应及时发现早期破损、显著病害或其他日常情况，并确定对策措施。

隧道日常检查每月不少于 1 次，高速公路隧道应每周不少于 1 次。在雨季或冰冻季节，应加强日常检查工作。检查一般采用目测方法，配合以简单的检查工具（如皮尺、钢卷尺、铁锤、手电筒和粉笔等常用的、易于携带的工具）进行。检查以定性判断为主，检查的内容及判定标准按表 5-4 执行。

表 5-4 日常检查内容及判定表

项目名称	检查内容	判定	
		B	A
洞口	边(仰)坡有无危石、积水、积雪;洞口有无挂冰;边沟有无淤塞;构造物有无开裂、倾斜、沉陷等	存在落石、积水、积雪隐患;洞口局部挂冰;构造物 局部开裂、倾斜、沉陷,有妨碍交通的可能	坡顶落石、积水漫流或积雪崩塌;洞口挂冰掉落路面;构造物因开裂、倾斜或沉陷而致剥落或失稳;边沟淤塞,已妨碍交通
洞门	结构开裂、倾斜、沉陷、错台、起层、剥落;渗漏水(挂冰)	侧墙出现起层、剥落;存在渗漏水或结冰,尚未妨碍交通	拱部及其附近部位出现剥落;存在渗漏水或结冰,已妨碍交通
衬砌	结构裂缝、错台、起层、剥落	衬砌起层,且侧壁出现剥落状况,尚未妨碍交通,将来可能构成危险	衬砌起层,且拱部出现剥落状况,已妨碍交通,并有继续恶化的可能
	(施工缝)渗漏水	存在渗漏水,尚未妨碍交通	大面积渗漏水,已妨碍交通
	挂冰、冰柱	存在结冰现象,尚未妨碍交通	拱部挂冰,形成冰柱,已妨碍交通
路面	落物、油污;滞水或结冰;路面拱起、坑洞、开裂、错台等	存在落物、滞水、结冰、裂缝等,尚未妨碍交通	拱部落物,存在大面积路面滞水、结冰或裂缝,已妨碍交通
检修道	结构破损;盖板缺损;栏杆变形、损坏	栏杆变形、损坏;道板缺损;结构破损,尚未妨碍交通	栏杆局部毁坏或侵入建筑限界;道路结构破损,已妨碍交通
排水设施	破损、堵塞、积水、结冰	存在破损、积水或结冰,尚未妨碍交通	沟管堵塞,积水漫流,结冰,设施破损严重,已妨碍交通
吊顶	变形、破损、漏水(挂冰)	存在破损、漏水,尚未妨碍交通	破损严重,或从吊顶板漏水严重,已妨碍交通
内装	脏污、变形、破损	存在破损,尚未妨碍交通	破损严重,已妨碍交通

5104 什么时候进行隧道定期检查?如何进行检查与隧道类别判定?

定期检查是按规定周期对土建结构的基本技术状况(隧道土

建结构物的完好程度、破损或病害情况、功能状态等）进行全面检查。通过定期检查，应系统掌握结构基本技术状况，评定结构物功能状态，为制订养护工作计划提供依据。

隧道定期检查一般每年1次，高速公路隧道应每年不少于1次。检查宜安排在春季或秋季进行。新建隧道应在交付使用1年时进行首次定期检查。

定期检查采用步行方式，配备必要的检查工具或设备，进行目测或量测检查。检查时，应尽量靠近结构，依次检查各个结构部位，注意发现异常情况和原有异常情况的发展变化。对于有异常情况的结构，应在其适当位置作出标记。检查结果尽可能量化。检查的内容及判定标准按表5-5执行，应根据隧道的实际情况进行选择。

表5-5　定期检查内容及判定表

项目名称	检查内容	判定	
		B	A
洞口	山体有无滑坡、岩石有无崩塌的征兆；边坡、碎落台、护坡道等有无缺口、冲沟、潜流涌水、沉陷、塌落等	存在滑坡、崩塌的初步迹象，尚不危及交通	山体开裂、滑动，岩体开裂、失稳，已危及交通
	护坡、挡土墙有无裂缝、断缝、倾斜、鼓肚、滑动、下沉或表面风化、泄水孔堵塞、墙后积水、周围地基错台、空隙等	存在此类异常情况，尚不妨碍交通	挡土墙、护坡等产生开裂、变形、位移等，可能对交通构成威胁
洞门	墙身有无开裂、裂缝	墙身存在轻微开裂，尚不妨碍交通	由于开裂，衬砌存在剥落的可能，对交通构成威胁
	衬砌有无起层、剥落	存在起层、剥落，不妨碍交通	在隧道顶部发现起层、剥落，有可能妨碍交通

续上表

项目名称	检查内容	判定	
		B	A
洞口	结构有无倾斜、沉陷、断裂	墙身存在轻微的倾斜或下沉等，尚不妨碍交通	通过肉眼观察，即可发现墙身有明显的倾斜、下沉等，或洞门与洞身连接处有明显的环向裂缝，有外倾的趋势，对交通构成了威胁
	混凝土钢筋有无外露	存在轻微的外露现象，尚不妨碍交通	混凝土保护层剥落，钢筋外露，受到锈蚀，对交通安全构成威胁
衬砌	衬砌有无裂缝、剥落	在拱顶或拱腰部位，存在裂缝且数量较多，尚不妨碍交通	衬砌开裂严重，混凝土被分割形成块状，存在掉落的可能，对交通构成威胁
	衬砌表层有无起层、剥落	存在起层，并有压碎现象，尚不妨碍交通	衬砌严重起层、剥落，对交通构成威胁
	墙身施工缝有无开裂、错位	存在这类异常现象，尚不妨碍交通	接缝开口、错位、错台等引起止水板或施工缝砂浆掉落，发展下去可能妨碍交通
	洞顶有无渗漏水、挂冰	存在漏水，未妨碍交通，但影响隧道内设备的安全	衬砌大规模漏水、结冰，已妨碍交通
路面	路面上有无塌(散)落物、油污、滞水、结冰或堆冰等；路面有无拱起、沉陷、错台、开裂、溜滑	存在此类异常情况，尚不妨碍交通	路面出现严重的拱起、沉陷、错台、裂缝、溜滑，以及漫水、结冰或堆冰等，已妨碍交通
检修道	道路有无毁坏、盖板有无缺损；栏杆有无变形、锈蚀、破损等	道路局部破损，栏杆有锈蚀，尚未妨碍交通	道板毁坏，碎物散落，栏杆破损变形，可能侵入限界，已妨碍交通

续上表

项目名称	检查内容	判定	
		B	A
排水系统	结构有无破损，中央窨井盖、边沟盖板等是否完好，沟管有无开裂漏水；排水沟(管)、积水井等有无淤积堵塞、沉沙、滞水、结冰等	存在沉沙、积水，尚不妨碍交通	由于结构破损或泥沙阻塞等原因，积水井、排水管(沟)等淤积、滞水，已妨碍交通
吊顶	吊顶板有无变形、破损；吊杆是否完好等；有无漏水（挂冰）	存在此类异常情况，尚不妨碍交通	存在严重的变形、破损、漏水，已妨碍交通
内装	表面有无脏污、缺损；装饰板有无变形、破损等	存在此类异常情况，尚不妨碍交通	存在严重的污染、变形、破损，已妨碍交通

5105 定期检查中常用到哪些工具与测量设备？

(1)尺寸测量：卷尺、钢卷尺、游标卡尺等。

(2)裂缝检查：带刻度的放大镜、宽度测定尺、测针、标线等。

(3)材料劣化检查：锤子等。

(4)漏水检查：pH 试验纸、温度计等。

(5)路面检查：摩擦系数测定仪、平整度仪等。

(6)照明器具：卤素灯或目测灯、手电筒。

(7)记录工具：隧道展示图纸、记录本、照相机或摄像机。

(8)升降设备：可移动台架、升降台车。

(9)其他：清扫用具、交通控制标志牌板等。

5106 定期检查的报告包括哪些方面的内容？

定期检查完成后，应提出土建结构定期检查报告，内容应包括：

(1)对土建结构的技术状况和功能状态的评价。

(2)对土建结构的养护维修状况的评价及建议。

(3)需要实施专项检查的建议。

(4)需要采取处治措施的建议。

(5)检查记录表、隧道展示图以及其他有关检测记录资料。

对于判定为B的结构,应提出专项检查的建议,内容包括专项检查的原因、项目、目的、要求等;对于判定为A的结构,应提出采取处治措施的建议,内容包括实施处治的原因、项目、处治措施、所需的工程费用以及实施时间等。

5107 什么时候进行隧道特别检查?如何进行检查与隧道类别判定?

特别检查是在隧道遭遇自然灾害(地震、山体滑坡或崩塌、泥石流、暴雨、山洪、暴风雪和雪崩等)、发生交通事故(擦挂、撞车(墙)、翻车、失火等)或出现其他异常事件(指结构突发性的破坏、超限车辆通过等危及交通安全、结构设施安全的异常事件,如洞口落石、围岩坍塌、衬砌变形或塌落、路面沉陷、大量渗漏水、大量挂冰、严重冻害或者爆炸等)后,对遭受影响的结构立即进行的详细检查。通过特别检查,应及时掌握结构受损情况,为采取对策措施提供依据。

当隧道遭遇自然灾害、发生交通事故或出现其他异常事件后应进行特别检查,当日常检查的判定结果为B时,也可进行特别检查。特别检查的方法与内容可参照定期检查相关要求进行,但应针对受异常事件影响的结构或结构部位作重点检查,掌握其受损情况。特别检查应按定期检查的标准判定,当难以判明破损的原因、程度等情况时应作专项检查。

5108 什么时候进行隧道专项检查?如何进行检查?

隧道专项检查是根据定期检查和特别检查的结果(当特别检查或定期检查的判定结果为B时)或者通过其他途径(指通过具有

类似情况的其他隧道而得知结构可能存在问题)，判断需要进一步查明某些破损或病害的成因、范围、发展程度和状况以及对结构物使用功能的影响等而进行的更深入的专门检测。通过专项检查，应完整掌握破损或病害的详细资料，为其是否实施处治以及采取何种处治措施等提供技术依据。专项检查的实施一般应符合下列要求。

(1)由于某些检测需要专业的检测手段和设备，因此宜委托专业的检测机构实施检查。此外，当一次检查不足以提供详细资料时，还需进行连续的或长期的检查。

(2)检查的项目、内容及其要求，应根据定期检查或特别检查的结果有针对性地确定。

(3)检查人员应对有关的技术资料、档案进行调查，并对隧道周围的地质及地表环境等展开实地调查，以充分掌握相关的技术信息，寻找土建结构发展变化的原因，探索其规律，确保专项检查结果的准确性。

5109　专项检查一般包括那些检查项目？检查内容有哪些？

专项检查的项目通常由定期检查或特别检查报告提出，并由此确定专项检查的内容和要求等，一般可按表 5-6 的内容选择实施。

表 5-6　专项检查项目表

检查项目		检查内容
结构变形检查	道路线形、高程检查	道路中线位置、路面高度、缘石高度以及纵、横坡度等测量
	隧道横断面检查	隧道横断面测量，周壁位移测量(与相邻或完好断面比较)
	净空变化检查	隧道内壁间距测量(自身变化比较)
裂缝检查	裂缝简易检查	裂缝的位置、宽度、长度、开展范围或程度等
	裂缝变形检查	裂缝的发展变化趋势及其速度；裂缝的方向及深度等

续上表

检查项目		检查内容
漏水检查	漏水简易调查	漏水的位置、水量、浑浊、冻结及原有防排水系统的状态等
	漏水检测	水温，pH值检查、电导度检测、水质化学分析
材质检查	衬砌强度检查	强度简易测定，钻孔取芯，各种强度试验等
衬砌及围岩状况检查	无损检查	无损检测衬砌厚度、空洞、裂缝和渗漏水等，以及围岩状况
	钻孔检查	钻孔测定衬砌厚度等、内窥镜观测衬砌及围岩内部状况
荷载状况检查	衬砌应力及拱背压力检查	衬砌不同部位的应力及其变化，拱背压力的分布及其变化

5110 专项检查的资料调查包括哪些方面？

(1)设计文件(包括隧道长度、洞门形式、断面形状、衬砌厚度、材料、埋置深度、支护、衬砌等)和地质调查报告。

(2)施工方法(包括主要开挖方法、特殊施工方法、围岩变化记录、各种试验报告、测量报告等)。

(3)检查记录(包括断面净空检查报告等)。

(4)衬砌修复加固记录、漏水处治施工记录、路面变形记录(含维修记录)、气温及降雨量记录、洞口明挖段遭受自然灾害记录等。

(5)裂缝、剥落、错位、漏水等破损或病害的现场检查记录。

5111 隧道地质及地表环境调查包括哪些内容？

(1)地表环境调查

隧道附近山体可能出现坡面排水不畅、坑凹积水、山体裂缝、溶洞发展、山体失稳滑动等，其原因可能是隧道处在滑坡区内或其边缘；隧道处在断裂岩层或其附近；岩石节理发育，支离破碎；山体植被破坏，水土流失以及溶洞发展等。通过了解隧道外地表状况，可有助于分析隧道内发生的异常情况。检查时，可对隧道周围的地形、地貌、地表开裂、塌陷、林木状况等予以注意。

(2)围岩变化调查

主要针对围岩内部变化进行检测,目的在于监视围岩变形,发现结构变化的原因,监视临近工程的影响或对策处治时围岩或衬砌的变化。通常在围岩内设置位移计或倾斜计,测定轴向变形或垂直轴向的变形。地表的变形则可通过地面位移计测量。

围岩变形调查:将围岩变形计插入钻孔中,计量围岩任意点间的变化。围岩变形调查用于确认偏压的有无、岩体松动范围、监视临近工程的影响、处治施工时的监视和效果判定等。

围岩倾斜调查:将倾斜计插入钻孔中,测量围岩水平方向的变形。

地表滑移调查:在地面位移异常的区域内外,分别设置移动桩和固定桩,在固定桩上安装地面位移计,以钢线与移动桩相连,将地面的滑移通过钢线长度变化反映出来。

5112 专项检查的结果如何进行判定分类?

检查的结果可按外荷载作用、材料劣化和渗漏水三种主要情况分别考虑,进行判定分类。

(1)由外荷载作用而导致的结构破损,以衬砌变形、移动、沉降、裂缝、起层、剥落以及突发性的坍塌等为主要表现形态,按表 5-7进行判定。

表 5-7 外荷载作用所致结构破损的基本判断

异常情况 判定	衬砌变形、移动、沉降	衬砌裂缝	衬砌起层、剥落	衬砌突发性坍塌
B	虽存在变形、位移、沉降,但已停止发展,已无可能再发生异常情况	存在裂缝,但无发展趋势	—	—
1A	出现变形、位移、沉降,但发展缓慢	存在裂缝,有一定发展趋势	—	衬砌侧面存在空隙,估计今后由于地下水的作用,空隙会扩大

续上表

判定＼异常情况	衬砌变形、移动、沉降	衬砌裂缝	衬砌起层、剥落	衬砌突发性坍塌
2A	出现变形、位移、沉降，估计近期内结构物功能会下降	裂缝密集，出现剪切性裂缝，发展速度较快	侧墙处裂缝密集，衬砌压裂，导致起层、剥落，侧墙混凝土有可能掉下	拱部背面存在大的空洞，上部落石可能掉落至拱背
3A	出现变形、位移、沉降，结构物应有的功能明显下降	裂缝密集，出现剪切性裂缝，并且发展速度快	由于拱顶裂缝密集，衬砌开裂，导致起层、剥落，混凝土块可能掉下	衬砌拱部背面存在大的空洞，且衬砌有效厚度很薄，空腔上部可能掉落至拱背

(2)由材料劣化而导致的结构破损，一般出现衬砌强度降低、起层剥落、钢材腐蚀等形态，按表5-8进行判定。

表5-8 材料劣化所致结构破损的判定基准

判定＼异常情况	衬砌断面强度降低	衬砌起层、剥落	钢材腐蚀
B	存在材料劣化情况，但对断面强度几乎没有影响	难以确定起层、剥落	表面局部腐蚀
1A	由于材料劣化等原因，断面强度有所下降，结构物功能可能受到损害	—	孔蚀或钢材表面全部生锈、腐蚀
2A	由于材料劣化等原因，断面强度有相当程度的下降，结构物功能受到一定的损害	由于侧墙部位材料劣化，导致混凝土起层、剥落，混凝土块可能掉落或已有掉落	由于腐蚀，钢材断面明显减小，结构物功能受到损害
3A	由于材料劣化等原因，断面强度明显下降，结构物功能损害明显	由于拱顶部位的材料劣化，导致混凝土起层、剥落，混凝土块可能掉落或已有掉落	—

(3)对于渗漏水、结冰、砂土流出等形态的破损,按表5-9进行判定。

表5-9　渗水所致的结构破损的判定基准

异常情况 / 判定	渗漏水	结冰、砂土流出
B	从衬砌裂缝等处渗水,几乎不影响行车安全	有渗漏水,但现在几乎没有影响
1A	从衬砌裂缝等处漏水,不久可能会影响行车安全	由于排水不良,铺砌层可能积水
2A	从衬砌裂缝等处涌水,影响行车安全	由于排水不良,铺砌层积水
3A	从衬砌裂缝等处喷射水流,严重影响行车安全	在寒冷地区,由于漏水等,形成挂冰、冰柱,侵入规定限界;砂土等伴随漏水流出,铺砌层可能发生浸没和沉降

5113　隧道结构变形的检查方法有哪些?

(1)道路线形、高程检查:通过测量结构高度、角度、坡度等的变化,发现结构的变形,掌握其发展变化的趋势。一般使用经纬仪、水准仪、花杆、卷尺等工具进行测量,根据测量的内容、方法等设置测点。

(2)隧道横断面检查:根据结构的变化状况,在可能发生断面倾斜、顶部下沉等变形的地方,测量隧道横断面尺寸,通过与相邻横断面的比较,发现变形的有无和变化程度。

简单的横断面测定,可布设横、竖测线,测量隧道各部尺寸,即可基本掌握横断面的形状。如果需要更准确地掌握隧道横断面尺寸,可用激光式横断面测量仪进行测量。激光式测量仪在操作性、作业效率等方面具有优越性,便于处理测量数据、显示横断面形状并输出测量结果等。

(3)净空变化检查:净空变化的测量方法较多,一般是在隧道内壁安装锚销、布设测线，测量锚销间距的变化。推测断面可能变形的地方，通过测量左右侧墙间距、拱部的水平测线或斜测线的长度，掌握净空变化的有无和发展速度。

测线的设置方法根据变化的倾向、顶板的有无等可能有所不同：对于受偏压作用的隧道，斜测线的设置很重要；对于膨胀围岩作用下的隧道，宜在路基下部设置锚销，测量其与拱顶测点间的长度变化。

5114 隧道裂缝检查的方法有哪些？

(1)裂缝简易检查：使用简易的测量器具或方法，查明裂缝形状有无发展变化。

1)砂浆扁饼：横跨裂缝涂以拌和砂浆(扁饼)，观察裂缝有无新的发展(由于振动等原因，砂浆扁饼可能掉落，因此不宜设置在隧道拱部)；

2)标记：目测裂缝末端位置并标记，用油漆等标明检查日期；

3)裂缝测量计：横跨裂缝设置机械式宽度测量计，测量裂缝宽度变化；

4)标点：横跨裂缝设置标点，用卡尺测量其间距变化。

(2)裂缝变化检测：主要针对裂缝的发展变化进行连续观测，可采用电阻丝应变型的裂缝变形计进行测量。由于季节的变化，裂缝宽度会随着混凝土的热胀冷缩而变化，因此宜连续测量 1 年以上的时间，将检查结果按时间顺序记录整理，掌握裂缝发展速度及其规律等。检查时间和周期可参考以下：周期：1 次/月(设置后 3 个月内)；1 次/3 个月(3 个月后)；当确认裂缝处于变化中时，可根据其发展变化程度适当增加检查次数；地震(4 度以上震级)、暴雨后宜增加检查次数。时间：1～2 年(以后监视即可)。

检查裂缝的深度或方向，可通过钻孔取芯的方法进行检查。

此外，超声波无损检测也应用于裂缝检查。它是根据超声波在衬砌混凝土中的传播速度，得出行程时间曲线；然后，超声波发射器位置固定，使接收器沿衬砌某一方向移动，根据裂缝位置处超声波传播时间的变化，即可计算出裂缝深度。

5115　隧道漏水检查的方法有哪些？

(1)漏水简易检查，检查漏水的位置、数量、浑浊、冻结以及原有防(排)水设施的状况，内容主要包括：

位置：检查漏水位置是否会阻碍车辆行驶和妨碍坑洞内各种设备的功能。特别是在冬季冰冻地区，行车道处的漏水由于结冰、堆冰等而妨碍车辆行驶；不规则暴露层表面湿润的漏水表明结构材质不良或存在裂缝，并对这些缺陷起促进作用。检查清楚后，将漏水位置和范围标记于隧道展示图上。

漏水量：检查漏水流量、漏水状态以及排水沟内的水流状态等。根据漏水压力、流量等因素，将漏水状态分为四类：喷射、涌流、滴漏、浸渗。在漏水显著的情况下，可用秒表和计量容器等测定其流量。

浑浊：漏水如果是浑浊的，需要检查砂土是否和漏水一起流出；如有，需测定每处砂土流出量(如水槽内堆积的沙土量)。降雨后出现漏水浑浊的隧道，有必要进行详细的检查。

pH 值：漏水是助长衬砌材质劣化的原因之一，特别是当漏水显示出强酸性时，混凝土有严重劣化的危险，必须引起注意。检查时，一般使用 pH 试纸对漏水的酸碱度作简易测定。

冻结：冬季漏水冻结，引起衬砌混凝土发生冻害、路面结冰和堆冰等，妨碍交通安全。主要检查以下项目：位置(在隧道延长方向和断面方向的分布)、程度(挂冰、堆冰、路面结冰等的规模大小和发展速度)、温度(累计的寒冷温度、最低温度，长隧道内的温度分布等)。此外，当冻害可能使材质损坏时，还需对衬砌材质进行检测试验。在高寒冰冻地区，由于岩体冻结，其形状有可能发生变化，因而需对其形状变化的发展(发生显著季节变动时)、岩体的地质状况、温度等进行检查。

原有防(排)水设施检查：检查原有防(排)水设施的设置及技

术状况，其功能是否发挥正常，能否满足现在的防(排)水要求。

(2)漏水检测

当漏水可能具有劣化作用时，应对其水质进行检测。通过对漏水和流入隧道中的地表水的温度、pH 值、导电度等的测定，可查明混凝土劣化的原因，大致推定漏水的流径。简单的漏水检测一般需要如下的工具：水温检查——温度计；pH 值检查——pH 值测定器、比色管法(水的酸碱性的表示)；导电度检查——导电计(全溶解物质及其数量的推定)。

通过测量水温，掌握各处水温的季节变动，可判明漏水与地下水、地表水的关系。在同一地点，如确认漏水温度有明显的季节变动，表明漏水与地表水有直接关系。

当需要详细检查漏水所含成分时，可取漏水水样，送交专业的水质检测机构进行详细的水质分析。与混凝土接触的水的 pH 值，其安全判断标准可参考表 5-10。当漏水具有强酸性时，对混凝土具有很强的劣化作用，必须引起警惕。

表 5-10 漏水 pH 值的判定

pH 值	对混凝土的作用	判定结果
4.0 以下	水泥溶解崩溃	危险
4.0～5.0	在较短时间内表面凹凸不平	危险
5.1～6.0	表面易损坏	注意
6.1～7.9	在混凝土使用初期要注意	较安全
8.0 以上	—	安全

5116 隧道结构材质检查的内容与方法是什么?

结构材质检查主要是对衬砌混凝土强度进行检测，目的在于掌握衬砌混凝土材质的劣化和强度变化。

衬砌混凝土材质的状况，可通过目测或铁锤敲击等方法进行诊断，能在一定程度上了解其劣化的状况。

要准确掌握衬砌材料劣化状况，可取其试件进行检测试验，检测项目可参考表 5-11 内容进行。其中,试件可由衬砌钻孔取得;在强度试验中,试件的标准尺寸为直径 100 mm,长度 200 mm,数量宜不少于 3 个。

表 5-11　衬砌混凝土的检验项目

检测项目	检 测 内 容
单轴压缩试验	单轴压缩强度(σ_c)、静弹性模量(E_s)、静泊松比(μ_s)
超声波传播速度检测	P 波速度(V_P)、S 波速度(V_s)、动弹性模量 (E_D)、动泊松比(μ)
单位体积重量试验	单位体积重量(γ_t)、含水率(ω)
单轴拉伸试验	单轴拉伸强度(σ_t)

5117　隧道衬砌及围岩状况检查的内容与方法有哪些?

(1)无损检查

土建结构的无损检测一般通过敲击、超声波、电磁波等方式进行。

敲击法:通过测量敲击声的强度、频率、音质等,判断结构有无异常情况。在衬砌厚度、拱背空洞、有无剥离以及混凝土劣化等检查中应用效果较好。

超声波法:通过测量超声波的反射行程时间,计算出衬砌厚度,并且根据其传播速度可推算混凝土的强度和劣化状态。

电磁波法:将数 MHz 至数 GHz 的高频电磁波由衬砌表面向混凝土中发射,接收反射回来的电磁波;经过对电磁回波的处理、分析,从而获得衬砌厚度、拱背空洞等结构物的信息。

(2)钻孔检查

通过钻孔直接观察和测定衬砌厚度、空洞深度和墙背地质状况等,检查方法包括利用内窥镜插入钻孔观察结构内部状况、利用钻孔所取材料进行试验等。

钻孔取芯:钻孔的位置和深度,因检查目的不同而异。检查衬砌厚度、拱背空洞和地质状况时,深度一般为从衬砌表面到岩体内

1 m；当为了计划处治对策，必须掌握隧道围岩的地质状况和进行有关物理试验时，钻孔深度可为 3～10 m，此时需使用较大型的钻孔机械。

钻孔完成后，可将内窥式观察镜插入钻孔中，观察衬砌内部状况、衬砌背面空洞和围岩地质状况等，并可连接摄像机记录结构实际面貌。

5118 隧道结构荷载状况检查的方法有哪些？

为了查明结构应力或压力的状况及其变化规律，需要测量衬砌应力和拱背压力。衬砌应力和拱背压力可用仪器直接测量，不同的设置方式，测量的结果可能有所差异。

测量衬砌应力，可将应力测定仪安装在混凝土内进行测量。对于已建成的隧道，可将测量仪安装在结构表面进行测量？

测量衬砌压力或拱背土压是为了查明压力的变化及其发展规律。通常测量仪器的设置方式对检测结果有较大影响，要想得到准确的结果比较困难。需要注意，测得数值并非原有应力或压力，而是仪器安装后的应力或压力。此外，压力的大小还因测量支架和衬砌的刚度不同而异。因此，在测量时需要注意其对测量结果的影响。

第二节 土建结构养护

5201 公路隧道土建结构养护指哪些结构物的养护？

公路隧道土建结构养护主要是指构成公路隧道的土建工程结构物的养护，这些结构物包括洞门、衬砌、路面、检修道（洞）、防水层、排水管（沟）、横洞、斜（竖）井、风道、防护设施、减光设施、防冻设施等。一般围岩等自然构造也归入土建结构养护中考虑。

5202 土建结构养护工作分为哪四部分？

土建结构的养护工作分为清洁维护、结构检查、保养维修和病害处治四个部分。

(1)清洁维护的工作内容应包括扫除隧道内垃圾、清除结构物脏污、清理(疏通)排水设施,保持结构物外观的干净整洁。

(2)结构检查的工作内容应包括发现结构异常情况,系统掌握结构技术状况,判定结构物功能状态,确定相应的养护对策或措施。

(3)保养维修的工作内容应包括预防性地对结构物进行维护,修复结构物轻微破损,经常保持结构物完好状态。

(4)病害处治的内容应包括修复破损结构,消除结构病害,恢复结构物设计标准,维持良好的技术功能状态。

5203　隧道清洁维护如何组织?

隧道清洁维护包括隧道内路面的清洁、隧道的顶板和内装的清洁、排水设施的清理和疏通、隧道的标志标线的清洁维护等方面。

隧道土建结构应经常性、周期性地进行清洁维护,其周期应综合考虑隧道状况、交通量大小及组成、结构物脏污程度、清洁方式及效率和环境条件等因素加以确定,并尽量减少对交通营运的干扰。

一般说来,隧道交通量越大、污染越严重、结构物越易脏污,清洁周期越短。结构物的清洁养护也通常选择在交通量较小的时候进行,如假日、夜晚等,以尽量减少交通干扰,降低事故风险。

5204　隧道内路面清洁有哪些要求?

(1)高速公路隧道的清扫应不少于 1 次/日,其他公路隧道可根据具体情况,确定适宜的清扫频度,但不宜少于 1 次/月。

(2)路面清扫宜以机械作业为主,以人工作业为辅。采用路面清扫车进行机械清扫时,刷式清扫车适用于砂土较多的路面,而真空式清扫车适用于要求高速作业的环境。

(3)作业时,应注意路面脏污部位的清扫。路面两侧边缘应清扫到位，对紧急停车带、车行横洞洞口应减速慢行清扫，必要时辅以人工清扫。

(4)当路面被油类物质或其他化学品玷污时，应及时采取必要的措施清除污垢，并用清洁剂清洗干净。

5205 隧道的顶板和内装清洁有什么规定？

(1)顶板的清洁宜不少于1次/2年；内装的清洁宜不少于1次/季度，高速公路隧道内装的清洁宜1次/月。

(2)顶板和内装的清洁宜以机械作业为主，以人工作业为辅。

(3)采用湿法清洁时，应注意保护隧道内机电设施的安全，防止污水渗入设施内。可根据实际效果选择确定清洁剂，宜选用中性清洁剂。采用干法清洁时，应严格遵守清扫机械操作规程，既应保证清扫质量，也应避免损伤顶板或内装。清扫时应采取必要的降尘措施。对于清扫不能去除的污垢，可用清洁剂进行局部处理。

(4)在寒冷地区寒冷季节，宜采用干法清洁。

5206 隧道的排水设施与标志标线如何进行清洁？

(1)排水设施的清理不宜少于1次/半年。在雨季，应加强对排水设施的检查和清理疏通工作。

(2)对纵坡较小的隧道或隧道的洞口区段，应加强其清理和疏通工作；对于窨井和沉沙池，应及时将其底部沉积物清除干净。

(3)隧道的标志、标线应定期进行清洁维护，保持其清晰、醒目，标志、标线的清洁应不少于1次/月，当标志牌面或路面标线有污秽，影响其辨认性能时，应及时进行清洗。清洗标志、标线时，应避免损伤其表面覆膜或涂层。

5207 隧道的保养维修的目的是什么？什么时候进行保养维修？

土建结构的保养维修是为了保持结构完好状态，维持其正常使用功能，而进行的经常性或预防性的日常养护工作。包括经常性或预防性的保养和轻微破损部分的维修等内容。当日常检查的判定结果为A时,应及时对土建结构进行保养和维修。

5208 隧道洞口保养维修的工作内容包括哪些?

(1)及时清除洞口边仰坡上的危石、浮土。

(2)冬季应清除积雪和挂冰,保持洞口边沟和边仰坡上截(排)水沟的完好、畅通。

(3)修复洞口挡土墙、护坡、排水设施和减光设施等结构物的轻微损坏。

(4)维护洞口花草树木的完好。

(5)洞口设有防雪设施的隧道,应做好防雪设施的保养维护,并在大雪降临前完成设施的维修加固。

5209 隧道洞身保养维修的工作内容包括哪些?

(1)无衬砌隧道。无衬砌隧道出现的碎裂、松动岩石和危石,应本着少清除多稳固的原则,加以处理;围岩的渗漏水,应开设泄水孔接引水管,将水导入边沟排出;冬季应及时清除洞顶挂冰。

(2)有衬砌隧道。有衬砌隧道出现的衬砌起层或剥离,应及时加以清除或加固;对衬砌的渗漏水,可将水流引入边沟排出;冬季应及时清除洞顶挂冰等。

(3)寒冷地区隧道的防冻保温设施应做好保养维护,如有损坏及时维修,确保其正常使用功能。

5210 隧道路面保养维修的工作内容包括哪些?

(1)及时清除隧道内外路面上的塌(散)落物。

(2)及时修复、更换损坏的窨井盖或其他设施的盖板。

(3)当路面出现渗漏水时,应及时处理,将水引入边沟排出,防止路面积水或结冰。

(4)冬季应及时清除洞口处积雪。

5211 隧道横洞、斜(竖)井、人行(检修)道保养维修的工作内容包括哪些?

(1)横隧道内严禁存放任何非救援用物品,及时清除散落杂物,修复轻微破损结构,定期保养横洞门,确保横洞清洁、畅通。

(2)及时清除井内可能损伤通风设施或影响通风效果的异物;维护井内排水设施的完好,保持水沟(管)的畅通;对井内的检查通道或设施进行保养,防止其锈蚀或损坏。

(3)维护人行道或检修道的完好和畅通,道板如有破损或缺失,应及时进行修复和补充;定期保养人行道或检修道护栏,防止其锈蚀、损坏。

5212 隧道风道、排水设施、吊顶和内装保养维修的工作内容包括哪些?

(1)清理送(排)风口的网罩,清除堵塞网眼的杂物;定期保养风道板吊杆,防止其锈蚀或损坏;及时修复风口或风道的破损,更换损坏的风道板。

(2)维护隧道内外排水设施的完好,发现破损及时修复;排水管堵塞时,可用高压水或压缩空气疏通。

(3)吊顶和内装应保持完好和整洁美观,如有破损、缺失应及时修补恢复,不能修复的应及时更新。

5213 隧道的交通标志、标线应如何养护维修?

隧道的交通标志应保持外观完整、清晰、醒目,保持位置、高度和角度适当,确保交通信息传递无误。隧道的交通标线应保持完整、清洁和醒目。

(1)及时清洗标志牌面的脏污,清除遮挡标志的障碍。

(2)及时修补变形、破损的标牌,修复弯曲、倾斜的支柱,紧固松动的连接构件。

(3)对锈蚀损坏、老化失效的标志应及时更换,缺失的应及时补充。

(4)及时清洗脏污的标线，对破损严重和脱落的标线应及时补划。

(5)清除突起路标的脏污和杂物，及时紧固松动的路标，发现损坏或丢失的，应及时修复或补换。

5214　隧道病害常见的有哪些？其产生的原因是什么？常采用的治理方法有哪些？

(1)衬砌裂纹、剥离、剥落

引起衬砌裂纹、剥离、剥落的原因很多，各种外力引起的变化，如松弛土压(含突发性崩溃)、偏压、地层滑坡、膨胀性土压、承载力不足、静水压、冻胀力均可能引起衬砌裂纹、剥离、剥落；此外，材质劣化、渗漏水、衬砌背面空隙、衬砌厚度不足、无仰拱也是引起衬砌裂纹、剥离、剥落的原因。

衬砌裂纹、剥离、剥落的治理应针对具体原因选用适合的方法进行治理。对外力引起的及衬砌背面空隙造成的，可优选衬砌背面注浆的治理方法，对材料劣化造成的，可采用防护网进行治理，因渗漏水造成的，应采取排水止水的方法，对衬砌厚度不足造成的，可设置套拱，对滑坡引起的，应进行滑坡治理，对冻胀引起的，可设置绝热层进行防冻处理，此外，采用灌浆锚固、喷射混凝土、围岩压浆、锚杆加固，甚至增设仰拱、更换衬砌都可对衬砌裂纹、剥离、剥落的治理起到作用。

(2)衬砌材料劣化

引起衬砌材料劣化的原因除了混凝土自身强度不足、耐久性差，遭受各种外力(松弛土压、偏压、地层滑坡、膨胀性土压、承载力不足、静水压、冻胀力)造成裂缝与各种环境因素的侵蚀也是常见的因素。

防护网防止衬砌局部劣化可起到有效的防护效果，增设套拱由于衬砌厚度增加，衬砌抗剪强度得到提高，有利于裂缝的防治与劣化的降低，此外喷射混凝土、增设隔热层也对衬砌材料劣化起到一定防治作用。衬砌材料劣化严重时可更换衬砌。

(3)衬砌变形、混凝土挤出、净空宽度缩小

引起衬砌变形、混凝土挤出、净空宽度缩小的原因主要是衬砌遭受各种外力(松弛土压、偏压、地层滑坡、膨胀性土压)、冻胀、衬砌背后脱空、衬砌厚度不足及隧道未设置仰拱。

锚杆加固可改善岩体稳定性,防止松弛压力扩大,同时通过施加预应力提高承受膨胀性土压和偏压的强度,对衬砌变形、混凝土挤出、净空宽度缩小防治效果较好。绝热层可防止冻胀压力的产生,对冻胀产生的衬砌变形、混凝土挤出、净空宽度缩小防治较好。滑坡整治可防止岩层滑坡,对偏压、滑坡引发的衬砌变形、混凝土挤出、净空宽度缩小等病害防治较好。此外围岩注浆、灌浆锚固、增设仰拱、更换衬砌也是处治衬砌变形、混凝土挤出、净空宽度缩小的常用方法。

(4)渗漏水

渗漏水的发生多是由于衬砌混凝土抗渗性差、发生裂缝、遭受冻害或混凝土接缝、排水系统损害造成的。

渗漏水的处治,首先应排水止水,恢复排水系统功能,降低水压。衬砌背后注浆、围岩注浆、喷射混凝土也是渗漏水处治常用的有效方法。

(5)路面裂缝,路基膨胀

隧道病害发生的常见原因,如松弛土压、偏压、地层滑坡、膨胀性土压、承载力不足、静水压、冻胀力、材质劣化、渗漏水、衬砌背面空隙、衬砌厚度不足、无仰拱都可能造成路面裂缝,路基膨胀。

对路面裂缝,路基膨胀的处治,应针对具体原因,采用对应方法进行。当土体承载力不知、偏压、膨胀土压或滑坡引起的可采用锚杆加固、灌浆锚固,并对滑坡进行整治。增设仰拱、更换衬砌、围岩注浆等也是路面裂缝、路基膨胀较为有效的处治方法。

5215 确定隧道病害处治方案的原则是什么?

(1)应对隧道有关设计和施工的技术资料、地质资料和病害发

生至今的过程作综合分析和研究。

(2)病害处治应根据结构检查结果,针对病害产生原因,按照安全、经济、合理的原则确定方案。

(3)处治方案可由一种或多种处治方法组成。

(4)应考虑到施工时的交通管理、安全和工期。

5216　采用衬砌背面注浆方法处治病害,有什么要求?

(1)应根据专项检查结果,确定空隙部位,合理布置注浆孔。

(2)注浆压力应小于 0.5 MPa,在注浆过程中应加强监测。当发生衬砌变形或排水系统堵塞等异常情况时,可降低注浆压力或采用间歇注浆,直到停止注浆。

(3)注浆效果检查可采取钻孔取芯、超声波或雷达检测等方法。

5217　采用防护网方法处治病害,有什么要求?

(1)防护网必须选用耐火的材料。

(2)施工前应凿除衬砌剥离劣化部分。

(3)防护网可用锚栓固定在衬砌表面上,应固定牢固。

5218　采用喷射混凝土方法处治病害,有什么要求?

(1)喷射混凝土的种类主要有:素混凝土、钢筋网喷射水泥砂浆、钢筋网喷射混凝土和钢纤维喷射混凝土等,应根据病害程度和施工条件等因素进行选择。

(2)喷射混凝土必须有足够的强度和附着率,其配合比应通过试验确定,喷射机的工作风压,应满足喷头处的压力在 0.1 MPa 左右。

(3)当采用钢筋网喷射混凝土时,钢筋网必须有恰当的保护层厚度。

(4)喷射混凝土终凝 2 h 后应喷水养护,养护时间应不少于 7 d;当隧道内相对湿度大于 85%时,可采用自然养护,寒冷地区的养护应按相关规范进行。

(5)当喷射混凝土作业完成后,应对喷射混凝土层进行检测,强度指标应达到设计要求。

5219 采用锚杆加固方法处治病害时,有什么要求?

(1)锚杆的长度和间距应根据病害原因和地质情况确定。

(2)当采用水泥砂浆锚杆时:注浆开始或中途停止超过30 min,应用水或稀水泥浆润滑注浆罐及其管路;杆体插入后,若孔口无砂浆溢出,应及时补注。

(3)当采用自进式锚杆时:安装前,应检查锚杆中孔和钻头的水孔是否畅通,若有异物堵塞,应及时清理;锚杆灌浆料宜采用纯水泥浆,地质条件差时可灌入聚胺酯、硅树脂。

(4)锚杆施工质量的检查应进行锚杆拔力试验,拉力值应符合设计要求。

5220 采用排水、止水方法处治病害时,有什么要求?

(1)当隧道局部出现涌水病害时,宜采用外置排水管和开槽埋管的排水法处治。其施工应注意以下事项:

1)水管的位置、间距应根据涌水量的大小和位置等情况确定;

2)水管不得堵塞,管道材料应具有抗老化性和足够强度;

3)当采用开槽埋管法时,衬砌表面可用氯丁橡胶等材料覆盖;

4)当采用外置排水管时,可用固定装置将U形排水管固定在衬砌表面,将水引入管内排出;

5)外置排水管的设置不得侵入建筑限界,并严禁在设置机电设施的地方开凿排水沟槽;

6)设置外置排水管应尽量减少对隧道外观的破坏。

(2)当地下水沿衬砌裂纹、施工缝以滴水形式漏出时,宜采用向衬砌内注浆的止水法。其施工应注意以下规定:

1)衬砌内注浆宜采用水泥浆液、超细水泥浆液、自流平水泥浆液、化学浆液;

2)注浆时采用低压低速注浆，化学注浆压力宜为0.2～0.4 MPa，水泥浆注浆压力宜为0.4～0.8 MPa；

3)注浆后待缝内浆液初凝而不外流时，方可拆下注浆嘴并进行封口抹平；

4)衬砌裂缝的注浆施工质量检验可采用渗漏水量测，必要时采用钻孔取芯、压水（或空气）等方法检查。

(3)当漏水量小且呈表面渗透状时，可设置防水板进行处治。施工时应注意以下要求：

1)防水板材料应具有耐热和耐油性，一般有聚乙烯（PE）、乙烯醋酸共聚体（EVA）、橡塑、橡胶板等；

2)防水板不得侵入建筑限界；

3)施工前应清除粉尘并保护好电缆等设施；

4)防水板的搭接处理应牢固，不漏水；

5)有裂纹需要检查的部位，可在防水板上设置检查观察窗。

(4)当地下水特别发育并有稳定来源时，可采取在隧道内设置排水孔、水平钻孔、加深排水沟和深井降水等措施。施工时应注意以下规定：

1)应采用过滤性良好的材料，防止排水孔堵塞；

2)应根据地下水位，确定排水沟加深的深度；

3)排水孔和排水沟之间应有管道联系；

4)排水钻孔的位置，必须根据围岩的地质条件和地下水的状况决定。

5221 采用套拱加固方法处治病害时，有什么要求？

(1)套拱设计不得侵入建筑限界。

(2)为确保衬砌与套拱结合牢固，施工前应凿除衬砌劣化部分，衬砌内面应涂抹界面剂，并设置联系钢筋。

(3)当套拱厚度较大时，可在套拱与衬砌之间设置防水层。

(4)当隧道净空无富余时，可在衬砌的裂纹处贴碳素纤维，提高衬砌承载能力。

5222 采用设置绝热层方法处治病害时，有什么要求？

(1)应选用导热系数小和耐高温的绝热材料。

(2)绝热层的厚度和延长幅度应根据气象数据、岩体和绝热材料的性质确定。

5223 采用滑坡整治方法处治病害时，有什么要求？

(1)洞口段边仰坡出现裂缝，可用黏土等填实，必要时可采用锚杆加固。

(2)滑动面以上地层厚度不大时，可在滑动面下端设置抗滑锚固桩。

(3)对洞顶山体进行保护性开挖，减轻下滑力。

(4)在滑动面下方修筑挡土墙，进行保护性填土，土方应夯实不积水。

5224 采用围岩注浆方法处治病害时，有什么要求？

(1)围岩注浆压力应比静水压力大 0.5～1.5 MPa。

(2)注浆材料宜采用水泥浆液、超细水泥浆液、自流平水泥浆液等。

(3)围岩注浆可采取钻孔取芯法对注浆效果进行检查，必要时进行压(抽)水试验，当检查孔的吸水量大于 1.0 L/(min・m)时，必须进行补充注浆。

(4)注浆结束后，应将注浆孔及检查孔封填密实。

5225 采用增设仰拱方法处治病害时，有什么要求？

(1)仰拱的厚度可根据围岩情况确定。

(2)应使用拱架模板浇筑仰拱混凝土。

5226 采用更换衬砌方法处治病害时，有什么要求？

(1)衬砌的内轮廓线必须与原衬砌内轮廓线一致。

(2)施工前应收集衬砌背面空洞和围岩垮塌资料,必要时可用超声波进行检测。

(3)拆除衬砌时,应根据围岩的地质情况及时进行支撑。

(4)施工时,在不影响通行的情况下可采用简易施工台车。

5227　拱部衬砌更换施工顺序是什么?

(1)拆除拱部衬砌。

(2)增补砂浆锚杆。

(3)补喷混凝土。

(4)补齐钢筋网。

(5)增设防水层。

(6)设纵横向排水管。

(7)浇筑拱部混凝土。

(8)浆砌片石充填空洞。

5228　隧道环保设施的养护有哪些要求?

环保设施包括洞口范围内的绿化、消音设施、污水处理设施、洞口雕塑等。

(1)隧道洞口绿化与植被应与周围环境协调,绿化工程应符合以下要求:

1)及时对树木修剪抚育,树木透光适度、通风良好、减少病虫害的发生。

2)草皮宜适时修剪、保持美观。

(2)隧道内应每月清洗、擦拭消音设施上的污秽,如有损坏应及时修复或更换。

(3)隧道污水处理设施的养护应符合以下要求:

1)污水处理池和净化池不渗漏,如发现渗漏应查明原因及时处治。

2)污水处理池和净化池沉积的泥砂、杂物,应适时清除。

5229 隧道附属的房屋设施应如何养护?

隧道附属的房屋设施包括为隧道营运服务的生产、生活用房。房屋的养护应符合以下要求:

(1)房屋屋面及墙体如发生渗漏应及时维修,并符合以下要求:

1)屋面渗漏维修工程应根据房屋防水等级、使用要求、渗漏现象及部位,查清渗漏原因,找准漏点,制定相应的维修方案。

2)选用材料应与原防水层相容,与基层应结合牢固。

3)屋面防水层维修完成后应平整,不得积水、渗漏。

4)墙体渗漏维修前,应对渗漏墙体的墙面、外部粉刷分格缝、门窗框周围、窗台、穿墙管道根部、阳台和雨棚与墙体的连接处、变形缝等渗漏部位进行现场查勘。确定渗漏部位,查明渗漏原因,制定相应的维修方案。

5)墙体维修后不得出现渗漏水现象,应在完工 3 d 后进行检验,墙面冲水或雨淋 2 h 无渗漏水。

(2)屋面墙体粉刷后,起壳、剥落、疏松等损坏部位应凿除并清理干净后重新粉刷。

(3)房屋的木门窗可两年油漆一次,损坏的门窗应及时修理或更换。

(4)房屋的钢构件应定期维护,清除锈蚀,并按规定涂刷防锈漆和油漆。

(5)风机房、变电所、监控室等主要生产房屋应做到地面无积尘和油污。

(6)风机房、变电所、监控室等房屋的专业养护可参照相关规定执行。

5230 防雷接地装置养护维修时,有什么要求?

(1)修换防雷接地装置前,应对接地体进行接地电阻测试,接地线和接地体焊接开焊、断裂的应修换,完好的应除锈刷防锈漆。

(2)接地体锈蚀严重无法修复时,按查勘设计换装新接地体。

(3)修换防雷装置前,对避雷网(带)、引下线等发生开焊、变形的应修复,对防锈漆脱落的应除锈刷漆。

(4)修换接地装置及固件均宜采用镀锌制品,各部连接点应牢固可靠。

第三节　机电设施检查与养护

5301　隧道机电设施包括哪些内容?养护的一般原则有哪些?

公路隧道机电设施主要指为隧道营运服务的相关机电设施,包括供配电设施、照明设施、通风设施、消防及救援设施、监控设施等。机电设施养护的一般原则有:

(1)在进行机电设施养护前应做好以下工作:

1)养护管理机构应参与机电设施的交工和竣工验收。

2)养护管理机构应获取相关技术文件。包括:竣工系统图、安装图、技术说明书、电缆清册、软件备份等资料;设备制造厂提供的产品说明书、故障检测手册、合格证明和出厂试验报告、进场检验报告和验收报告等技术文件。

3)根据机电设施的复杂程度、养护工作量等配备养护人员,建立岗位责任制,制订养护计划。

4)养护人员应经上岗培训,并熟练掌握设施的使用要领和技术特性。特殊工种上岗前应作专门培训,并按当地劳动部门规定,经考核持证上岗。

(2)机电设施养护应充分考虑营运车辆、养护人员的安全。当需中断交通时,应与土建的养护作业计划综合考虑。隧道内经常性检修、定期检修、分解性检修时的烟雾浓度不得高于 $0.0035\ m^{-1}$。

(3)机电设施养护应使设备技术状态达到产品说明书、设计文件或有关规范的要求。

(4)机电设施养护应配备专门的电工工具、测试仪器、清洁工具、安全防护设备及高空作业设备。对配备的专用工具应定期检查,耐高压工具试验1次/半年,测试仪器校对1次/年,安全防护设备及高空作业设备检查1次/季度。

(5)机电设施养护应按月制订养护计划,机电设施养护应真实记录检查情况,建立专门的档案。

(6)机电设施养护效果可用设备完好率进行考核,设备完好率应按下式计算。各种机电设施可分不同的系统并按其对营运安全的重要程度建立设备完好率考核指标。

设备完好率=[1-(设备故障台数×故障天数)/(设备总台数×日历天数)]×100%

(7)高速公路长和特长隧道、其他公路特长隧道应针对隧道内可能出现的火灾及交通事故,制订周密的救援计划,并按计划进行不少于1次/年的针对性的实地救援及防灾演习,其他各种设施应与消防救援设施紧密配合。

5302 机电设施的养护维修分为几类?各指什么?养护维修频次是什么?

机电设施的养护维修可分为日常检查、经常性检修、定期检修、分解性检修和应急检查。

(1)日常检查是指在巡视车上或通过步行目测对机电设施外观和运行状态进行的一般巡视检查,高速公路隧道应不少于1次/日,其他各级公路可按1次/(1~3)日进行。

(2)经常性检修是指通过步行目测或使用简单工具,对设施仪表读数、运转状态或损伤情况进行的检查,可按1次/(1~3)月进行;对破损零部件应及时进行维修更换。

(3)定期检修是指通过检测仪器对仪表进行标定和对连接及装配状态等机电设施运转情况和性能进行的较全面检查和维修,可按1次/年进行。

(4)分解性检修是指通过对设备分解拆卸而进行的重点检修,

可按1次/(3～5)年进行。

(5)应急检查是指公路隧道内或相邻处发生重大事故或自然灾害后对机电设施进行的检查,没有固定周期,可配合土建检查一起进行。

5303　隧道供配电设施包括哪些?养护基本要求是什么?

供配电设施包括高压断路器柜、高压计量柜、高压电压互感器、避雷器柜、高压隔离开关、高压负荷开关、电力变压器、高低压熔断器、高低压电力电容器柜、低压开关柜、信号屏、微机继电保护装置、高低压母线、电力电缆、控制电缆、各种金属构件、自备发电机等各种为隧道用电设施服务的供配电及辅助设施。

(1)供配电设施养护人员应持有特殊工种上岗证书,并配备专门的电工检修工具。

(2)供配电设施养护应严格执行相关设备的检修规程及《电气装置安装工程施工及验收规范》(GBJ 232)的有关规定。

(3)高速公路隧道、其他公路长和特长隧道,以及有特殊要求的中短隧道应进行供配电设施日常检查。供配电设施日常检查主要针对变压器、高低压配电柜及变配电室内相关设备外观及一般运行状态进行,通过观察外观异常、声响、发热、气味、火花等现象,及时发现设备故障。

(4)供电线路的养护应按电力部门的有关规定进行。当供电线路存在异常情况时应采取措施并及时通知有关部门。

(5)供配电设施需进行带电养护作业的项目,应使隧道内、变配电室及中心控制室相互协调,密切配合,并严格按电气操作规程的有关要求进行。

(6)供配电设施的设备完好率对于高速公路隧道应不低于98%,其他公路隧道应不低于95%。

5304　高压供配电设施经常性检修、定期检修、分解性检修主要项目、检查内容与检查频次是什么?

高压供配电设施经常性检修、定期检修、分解性检修主要项目检查内容见表 5-12。

表 5-12 高压供配电设施经常性检修、定期检修、分解性检修主要项目

设施名称	检查项目	主要检查内容	经常性检修	定期检修	分解性检修
高压断路器柜	断路器触头、真空泡	1. 触头有无烧损,接触是否紧密,动静触点中心是否相对;		√	
		2. 触头或真空泡是否损坏		√	
	“五防”功能	1. 在断路器处于分闸位置时,手车能否抽出和插入;		√	
		2. 在手车处于不同位置时一次、二次回路是否正常;		√	
		3. 断路器与接地开关的机械连锁是否正常;		√	
		4. 柜后的上、下门连锁是否正常;		√	
		5. 仪表板上带钥匙的控制开关(或防误型插座)是否正常		√	
	穿墙套管	穿墙套管有无破损		√	
	排气通道	排气通道有无堵塞		√	
	二次端子	端子有无污染松动		√	
	线圈	线圈绝缘是否良好		√	
	分合闸试验	1. 分、合闸能否正常进行;		√	
		2. 电磁式弹簧操纵机构有无卡塞,是否正常		√	
	运行	1. 气整定值是否满足电力系统要求;		√	
		2. 保护装置能否与中央信号系统协调配合		√	
高压互感器与避雷器柜	高压互感器	有无污染、裂痕、绝缘是否良好		√	
	避雷器	1. 避雷器外观有无损伤;		√	
		2. 有无放电痕迹;	√		
		3. 接地装置有无腐蚀,接地电阻是否小于 10 Ω;		√	
		4. 预防性试验		√	
高压计量柜	高压互感器	有无污染、损伤、绝缘是否良好		√	
	计量仪表	1. 计量仪表有无污染、计量是否准确;	√		
		2. 仪表检验参照国家相关标准的检验方法执行,并递交当地供电部门进行检验		√	

续上表

设施名称	检查项目	主要检查内容	经常性检修	定期检修	分解性检修
高压隔离开关和负荷开关	触头	1. 有无污染、损伤；	√		
		2. 接触是否紧密；	√		
		3. 灭弧装置是否烧损	√		
	操动机构	1. 操动机构有无污染；	√		
		2. 有无卡塞、转动是否灵活	√		
	高压熔断器	1. 外观有无污染、烧伤痕迹；	√		
		2. 熔断丝是否熔断	√		

注：经常性检修每1～3月进行1次，定期检修每年进行1次，分解性检修每3～5年进行1次。

5305　电力变压器设施经常性检修、定期检修、分解性检修主要项目、检查内容与检查频次是什么？

电力变压器设施经常性检修、定期检修、分解性检修主要项目、检查内容、频次见表5-13。

表5-13　电力变压器设施经常性检修、定期检修、分解性检修主要目的

设施名称	检查项目	主要检查内容	经常性检修	定期检修	分解性检修
电力变压器	全部	1. 有无污染、漏油、油量是否足够；	√		
		2. 有无异常声响和过热；	√		
		3. 噪声是否符合要求；		√	
		4. 内部线圈直流电阻是否符合生产厂规定；		√	
		5. 内部相间、线间及对地绝缘是否符合要求；		√	
		6. 铭牌有无污染；		√	
		7. 绝缘套管有无污染及裂痕；		√	
		8. 接线端子有无污染、松动；		√	
		9. 变压器油耐压测试		√	

续上表

设施名称	检查项目	主要检查内容	经常性检修	定期检修	分解性检修
电力电容器柜	电力电容器	1. 外观有无污染、接头有无松动； 2. 有无漏油、过热、膨胀现象； 3. 绝缘是否正常，有无击穿现象	√ √ √		
	接触器	1. 有无机械卡塞，噪声是否符合要求； 2. 线圈直流电阻是否符合生产厂家要求； 3. 触头有无烧损痕迹，闭合是否紧密，动静触头是否中心相对； 4. 能否正常动作； 5. 引线接头有无污染、松动	√ √ √ √ √		
	控制器	控制器能否正常工作	√		
	熔断器	1. 有无烧伤痕迹； 2. 电熔丝是否完好	√ √		
	仪表	1. 外表有无污染； 2. 仪表能否正常显示	√ √		

注：经常性检修每1～3月进行1次，定期检修每年进行1次，分解性检修每3～5年进行1次。

5306　低压配电设施经常性检修、定期检修、分解性检修主要项目、检查内容与检查频次是什么？

低压配电设施经常性检修、定期检修、分解性检修主要项目、检查内容和频次见表5-14。

表 5-14　低压配电设施经常性检修、定期检修、分解性检修主要项目

设施名称	检查项目	主要检查内容	经常性检修	定期检修	分解性检修
低压开关柜	断路器	1. 外观有无污染、裂痕；	√		
		2. 触头有无烧伤、接触是否紧密；	√		
		3. 有无明显的噪声；	√		
		4. 脱扣器是否正常；	√		
		5. 绝缘是否良好；	√		
		6. 整定值能否满足系统保护要求；			√
		7. 引线接头有无污染、松动	√		
	接触器	按电力电容器柜中接触器执行			
	熔断器	按电力电容器柜中熔断器执行			
	仪表	按电力电容器柜中仪表执行			
	热继电器	1. 外部检查	√		
		(1)继电器外壳是否清洁、完整、嵌接良好。			
		(2)外壳与底座接合是否紧密牢固、防尘密封是否良好、安装是否端正。			
		2. 内部和机械部分检查		√	
		(1)热元件是否烧毁。			
		(2)进、出线头是否脱落。			
		(3)接线螺钉是否拧紧。			
		(4)触头是否烧坏或动触头杆的弹性是否消失。	√		
		(5)双金属片是否变形。			
		(6)动作机构是否卡死。			
		(7)继电器内是否清洁。			
		(8)整定把手是否能可靠固定在整定位置。			
		(9)触点固定是否牢固。			
		3. 校验		√	
		(1)一般性校验。			
		(2)整定值动作值与整定值误差不应超过±3%			
	互感器	1. 有无污染；	√		
		2. 绝缘是否良好；	√		
		3. 外部接线是否断开	√		

续上表

设施名称	检查项目	主要检查内容	经常性检修	定期检修	分解性检修
低压开关柜	二次回路及继电器	1. 端子排是否污染、接线是否松动； 2. 继电器检验参照继电器屏执行	√		√
	转换开关	1. 外部检查 (1)转换开关外壳是否清洁、完整、嵌接良好。 (2)外壳与底座接合是否紧密牢固、防尘密封是否良好、安装是否端正。 2. 内部和机械部分检查 (1)转换开关端子接线是否牢固可靠。 (2)构件是否磨损、损坏。 (3)转换开关端子有无锈蚀。 (4)手柄转动后，静触头和动触头是否同时分合。 (5)转换开关可动部分是否灵活，旋转定位是否可靠、准确。 (6)开关接线柱相间是否短路。 (7)控制是否达到要求。 (8)各部件的安装是否完好、螺丝是否拧紧、焊头是否牢固可靠	√	√	
配电箱、插座箱、控制箱	断路器	按低压开关柜中断路器执行			
	接触器	按电力电容器柜中接触器执行			
	熔断器	按电力电容器柜中熔断器执行			
	二次回路及继电器	继电器检验参照继电器屏中的内容执行			
	转换开关	按低压开关柜中转换开关执行			
	箱体	接地是否良好	√		
	照明控制箱	1. 可编控制程序是否正确。 2. 自动集控手动操作是否正确	1次/季 1次/周		
	风机启动及控制箱	1. 有无腐蚀及积水。 2. 接触是否良好	√ √		

注：经常性检修每1～3月进行1次，定期检修每年进行1次，分解性检修每3～5年进行1次。

5307　电线电缆经常性检修、定期检修、分解性检修主要项目、检查内容与检查频次是什么?

电线电缆经常性检修、定期检修、分解性检修主要项目、检查内容与检查频次见表 5-15。

表 5-15　电线电缆经常性检修、定期检修、分解性检修主要项目

设施名称	检查项目	主要检查内容	经常性检修	定期检修	分解性检修
电力电缆	全部	1. 外表有无损伤;	√		
		2. 电缆线间、相间和对地绝缘是否正常;		√	
		3. 电缆工作温度是否正常;	√		
		4. 接头处是否正常,有无烧焦痕迹;		√	
		5. 电缆沟是否干净,有无杂物垃圾,有无积水、积油,盖板是否完整;		√	
		6. 高压架空线路及其附属设施巡查;	√		
		7. 高压架空线路及其附属设施登杆检查		√	
电缆托架及支架	全部	1. 外表有无变形、断开;		√	
		2. 有无腐蚀;		√	
		3. 接地是否良好		√	
接地装置	全部	1. 有无腐蚀;		√	
		2. 接地电阻是否正常		√	
变电所铁构件	全部	有无腐蚀		√	

注:经常性检修每 1～3 月进行 1 次,定期检修每年进行 1 次,分解性检修每 3～5 年进行 1 次。

5308　直流电源、继电器屏经常性检修、定期检修、分解性检修主要项目、检查内容与检查频次是什么。

直流电源、继电器屏经常性检修、定期检修、分解性检修主要项目、检查内容与检查频次见表 5-16。

表 5-16　直流电源、继电器屏经常性检修、定期检修、分解性检修主要项目

设施名称	检查项目	主要检查内容	经常性检修	定期检修	分解性检修
直流电源及UPS电源	微机继电保护装置	1. 新安装的保护装置全部检验。 2. 安装一年以后全部检验		√	1次/6年
	箱体	接地是否良好		√	
	电池组	1. 电池组外观有无污染损伤，电池的电解液是否正常，温度是否正常。 2. 电池的电压是否正常。 3. 电池的绝缘是否正常。 4. 进行一次容量恢复试验	√ √ √	√	
	充电机及浮充电机	1. 输出直流电压、电流是否正常； 2. 整流装置是否正常	√ √		
继电器屏	继电器	1. 外部检查 (1)继电器外壳是否清洁、完整、嵌接良好。 (2)外壳与底座接合是否紧密牢固，防尘密封是否良好、安装是否端正。 2. 内部和机械部分检查 (1)继电器端子接线是否牢固可靠。 (2)继电器内是否清洁。 (3)继电器可动部分动作是否灵活、转轴的横向和纵向活动范围是否适当。 (4)各部件的安装是否完好、螺丝是否拧紧、焊头是否牢固可靠。 (5)整定把手是否能可靠固定在整定位置。 (6)整定孔接触是否完好。 (7)弹簧是否有变形，层间距离是否均匀。 (8)触点固定是否牢固，有无折伤和烧损。常开触点闭合后是否有足够压力，常闭触点的接触是否紧密可靠，动静触点接触时是否中心相对。 (9)对具有多对触点的继电器，各对触点的接触是否符合要求。	√		√

续上表

设施名称	检查项目	主要检查内容	经常性检修	定期检修	分解性检修
继电器屏	继电器	(10)时间继电器的钟表机构及可动系统在前进和后退过程中运作是否灵活，触点闭合是否可靠。 (11)继电器底座端子板上接线螺钉的压接是否紧固可靠，相邻端子的接线鼻子之间是否有一定距离。			
		3. 绝缘检查 (1)保护接线回路绝缘电阻是否小于 1 mΩ。 (2)继电器经解体后，测定绝缘电阻。 1)全部端子对底座和磁导体的绝缘电阻是否小于 50 mΩ； 2)各线圈对触点及各触点间的绝缘电阻是否小于 50 mΩ； 3)各线圈间的绝缘电阻是否小于 10 mΩ。 (3)具有几个线圈的中间电磁继电器应测各线圈的绝缘电阻。 (4)继电器解体检修后，应进行 50 Hz 交流电压历时 1 min 耐压试验。无耐压试验设备时，允许用 2 500 V 摇表测定绝缘电阻来代替交流耐压试验，所测定绝缘电阻不应小于 20 mΩ。			√
		4. 继电器内辅助电气元件检查 继电器内辅助电气元件如电容器、电阻、半导体元件等，只有在发现电气特性不能满足要求，而又需要对上述元件进行检查时，才核对其铭牌标称值或通电实测。对个别重要辅助电气元件有必要通电实测时，按有关规定进行检查。			√
		5. 触点工作可靠性检验 仔细观察继电器触点的动作情况，除发现有抖动、接触不良等现象要及时处理外，还应结合保护装置整组试验，使继电器触点带上实际负荷，再仔细观察继电器触点有无抖动、粘住、火花等异常现象			√

续上表

设施名称	检查项目	主要检查内容	经常性检修	定期检修	分解性检修
继电器屏	电流及电压继电器	1. 一般性检验。			√
		2. 整定点动作和返回值检验。 (1)整定点动作值与整定值误差不应超过±3%； (2)返回系数应满足下列要求：过流继电器返回系数不小于0.85，当大于0.9时应注意触点压力，过电压继电器不小于0.85，低压继电器不大于1.2			√
	时间继电器	1. 一般性检验。			√
		2. 动作电压及返回电压：动作电压不大于额定电压的70%返回电压不大于5%额定电压。			√
		3. 动作时间：在整定位置，于额定电压下测量动作时间三次，每次测量值与整定值误差不应超过0.07 s			√
	中间继电器	1. 一般性检验。			√
		2. 线圈直流电阻检查其实测值与制造厂规定值误差不应大于±10%。			√
		3. 动作值、返回值及保持值检验。 (1)动作电压不宜大于70%额定电压，动作电流不应大于铭牌上额定电流，出口中间继电器动作电压应为其额定电压的50%～70%； (2)返回电压应不小于其额定电压5%，返回电流应不小于额定值的2%； (3)具有保持线圈的继电器的保持电流不应大于其额定电流的80%，保持电压不应大于其额定电压的65%，线圈极性应与厂家相符。 在现场检验继电器动作值、返回值和保持值时均应与实际回路中串联和并联电阻元件一起进行。			√
		4. 动作时间与返回时间检验。 在额定电压下，测定具有延时返回的中间继电器的返回时间，对于经常通电的延时返回中间继电器应在热状态下测其返回时间			√

续上表

设施名称	检查项目	主要检查内容	经常性检修	定期检修	分解性检修
继电器屏	直流冲击继电器	1. 一般性检验。 2. 中间继电器的动作电压与返回电压检验。 中间继电器动作电压不应大于额定电压的70%，返回电压不小于额定电压的5%。 3. 最小冲击动作电流和返回电流检验。 4. 继电器返回电压检验。 继电器动作后，在返回电路加90%～110%额定电压时应能可靠返回			√ √ √ √

注：经常性检修每1～3月进行1次，定期检修每年进行1次，分解性检修每3～5年进行1次。

5309 自备发电设备经常性检修、定期检修、分解性检修主要项目、检查内容与检查频次是什么？

自备发电设备经常性检修、定期检修、分解性检修主要项目、检查内容与检查频次见表5-17。

表5-17 自备发电设备经常性检修、定期检修、分解性检修主要项目

检查项目	主要检查内容	经常性检修	定期检修	分解性检修
负荷运行时间30 min以上	1. 启动、停止试验。 2. 油压、异响、振动、过热检查。 3. 额定转数及电压确定。 4. 预热的情况是否正常。 5. 各部分温度情况是否正常。 6. 各机械的动作状态是否灵活。 7. 自动调节励磁是否正常，响应时间是否正常	√ √ √ √ √ √ √		

续上表

检查项目	主要检查内容	经常性检修	定期检修	分解性检修
柴油发动机	1. 外观有无污染、损伤。	√		
	2. 计量表有无异常、漏油、漏水。	√		
	3. 各部分加油。	√		
	4. 各部位有无松动	√		
发电机	1. 外观有无污染、损伤。	√		
	2. 给轴承加油。	√		
	3. 电刷的接触状态及磨损情况	√		
接线	1. 连接是否可靠。		√	
	2. 绝缘是否正常。	√		
	3. 温度是否正常	√		
启动装置	1. 外观有无污染、损伤。	√		
	2. 空气压缩机的润滑油量。	√		
	3. 计量表是否正常。	√		
	4. 有无异响、振动。	√		
	5. 各部位有污染、损伤、油量是否正常、有无变形、松动。	√		
	6. 是否更换润滑油。		√	
	7. 附属装置是否正常。		√	
	8. 直流电动机是否满足启动要求。		√	
	9. 直流电动机是否正常		√	
燃料装置	1. 外观有无污染、损伤。	√		
	2. 有无漏油、贮留量。	√		
	3. 泵的运行状态是否正常。	√		
	4. 燃料过滤器的手动操作是否可靠。	√		
	5. 油位计及漏油开关的动作状态。	√		
	6. 给轴承部位加油。		√	
	7. 贮油槽的排水泵是否通畅。		√	
	8. 各部分有无松动		√	
润滑油装置	1. 外观有无污染、损伤。	√		
	2. 燃料过滤器手动操作是否正常。	√		
	3. 泵的运行状态有无异常。		√	
	4. 油的黏度是否正常。	√		
	5. 保温装置的运行状态有无异常。	√		
	6. 除渣、放水		√	

续上表

检查项目	主要检查内容	经常性检修	定期检修	分解性检修
冷却塔方式冷却装置	1. 外观有无污染、损伤。	√		
	2. 冷却水量、水温是否正常,有无漏水。	√		
	3. 运行状态。	√		
	4. 浮球阀的工作状态是否正常。		√	
	5. 轴承部位加油		√	
散热器方式冷却装置	1. 外观有无污染、损伤。	√		
	2. 冷却水量、水温是否正常、有无漏水。	√		
	3. 风扇工作状态是否正常。		√	
	4. 压力栓的工作状态是否正常	√		
空气净化器或换气扇	1. 外观有无污染、损伤。	√		
	2. 工作状况有无异常。	√		
	3. 排气颜色有无异常。	√		
	4. 排气管、支撑接头有无裂纹、腐蚀。		√	
	5. 空气净化器有无污染		√	
减振装置	减振橡胶、锚具螺栓有无变形损伤	√		
控制台	1. 外观有无污染、损伤。	√		
	2. 计量仪表、显示灯、故障显示器有无异常。	√		
	3. 操作开关、继电器、电磁开关、配线断路器等有无异常。	√		
	4. 盘内配线有无异常、有无污染、损伤、过热、松动、断线。	√		
	5. 电压、电流、电量测量。	√		
	6. 运行时间计量是否正常。	√		
	7. 供配电盘中定期检修项目		√	
配线管	各接头有无松动		√	
接地线	有无断线、连接部位状态、接地电阻是否正常		√	

注:经常性检修每1～3月进行1次,定期检修每年进行1次,分解性检修每3～5年进行1次。

5310 隧道照明设施的养护有什么要求?

照明设施包括灯具、托架、标志及信号灯、洞外路灯和照明线路等为隧道营运提供照明服务的设施。

(1)照明设施日常检查主要是对设施使用及损坏情况进行的巡检登记。对中间段连续坏灯2盏以上,洞口加强段连续坏灯3盏以上应及时进行更换或维修。

(2)照明光源达到其额定寿命的90%时,应进行成批更换,并选用节能的光源。

(3)照明设施养护工具除必备的电工工具、高空作业车、清洁卫生用具外,应配备照度仪等相关设备。

(4)高速公路隧道照明设施的完好率应不低于95%,其他公路隧道应不低于90%。

5311 养护后的照明设施亮度有什么要求?

(1)夜间及中间段照明亮度应符合表5-18要求。

表5-18 夜间及中间段亮度

计算行车速度(km/h)	夜间及中段亮度(cd/m^2)	
	双车道、单向交通>700 辆/h 双车道、双向交通>360 辆/h	双车道、单向交通≤700 辆/h 双车道、双向交通≤360 辆/h
100	9.0	4.0
80	4.5	2.0
60	2.5	1.5
40	1.5	1.5

注:1. 当双车道单向交通700辆/h≤2 400辆/h;双车道双向交通360辆/h<1 300辆/h,且通过隧道的行车时间超过135 s时,可按表中的80%取值。

2. 人车混合通行的隧道,夜间及中间亮度不低于2.5 cd/m^2。

(2)路面亮度总均匀度应符合表5-19要求。

表5-19 路面亮度总均匀度

设计交通量(辆/h)		路面亮度总均匀度
双车道、单向交通	双车道、双向交通	
≥2 400	≥1 300	0.4
≤700	≤360	0.3

注:当交通量在其中间值时,按内插考虑。

(3)亮度纵向均匀度应符合表5-20要求。

表 5-20　亮度纵向均匀度

设计交通量 R(辆/h)		亮度纵向均匀度
双车道、单向交通	双车道、双向交通	
≥2 400	≥1 300	0.6～0.7
≥700	≤360	0.5

注：当交通量在其中间值时，按内插考虑。

(4)照明灯具的防护等级应不低于 IP65。

5312　照明设施经常性检修、定期检修的主要项目有哪些？

照明设施经常性检修、定期检修的主要项目见表 5-21。

表 5-21　照明设施经常性检修、定期检修主要项目

设施名称	检查项目	主要检查内容	经常性检修(1次/(1～3)月)	定期检修(1次/年)
隧道灯具	全部	1. 电压是否稳定，灯的亮度是否正常。	1次/季	
		2. 灯泡的损坏与更换。	1次/季	
		3. 灯具的清洁。	1次/季	
		4. 引入线检查，电磁接触器、配电盘是否积水。	1次/季	
		5. 开关装置定时的准确性与动作状态有无异常。	1次/季	
		6. 脱漆部位补漆及灯具修理更换。		√
		7. 补偿电容器、触发器、镇流器、金属器是否损坏。		√
		8. 对地绝缘检查		√
	各安装部位	有无松动、腐蚀		√
	密封性	灯具内是否有尘埃、积水、密封条是否老化		√
	检修孔、手孔	有无积水		√
	照度测试	清洁后进行照度测试，是否满足设计指标		√
标号标志及信号灯	全部	1. 指示灯的损坏与更换。	√	
		2. 灯具的清洁与维护。	√	
		3. 灯的亮度是否正常。	√	
		4. 设置状态是否有误		√
洞外路灯	灯杆	1. 外观有无裂纹、焊接及连接部位状况。		√
		2. 有无损伤及涂装破坏。		√
		3. 接地端子有无松动		√
	基础	1. 设置状况是否稳定。		√
		2. 有无开裂、损伤。		√
		3. 锚具、螺栓有无生锈、松动		√
	灯体	1. 有无损坏、亮度目测是否正常。	√	
		2. 灯具的清洁。		√
		3. 防护等级检查	√	

续上表

设施名称	检查项目	主要检查内容	经常性检修(1次/(1～3)月)	定期检修(1次/年)
照度计	全部	1. 动作状态是否有误。	√	
		2. 感光部的清洁维护。	√	
		3. 安装是否松动等。	√	
		4. 光度计校正		√
照明线路	全部	1. 回路工作是否正常。	√	
		2. 有无腐蚀及损伤。		√
		3. 托架是否松动及损伤。		√
		4. 对地绝缘检查		√

5313 隧道通风设施养护的基本要求是什么?

通风设施主要包括轴流风机、离心风机、射流风机及其配套设施等。

(1)通风设施的日常检查主要是通过观察设备运转有无异常,确定设备是否存在隐患,并及时排除故障。

(2)通风设施应按各种设备的操作规程和养护要求进行,并使主要性能指标,如转速、推力、功率、噪声及防护等级等符合产品说明书的要求。

(3)通风设施养护应配备专用电工工具和机修工具,必要时配备风压计、风速计、声级计等。

(4)进行通风设施养护时,应根据隧道交通流量和通风能力,对交通进行必要的组织和限制。

(5)在进行定期或分解性检修后,应对隧道通风设施的效率进行全面的测试。

(6)通风设施的设备完好率不应低于98%。

(7)对于高速公路长和特长隧道、其他公路特长隧道应配合防灾设施进行每年不少于一次的模拟火灾情况下的通风及排烟演习。单向交通排烟风速应按2～3 m/s进行控制,双向交通排烟风速应按1.5 m/s进行控制。

5314 通风设施经分解性检修后应使其通风能力满足哪些要求？

（1）隧道CO允许浓度应满足表5-22要求，当为人车混合通行时应满足表5-23。

表5-22 CO允许浓度δ

隧道长度(m)	≤1 000	≥3 000
$\delta(10^{-6})$	250	200

注：隧道长度为1 000 ～3 000 m时，可按插入法取值。

表5-23 CO允许浓度δ

隧道长度(m)	≤1 000	≥2 000
$\delta(10^{-6})$	150	100

注：隧道长度为1 000～2 000 m时，可按插入法取值。

（2）隧道烟雾允许浓度应满足表5-24要求。

表5-24 烟雾允许浓度

计算行车速度(km/h)	100	80	60	40	10
烟雾设计浓度 $K(m^{-1})$	0.0065	0.007	0.0075	0.009	0.0095

5315 通风设施的经常性检修、定期检修、分解性检修的主要项目和频次是什么？

通风设施的经常性检修、定期检修、分解性检修的主要项目、检查内容和频次，见表5-25。

表5-25 通风设施经常性检修、定期检修、分解性检修主要项目

设施名称	检查项目	主要检查内容	经常性检修	定期检修	分解性检修
			1次/(1～3)月	1次/年	1次/(3～5)年
轴流风机及离心风机	全部	1. 运转状态有无异响和异常振动。	√		
		2. 各计量仪器、仪表读数是否正确。	√		
		3. 基础螺栓及连接螺栓的状态有无异常。		√	
		4. 轴承温度、油温、油压有无异常。		√	
		5. 振动测试有无异常。		√	
		6. 逆转1 h以上的工作状况有无异常。		√	

续上表

设施名称	检查项目	主要检查内容	经常性检修 1次/(1～3)月	定期检修 1次/年	分解性检修 1次/(3～5)年
轴流风机及离心风机	全部	7. 与监控测试联动试验。		√	
		8. 手动旋转的平衡状态。		√	
		9. 正、反转间隔一定时间的试验。		√	
		10. 叶片安装状态检查		√	
	减速机	1. 油量是否正常。	√		
		2. 有无异响、油温是否正常。		√	
		3. 润滑油老化试验。		√	
		4. 更换油脂		√	
轴流风机及离心风机	润滑油冷却装置	1. 配管、冷却器、交换器、循环泵的状态。	√		
		2. 运转中有无振动、异响、过热现象	√		
	气流调节装置	1. 动作状态有无异常。	√		
		2. 内翼有无损伤、裂纹。		√	
		3. 密封材料状态		√	
	动翼、静翼及叶轮	1. 翼面有无损伤、剥离。		√	
		2. 焊接部有无损伤。		√	
		3. 检查叶轮液压调节状置		√	
	导流叶片及异型管	有无生锈、涂装剥离、螺母松动		√	
	驱动轴	1. 接头、齿轮润滑状态有无异常。	√		
		2. 传动轴的振动与轴承温度有无异常。	√		
		3. 加油脂		√	
	电动机	1. 运转中有无异响、振动、过热。			
		2. 连接部的工作状态。	√		
		3. 绝缘测试。	√	√	
		4. 三相电流平衡试验		√	
	消音器	1. 清扫消音器内壁灰尘。		√	
		2. 噪声检测。		√	
		3. 吸音材料检查与变质材料更换			√
	其他	1. 仪表的检查、校正和更换。			√
		2. 供油装置的检验。			√
		3. 必要时的金属探伤。			√
		4. 组装、检查后的试运转及风速、推动测试			√

续上表

设施名称	检查项目	主要检查内容	经常性检修 1次/(1~3)月	定期检修 1次/年	分解性检修 1次/(3~5)年
射流风机	全部	1. 风机运转过程中有无异响。	√		
		2. 风机运转时电流值是否在额定值内。	√		
		3. 风机反转是否正常	√		
	各安装部位	有无松动、腐蚀现象		√	
	叶片	1. 叶片有无损伤与裂纹、叶片是否清洁。	√		
		2. 叶片与机壳有无摩擦。	√		
		3. 叶片涂装有无剥离	√		
	电动机	1. 转动轴有无振动、异响、过热。		√	
		2. 润滑油的检查、更换及轴承清洗。		√	
		3. 电机的拆卸检查、轴承清洗与油脂更换。			√
		4. 防护情况检查。		√	
		5. 绝缘测试。		√	
		6. 三相电流平衡试验。		√	
		7. 运行中的电动机温升是否正常		√	
	其他	拆卸组装后的风速及推力测试			√

5316 消防与救援设施的养护有什么基本要求？

消防与救援设施是指用于预防隧道火灾和进行必要救援的设施，包括火灾报警装置、紧急电话、消防设施、横通道设施等。

(1)消防与救援设施的标志应保持完好、醒目。

(2)消防与救援设施日常检查主要是对隧道内消防设备、报警设备、洞外消防设施的外观进行巡视，及时处理设施的异常情况。

(3)消防设施的设备完好率应达到100%，救援设施的设备完好率应不低于98%。

5317 消防与救援设施一般不进行分解性检修，其经常性检修、定期检修的主要项目及频次是什么？

消防与救援设施一般不进行分解性检修，其经常性检修、定期检修的主要项目及频次见表5-26。

表5-26 消防与救援设施经常性检修、定期检修主要项目

设施名称	检查项目	主要检查内容	经常性检修	定期检修
			1次/(1～3)月	1次/年
火灾报警器	火灾传感器	1. 感应部的清洁。	√	
		2. 各回路的报警随机抽检试验	√	
	手动报警按钮	报警信号及传输测试	√	
消火栓及灭火器	全部	1. 有无漏水、腐蚀、软管损伤。	√	
		2. 确认灭火器的数量及其有效期。	√	
		3. 室外消火栓的放水试验及水压试验。	√	
		4. 灭火器腐蚀情况,有无失效。		√
		5. 泡沫消火栓的使用与检查。		√
		6. 消火栓的放水试验。		√
		7. 寒冷地区消防管道的防冻检修		√
自动阀	全部	1. 外观检查、有无漏水、腐蚀。	√	
		2. 操作试验是否正常。	√	
		3. 导通试验。	√	
		4. 保温装置的状况		√
泵	全部	1. 运转时有无异响、振动、过热,压力上升时闸阀的动作是否正常。	√	
		2. 外观有无污染与损伤。	√	
		3. 轴承部位加油与排气检查。	√	
		4. 启动试验与自动阀同时进行	√	
电动机	全部.	1. 运转时有无异响、振动、过热。	√	
		2. 外观有无污染、损伤。	√	
		3. 电压、电流检测。	√	
		4. 启动试验。	√	
		5. 各连接部情况。		√
		6. 绝缘试验		√
配水管	全部	1. 有无漏水,闸阀操作是否灵活。	√	
		2. 管支架是否腐蚀、松动。		√
		3. 洞外及隧道内水管的防冻。		√
		4. 管过滤器清洗		√
横通道门	全部	是否开关自如	√	
紧急停车带	全部	有无障碍物	√	

续上表

设施名称	检查项目	主要检查内容	经常性检修	定期检修
			1次/(1～3)月	1次/年
水池	全部	1. 有无渗漏水。	√	
		2. 水位是否正常及水位计是否完好。	√	
		3. 泄水孔是否通畅。	√	
		4. 水池的清洁。		√
		5. 寒冷地区保温防冻检查		√
紧急电话	全部	1. 外观有无污染、损伤。	√	
		2. 通话效果试验。	√	
		3. 内部检查。		√
		4. 测定输入输出电流。		√
		5. 强制切断试验。		√
		6. 测定接地阻抗		√
引导设施	全部	有无污染、损伤	√	

5318 监控设施的养护有什么基本要求?

监控设施主要包括烟雾浓度探测仪、CO检测仪、交通量检测仪、车高仪、电视监控设施、播音设施、可变信息板、限速标识设施、信息处理设施以及控制软件等监视隧道营运状态、设备运转情况及控制相关设备运转的各种设施。

(1)日常检查是对隧道内各种监控传感器、信息板及信号标识、监控室的各种监视设备进行的一般外观巡检,发现异常应立即处理。

(2)特长隧道、其余公路特长隧道监控系统的软件维护每年应不少于两次,其余公路隧道监控系统的软件系统维护每年应不少于一次。维护时应注意软件的修改完善,并保证联动运行功能的实现和软件可靠性各项技术措施的落实,严格按操作规程或使用说明进行。

(3)养护主要指标应按相应设备的产品说明要求进行,监控设施设备完好率高速公路隧道应不低于98%,其他各级公路隧道应不低于95%。

5319 隧道监控设施经常性检修、定期检修的项目及频次是什么？

隧道监控设施经常性检修、定期检修的项目及频次见表 5-27。

表 5-27 监控设施经常性检修、定期检修主要项目

设施名称	检查项目	主要检查内容	经常性检修	定期检修
			1次/(1～3)月	1次/年
烟雾浓度探测仪	感光单元	1. 外观有无污染、损伤。	√	
		2. 聚焦镜防护罩全面检查清洁	1次/季	
	记录仪	1. 记录状态。	√	
		2. 补充油墨、记录纸	√	
	监控单元	1. 外观是否有污染、损伤。	√	
		2. 调整工作状态、透过率指标。	√	
		3. 计量仪、显示器、故障显示灯是否正常。		√
		4. 操作开关、继电器、电磁开关、配线断路器是否正常。		√
		5. 配线有无异常、污染、损伤、过热、松动、断线等。		√
		6. 清扫		√
CO检测仪	分析仪及自动校正装置	1. 确认分析仪的指示值是否正确。	√	
		2. 空气过滤器是否有污染确。	√	
		3. 确认除湿装置的功能确。		√
		4. 确认自动校正装置的功能确。		√
		5. 检查通风装置的功能		√
	吸气装置	1. 吸气泵的运转有无异响、过热、振动确。	√	
		2. 外观有无污染、损伤确。	√	
		3. 检查检测仪读数有无异常	√	
	记录仪	同烟雾浓度记录仪		
	采气口	隧道采气口过滤器的清洁与更换		√
	监控单元	同烟雾浓度探测仪监控单元		√
交通量检测仪	检测单元	1. 外观有无污染、损伤。		√
		2. 检查动作及调整灵敏度。		√
		3. 安装状态		√

续上表

设施名称	检查项目	主要检查内容	经常性检修 1次/(1~3)月	定期检修 1次/年
交通量检测仪	监控单元	1. 外观有无污染、损伤。	√	
		2. 动作状态。	√	
		3. 各种测量数据可靠度。	√	
		4. 测量仪、显示器、故障显示灯有无异常。		√
		5. 测定传输电流。		√
		6. 电子线路板、继电器的安装状态。		√
		7. 盘内配线有无损伤、过热、松动、断线。		√
		8. 清扫		√
	记录仪	同烟雾浓度记录仪	√	
车高仪	检测单元	1. 外观是否有污染、损伤。	√	
		2. 确认工作是否正常。	√	
		3. 调整光轴。		√
		4. 发射和受光部的清扫。		√
		5. 确认设定高度		√
	控制单元	1. 外观有无污染、损伤。	√	
		2. 工作状态。	√	
		3. 测量仪、显示灯有无异常。	√	
		4. 配电部分检查		√
电视监控设施	摄像机	1. 外观有无污染、损伤。	√	
		2. 动作确认。	√	
		3. 防护罩的清洁。	√	
		4. 电流电压测量。		√
		5. 调整聚焦及焦距		√
	安装部位	是否松动、诱蚀		√
	控制装置	1. 外观是否污染、损伤。	√	
		2. 操作是否灵敏、正常。	√	
		3. 与紧急电话等的联动试验。	√	
		4. 与防灾控制的联动试验。	2次/月	
		5. 电压、电流测量。	√	
		6. 设备清洁。		√
		7. 机内保养		√
	传送装置	1. 外观检查是否有油污、损伤。	√	
		2. 电压、电流测量。		√
		3. 测定传送水平		√
	操作台	1. 外观有无污染、损伤。	√	
		2. 功能是否正常	√	
	监视器	1. 外观有无污染、损伤	√	
		2. 除尘。	1次/周	
		3. 图像是否清晰、稳定	√	
	录像机	走带及录像质量测试	1次/周	

续上表

设施名称	检查项目	主要检查内容	经常性检修	定期检修
			1次/(1～3)月	1次/年
播音设施	中波播音装置	1. 行车接听试验。		
		2. 外观有无污染、损伤。	√	
		3. 电压及输出功率测定。	√	√
		4. 调制输入确认。		√
		5. 设备清洁		√
	扩音装置	1. 外观是否有污染、损伤。	√	
		2. 电压、电流测量。		√
		3. 确认输出功率。		√
		4. 设备清洁		√
	操作平台	1. 外观有无污染、损伤。	√	
		2. 紧急播音试验。		√
		3. 监控试验。		√
		4. 电流、电压测量		√
	话筒	1. 外观检查。	√	
		2. 紧急播音试验		√
	扩音器	1. 安装状态检测。		√
		2. 接听试验		√
	空中线路	有无腐蚀、损伤		√
可变信息板	全部	1. 外观检查。	√	
		2. 检查自动闭合器的动作。	√	
		3. 配线断路器、电磁接触器、变压器等有无异常。		√
		4. 显示板及继电器的安装状态。		√
		5. 接发信号水平测定。		√
		6. 各线端子是否松动。		√
		7. 更换坏灯		√
计算机主控系统	全部	1. 外观检查。	√	√
		2. 各部位检查、清洁、加油。	√	
		3. 各部位的电压、电流检查。		√
		4. 发热检查。		√
		5. 病毒的防治。		√
		6. 系统启动的动作确认。		
		7. 线路板检查、清扫。		√
		8. 控制软件维护与系统联动。		√
		9. 打印设备状况检查。		√
		10. 磁带存贮设备的动作检查及磁头清洁。		√
		11. 系统的开机检查与维护		√
中控室	全部	1. 温、湿度及清洁检查。	1次/周	
		2. 地板抗静电检查		√

第六章 养护作业安全

第一节 养护安全设施与安全管理

6101 什么是养护安全设施？

养护安全设施是指警告、提醒和引导车辆和行人通过养护维修作业控制区域，保护养护维修作业人员和设备安全的设施。包括：渠化装置、移动式标志车、施工警告灯号、夜间照明设施、临时性交通标志、临时性路面标线等。

(1)渠化装置是指警告、提醒和引导车辆和行人通过养护维修作业控制区域，隔离车流、人流与工作区的设施。

(2)移动式标志车是带有动力装置或可移动装置（拖车）的安全防护设施，颜色应为醒目黄色，装有黄色施工警告灯号，其后部有醒目的标志牌，图案和显示形式可按实际需要改变。使用时其尾部应面向交通流方向，设置于上游过渡区内或缓冲区内。

(3)施工警告灯号应符合《道路交通标志和标线》(GB 5768)规定，宜与其他安全设施一起组合使用。

(4)夜间照明设施的照明必须满足作业要求，并覆盖整个工作区域。

(5)为满足养护维修作业安全需要而临时设置的交通标志称为临时性交通标志。为满足养护维修作业安全需要而临时施划的交通标线称为临时性路面标线。

6102 养护维修作业中，可用作渠化装置的安全设施有哪些？如何使用？

在养护维修作业中，可用作渠化交通的安全设施有锥形交通路标、安全带、路栏、施工隔离墩和防撞桶（墙）等。

(1)锥形交通路标：由橡胶等柔性材料制成，底部应有一定的摩阻性能。形状为圆锥形，其颜色、尺寸和形状应符合《道路交通标志和标线》(GB 5768)规定。布设间距宜为 10～20 m。用于夜间作业时应有反光功能，并配施工警告灯号。

(2)安全带：由布质等柔性材料制成，宽度为 10～20 cm，带上有红白相间色，用于夜间作业应有反光功能。宜与其他设施一起组合使用。

(3)路栏：由刚性材料制成，用于夜间作业时应有反光功能，其颜色、尺寸和形状应符合《道路交通标志和标线》(GB 5768)规定。

(4)施工隔离墩：由线性低密度聚乙烯等高强合成材料制成的空心半刚性装置，其上有黄、黑色和反光器，使用时内部应放置水袋或灌水，并由连杆相连接。

(5)防撞桶(墙)：为半刚性装置，由线性低密度聚乙烯等高强合成材料制成的空心装置，其上有黄黑相间色，顶部可安装黄色施工警告灯号，使用时内部应放置水袋或灌水，防撞墙还应两个为一组组合在一起使用。

6103　养护维修作业时，交通标志、标线的设置有哪些要求？

为养护维修作业而临时设置的交通标志，主要有警告标志、禁令标志、指示标志和施工区标志。交通标志的设置除应符合《道路交通标志和标线》(GB 5768)规定外，在养护维修作业时，还应根据具体情况设置于专门的位置，并尽可能利用公路可变信息板，配以图案或文字说明。

(1)在弯道、纵坡处进行养护维修作业时，应根据实际情况增设交通标志。

(2)当工作区在道路右侧时，交通标志宜设在车道右侧或工作区上游车道上；当工作区在道路靠中央分隔带一侧时，交通标志宜设在中央分隔带护栏外侧或绿化带上。

(3)禁止通行标志应设在禁止通行的道路入口附近；禁止驶入标志应设在禁止驶入的路段入口，或单行路的出口处；禁止超车标志应设在禁止超车路段的起点；解除禁止超车标志应设在禁止超车路段的终点。

(4)限制速度标志应设在需要限制车辆速度的路段的起点。解除限制速度标志应设在限制车辆速度的路段的终点。

(5)限制质量标志应设在需要限制车辆质量的桥梁两端。限制轴重标志应设在需要限制车辆轴重的桥梁两端。

(6)窄路标志应设在车行道变窄或车道数减少的路段以前适当位置。车道封闭标志应设在封闭车道上游的适当位置;车道合流标志应设在因一条车道被封闭而要求车辆合流到另一车道的路段上游适当位置;改道标志应设在车流方向发生变化的路段上游适当位置;线形诱导标或灯泡矩阵标志应设在车流方向发生变化的路段上游适当位置。

(7)施工标志通常设置于作业控制区的最前端;双向交通标志应设在由双向分离行驶、因某种原因出现临时性、永久不分离双向行驶的路段或由单向行驶进入双向行驶的路段以前适当位置;车辆慢行标志应设置于作业控制区内需要车辆车速减慢的路段。

(8)临时性路面标线应使用与原路面标线不同的颜色加以区分,统一使用黄色路面标线作为临时性路面标线。养护维修作业期间,原先与临时性标线有矛盾的路面标线在不能用其他方式加以区分时,必须除去或覆盖。

6104　公路养护作业安全管理的原则有哪些?

(1)公路养护维修作业必须保障养护维修作业人员和设备的安全,以及车辆的安全运行。在进行养护维修作业前,应制定安全保障方案。

(2)公路养护维修作业单位应建立安全管理制度,实施对养护维修作业人员的安全培训和教育。养护维修作业人员必须接受安全技术教育,遵守各项安全技术操作规程。

(3)公路养护维修作业单位或经营单位应加强养护维修作业安全的管理。各级公路管理机构应加强对养护维修作业安全的监督和检查。

(4)养护维修作业的安全设施在未完成养护维修作业之前应保持完好,任何人不得随意撤除或改变安全设施的位置,扩大或缩小控制区范围,以保证养护维修作业控制区的安全。

6105 公路养护维修作业有哪些安全基本要求?

(1)凡在公路上进行养护维修作业的人员必须穿着带有反光标志的橘红色工作装(套装),管理人员必须穿着带有反光标志的橘红色背心。

(2)公路路面养护维修作业必须按作业控制区交通控制标准设置相关的渠化装置和标志,并指派专人负责维持交通。养护维修作业安全设施的设置与撤除应遵守以下程序:当进行养护维修作业时,应顺着交通流方向设置安全设施;当作业完成后,应逆着交通流方向撤除为养护维修作业而设置的有关安全设施,恢复正常交通。

(3)在高速公路和一级公路上养护维修作业时,应用车辆接送养护维修作业人员。养护维修作业人员不得在控制区外活动或将任何物体置于控制区以外。

(4)在山体滑坡、塌方、泥石流等路段养护维修作业时,应设专人观察险情。

(5)在高路堤路肩、陡边坡等路段养护维修作业时,应采取防滑坠落措施,并注意防备危岩、浮石滚落。

(6)坑槽修补应当天完成,若不能完成须按本规程规定布置养护维修作业控制区。

(7)高温季节实施养护作业,应按劳动保护规定,采取防暑降温措施,并适当调整作息时间,尽量避开高温时段。夜间养护维修作业,现场必须设置符合操作要求的照明设备。

6106 路基路面养护作业还应注意哪些安全事项?

(1)公路养护作业人员所携带交通工具及小型作业机具应放置在行车道以外。

(2)公路陡坡、急弯内侧的路肩严禁堆放砂石料等堆积物,其余路段因养护施工作业需临时堆料的,材料应整齐堆放在作业区域内。

(3)高速公路日常清扫应以机械作业为主,机械清扫应沿路面右侧或左侧进行,并应尽量避免在中间行车道进行清扫作业及变换车道进行清扫作业。对清扫机械无法扫及的路面死角,应进行人工辅助清扫。

(4)在因山体滑坡、塌方、泥石流等路段进行养护生产作业时要指派专人观察险情,以防意外。

(5)在山区公路路肩、边坡等路段进行养护生产作业时,应采取防滑坠落措施,并注意防止危岩、浮石滚落。

(6)山区公路作业区的布置应考虑纵坡的影响而增加安全防护措施。

(7)山区公路作业区的施工标志应设置在竖有急弯路标志、反向弯路标志或连续弯路标志等同一位置处。

(8)在同一山区公路弯道养护作业,不得同时设置两个或两个以上的作业区。

6107　桥梁、涵洞养护维修作业还应注意哪些安全事项?

(1)公路桥梁、涵洞养护现场要专门设置养护维修作业时的交通标志。桥面养护应按作业控制区布置要求设置相关的渠化装置和标志,并设专人负责维持交通。

(2)桥梁养护维修作业时,应首先要了解架设在桥面上下的各种管线,并应注意保护公用设施(煤气、水管、电缆、架空线等),必要时应与有关单位联系,取得配合。

(3)在桥梁栏杆外进行作业须设置悬挂式吊篮等防护设施,作业人员须系安全带。

(4)桥墩、桥台维修时,应在上、下游航道两端设置安全设施,夜间须设置警示信号。必要时应与有关单位取得联系,取得配合。

6108 隧道养护作业前，应做好哪些检查工作？

(1)检测隧道内CO、烟雾等有害气体的浓度及能见度是否会影响施工安全。

(2)检测隧道结构状况是否会影响作业安全，如有危险，应先处理后作业。

(3)检查施工道信号灯是否准确、明显，施工标志设置是否规范。

(4)对养护机械、台架应进行全面的安全检查，并应在机械上设置明显的反光标志，在台架周围设置防眩灯，以反映作业现场的轮廓。

6109 隧道养护维修作业需注意哪些安全事项？

(1)隧道养护现场要专门设置养护维修作业时的交通标志，养护维修作业控制区经划定后不得随意变更，作业人员不得在工作区外活动或将任何施工机具、材料置于工作区以外。

(2)在养护维修明洞和半山洞前，应及时清除山体边坡或洞顶危石。

(3)在隧道内进行登高堵漏或维修照明设施时，登高设施的周围应设醒目的安全设施。电力设施等有特别要求维护的，应按有关部门的安全操作规程执行。

(4)对隧道衬砌局部坍塌进行养护维修作业时，应采取措施保证养护人员安全。

(5)当实测的隧道内一氧化碳浓度或烟尘浓度高于规定的允许浓度时，作业人员应及时撤离，并开启通风设备进行通风。

(6)养护施工路段内的照明应满足要求，隧道内不准存放易燃易爆物品，严禁明火作业或取暖。

(7)隧道洞口周围100 m范围内，未经隧道养护机构许可，不得挖砂、采石、取土、倾倒废弃物，不得进行爆破作业及其他危及公路隧道安全的活动。

(8)隧道内发生交通事故时，应通知并配合交通安全管理部门到现场处理交通事故。事故发生后，应尽快清理现场，排除路障，恢复隧道正常行车，并登记相关损失，应认真分析事故原因，恢复或改善隧道的防灾能力。

6110　冬季除雪作业安全有哪些要求？

(1)除雪作业时应加强交通管制。

(2)除雪应以机械为主，在机械除雪不能操作的地方可辅之以人工除雪。

(3)除雪作业人员和除雪机械作业时除遵守一般安全要求外，应做好防滑措施。

6111　雨季养护作业安全应注意什么？

(1)现场道路应加强维护，斜道和脚手板应有防滑措施。

(2)暴雨台风前后，应检查工地临时设施、脚手架、机电设备、临时线路，发现倾斜、变形、下沉、漏电、漏雨等现象，应及时修理加固。

(3)在雨季养护维修作业时，作业现场应及时排除积水，人行道的上下坡应挖步梯或铺砂，脚手板、斜道板、跳板上应采取防滑措施。加强对排架、脚手架和土方工程的检查，防止倾斜和坍塌。

(4)在雨季施工时，处于洪水可能淹没地带的机械设备、材料等应做好防范措施，施工人员要提前做好安全撤离的准备工作。

(5)长时间在雨季中作业的工程，应根据条件搭设防雨棚。作业中遇有暴风雨应停止施工。

6112　雾天养护维修作业有什么安全要求？

雾天不宜进行养护维修作业。雾天需要进行抢修时，宜会同有关部门，封闭交通进行作业，所有安全设施上均须设置黄色施工警告灯。

6113 山区养护维修作业有什么安全要求?

(1)在视距条件较差或坡度较大的路段进行养护维修作业时，应设专人指挥交通，作业控制区应增加有关设施。

(2)控制区的施工标志应与急弯路标志、反向弯路标志或连续弯路标志等并列设置。

(3)在同一弯道不得同时设置两个或两个以上养护维修作业控制区。

(4)养护维修作业人员在作业时应戴安全帽。

6114 清扫、绿化养护及道路检测作业有什么安全规定?

(1)严禁在能见度差(如夜晚、大雾天)的条件进行人工清扫。遇大风、大雨、下雪、雾天等特殊气候时必须停止绿化养护维修作业。

(2)高速公路和一级公路路面清扫应以路面清扫车进行机械清扫为主,二级及二级以下公路路面清扫可以机械清扫和人工清扫相结合,当进行人工清扫路面时,应采取安全防护措施。

(3)凡需占用车道进行绿化作业时,必须按作业控制区布置要求设置有关标志。高速公路、一级公路中央分隔带绿化浇水作业时,浇水车辆尾部必须安装发光可变标志牌或按移动养护维修作业控制区布置。

(4)道路检测车在高速公路、一级公路进行道路性能检测时，凡行进速度低于 50 km/h 时,均应按临时定点或移动养护维修作业控制区布置或应在检测设备尾部安装发光可变标志牌。

6115 养护维修机具应注意哪些安全操作事项?

(1)养护机械应按其技术性能要求正确使用,不得使用缺少安全装置或安全装置已失效的机械作业,不得操作带故障的机械作业。

(2)操作人员必须执行有关工作前的检查制度、工作中的观察制度和工作后的检查保养制度。

(3)养护机械进入施工现场前，应查明行驶路线上的隧道、跨线桥的通行净空，必要时应验算桥梁的承载力，确保机械设备安全通行。

(4)养护机械在作业时，操作人员应熟悉作业环境与施工条件。

(5)养护机械在靠近架空输电线路作业时，必须采取安全保护措施，养护机械工作装置运动轨迹范围与架空导线的安全距离必须符合相关规定。

(6)养护机械应按时进行保养，严禁养护机械带故障运转或超负荷运转。

(7)禁止在养护机械运转中进行保养、修理作业。各种电气设备的检查维修，应停电作业。

第二节 养护作业控制区

6201 什么是养护维修作业控制区？包括哪些？哪个区最为重要？

养护维修作业控制区是为公路养护维修作业所设置的交通管理区域。分为警告区、上游过渡区、缓冲区、工作区、下游过渡区和终止区等六个区域。

(1)警告区：从作业控制区起点设置的施工标志到上游过渡区之间的路段，用以警告车辆驾驶员已经进入养护维修作业路段，按交通标志调整行车状态。

(2)上游过渡区：保证车辆平稳地从封闭车道的上游横向过渡到缓冲区旁边非封闭车道的路段。

(3)缓冲区：上游过渡区和工作区之间的路段。

(4)工作区：养护维修作业的施工操作区域。

(5)下游过渡区：保证车辆平稳地从工作区旁边的车道横向过

渡到正常车道的路段。

(6)终止区:设置于工作区下游调整车辆行车状态的路段。

在作业控制区的六个分区中,警告区是最重要的一个分区。因为当车辆遇到警告区的第一块施工标志牌时,则意味着这辆车已经进入作业控制区了,在以后的路段上,要通过设置于警告区内的交通标志告诉车辆驾驶员前方将要发生什么,行车状态应按照沿路所设的交通标志牌的指示而随时改变。并且要使车辆驾驶员在到达工作区之前,可以有足够的时间改变他们的行车状态。

6202　什么是警告区最小长度?对其有什么要求?

警告区最小长度是保证驶入警告区的车辆减速至工作区规定的限速所需要的警告区路段的最短长度。警告区的最小长度按表6-1选取:

表6-1　警告区最小长度(单位:m)

位置	公路等级	设计速度(km/h)	警告区最小长度(m)
路段	高级公路、一级公路	120,100	1600
		80,60	1000
	二、三级公路	80	1000
		60	800
		40	600
		30	400
各类平面交叉口	——		200

6203　警告区的长度由哪些因素决定?如何估算警告区的最小长度?

一般情况,警告区的长度由下列因素所决定:车辆在警告区内改变行车状态所需要的时间以及在作业控制区附近车辆发生拥挤时的最大排队长度。警告区的最小长度S可以由下式来估算:

$$S=S_1+S_2+S_3$$

式中　S_2——车辆到达工作区地段附近的排队尾部时的最小安全距离(m);

S_3——在工作区地段附近车道封闭、车道数减少、行车条件改变等因素引起的车辆拥挤时的车辆排队长度(m)。

S_1是车辆进入警告区后从正常车速 v_1 按限速标志牌规定减速到 v_2 所需要的距离，可按下式估算：

$$S_1=\frac{v_1}{3.6}t+\frac{v_1^2-v_2^2}{2g(\varphi\pm i)\times 3.6^2}$$

式中　v_1——减速前车速(m/s)；

v_2——减速后车速(m/s)；

t——驾驶员反应时间，通常取 2.5 s；

φ——道路纵向摩阻系数，取值范围 0.29～0.44；

i——道路纵坡，上坡取"＋"，下坡取"－"；

g——重力加速度，9.8 m/s^2。

S_2是已经以 v_2 车速行驶的后续车辆在到达前方工作区地段附近因车道关闭、车道数减少的断面时，不致与前面的改道车辆或排队车辆相撞的最小安全距离，可以按下式估算：

$$S_2=\frac{v_2}{3.6t}+\frac{v_2^2}{2g(\varphi\pm i)\times 3.6^2}$$

S_3是工作区地段附近车道上拥挤车辆的排队长度。可以按下式估算。

$$S_3=\frac{Q\cdot L}{n}$$

式中　Q——发生在车道上的交通事件(包括养护维修作业)引起交通拥挤的最小流量(辆/h)，按表 6-2 取值；

L——每辆车的平均长度，按 7 m 计；

n——车道数。

表 6-2　发生在车道上的交通事件引起交通拥挤的最小流量(15 min 流量)

公路等级	车道数	Q(辆/h)	公路等级	车道数	Q(辆/h)
高速公路	4	860	二级公路	2	220
	3	540		1	100
一级公路	2	260	三级公路	1	60

6204 在警告区内应如何设置交通标志?

由于养护维修作业的情况千变万化,在警告区内设置多少和何种交通标志,应视具体情况而定。但至少必须设置的三种标志,即施工标志、限速标志和可变标志牌或线形诱导标,其他标志可以根据具体情况再行增加。

6205 什么情况下需设置过渡区?目的是什么?各种过渡区的最小长度如何确定?

当工作区包含了一条或多条车道时,就需要封闭工作区所包含的车道。为了防止车流在改变车道时发生突变,需要设置一个改变车道的过渡区,以使车流的变化缓和平滑。过渡区一般有两种:上游过渡区和下游过渡区。在上游过渡区中,包括车道封闭和路肩封闭两种情况。

(1)车道封闭的上游过渡区长度,可用下式估算,具体数值见表 6-3。当在隧道内时,车道封闭上游过渡区的最小长度按该表数值的 1.5 倍选取。

$$L_s=\begin{cases}\dfrac{v^2W}{155} & (v\leqslant 60\ \text{km/h})\\ 0.625vW & (v>60\ \text{km/h})\end{cases}$$

式中 L_s——上游过渡区(m);

v——养护维修工作区路段车速(km/h);

W——所关闭车道的宽度(m)。

表 6-3 车道封闭上游过渡区最小长度

车道封闭上游过渡区的最小长度(m) \ 封闭车道宽度(m) \ 限制车速(km/h)	3.0	3.5	3.75
60	70	90	90
40	30	40	40
20		10	

(2)路肩封闭上游过渡区的最小长度应按表 6-4 选取。

表 6-4　露肩封闭上游过渡区最小长度

路肩封闭上游过渡区的最小长度(m) ＼ 封闭路肩宽度(m) ＼ 限制车速(km/h)	1.5	1.75	2.5	3.0	3.5
60	20	20	30	40	50
40			20		
20			10		

(3)下游过渡区

下游过渡区的长度一般只要保证车辆有足够的路程来调整行车状态即可,下游过渡区的最小长度宜取 30 m。

在利用对向车道来转移本向车流的情况中,本向车道的下游过渡区实际上就是对向车道的上游过渡区,因此设置要求与上游过渡区是相同的。

6206　为什么要设置缓冲区?长度宜为多少?缓冲区内有什么安全要求?

缓冲区是过渡区到工作区之间一段空间,它的设置主要考虑到假设行车驾驶员判断失误,有可能直接从过渡区闯入工作区,造成人员伤害和设备的损坏。缓冲区可以提供一个缓冲路段,给失误车辆有调整行车状态的余地,避免发生更严重的事故。缓冲区的最小长度宜取 50 m。

在缓冲区内一般不准堆放东西,也不准养护维修作业人员在其中活动或工作。为了更有效地保护养护维修作业人员,在过渡区与缓冲区之间,可以设置防冲撞装置,以加强防护作用。

6207　为什么要设置终止区?长度宜为多少?

终止区为通过或绕过养护维修作业地段的车辆提供一个调整行车状态的路段。在终止区的末端应设有关解除限速或超车的交通标志，这样可使驾驶员明白已经通过了养护维修作业地段，并恢复正常的行车状态。终止区最小长度宜取 30 m。

6208 高速公路及一级公路养护维修作业控制区布置的基本规定有哪些？

(1)养护维修作业控制区布置应考虑养护维修作业的内容与要求、时间和周期、交通量、经济效益等因素，控制区内交通标志的设置必须合理，起到引导车流平稳变化的作用。

(2)工作区应设置工程车辆专门的进口和出口，出入口应设在顺行车方向的下游过渡区内。

(3)对于同一方向上的相同车道内，如果在不同断面要同时进行维修施工，若断面的间距比较近，一般在 1 000 m 以内，可以作为同一个作业控制区来布置；若维修施工的断面间距比较远，大于 1 000 m，这时应在下一个工作区前端设置施工标志，除了第一个作业控制区必须按规定的要求布置外，后续的作业控制区可以作适当简化。

(4)同一方向不同断面的不同车道不宜同时维修作业；当必须同时维修作业时，其控制区布设间距，高速公路应不小于 1 000 m，一级公路应不小于 500 m。

(5)当单向三车道及以上公路的中间车道养护维修作业时，应与相邻一侧车道同时封闭。

(6)当养护维修作业位置移动时，可按实际条件作适当简化。

(7)当需要布置改变交通流方向的作业控制区时，可与中央分隔带开口位置相结合，利用非作业控制区一侧的车道。当借用对向车道时，除了本向车道要按规定的要求布置作业控制区外，对向车道也要按规定的要求布置作业控制区。

(8)应利用作业区上游的可变信息板显示“前方××公里封闭车道施工，请谨慎驾驶”的信息。

6209 高速公路及一级公路养护维修作业应如何设置安全标志？

(1)在警告区内应设置施工标志、禁止超车标志、限制速度标志、窄路标志和可变标志牌或线形诱导标等；在上游过渡区内要设置移动式标志车，在上游过渡区起点至下游过渡区终点之间应放置锥形交通路标；在缓冲区与工作区交界处应布设路栏，护栏上要安装施工警告灯。控制区内其他安全设施可以视具体情况而定。

（2）当警告区范围内有入口匝道时，应在匝道右侧路肩外设置施工标志。

（3）立交区进出口匝道养护维修作业控制区的布置，应根据工作区在匝道上的具体位置和匝道的长度而定，当匣道长度比规定的警告区最小长度短时，作业控制区最前端的交通标志可设置于匝道的起点处。

（4）在同一位置的作业时间在半天以内时，可适当减少交通标志；但应设置施工标志以及锥形交通路标，并应在上游过渡区内设置移动式标志车或配备交通指挥人员。

6210　二、三级公路养护维修作业控制区布置有什么基本要求？

（1）控制区布置应兼顾养护维修作业的内容与要求、时间和周期、交通量、经济效益等因素，控制区内交通标志的设置必须合理、前后协调，起到引导车流平稳变化的作用。

（2）控制区上游因道路线形造成视距不良时，应在控制区上游的适当位置处增设施工标志。

6211　二、三级公路养护维修作业控制区如何布置安全设施？

（1）在警告区内应设置施工标志、限制速度标志和可变标志牌或线形诱导标等，当交叉口间距小于规定的警告区长度时，应在上游交叉口的出口处设置施工标志牌。

（2）在上游过渡区起点至下游过渡区终点之间应放置锥形交通路标。

（3）在缓冲区与工作区交界处应布设路栏。

（4）在工作区周围应布设施工隔离墩或安全带；路段养护

维修作业时，对于单向通行的情况，除必要的安全设施外，必须在工作区两端各配备一名交通指挥人员或设置交通信号控制灯。

(5)控制区内其他安全设施可以视具体情况而定。

6212 二、三级公路弯道上养护维修作业控制区的布置有哪些要求？

(1)当工作区位置处于视距不良的路段时，应在控制区内增加施工标志。

(2)当双车道的一个车道封闭作业时，工作区两端均必须配备交通指挥人员。但当单向两车道的其中一外侧车道封闭作业时，工作区下游可不配备交通指挥人员。

(3)当作业控制区处于弯道的下游时，必须要将警告区最前面的施工标志牌前移至弯道的上游，使车辆驾驶员在到达弯道前就能够知道前方有养护维修作业控制区。

6213 二、三级公路整个路面养护维修作业时，其控制区的布置有哪些要求？

当对整个路面进行养护维修作业时，应修筑临时交通便道，以保证车辆通行，控制区的布置应符合以下规定：

(1)临时路面标线应使用黄色。

(2)控制区内必须设置路栏和施工警告灯号。

(3)作业车上必须安装施工警告灯号。

(4)所修筑的交通便道应划道路轮廓线并应设置可渠化交通的安全设施。

6214 二、三级公路在路肩上养护维修作业时，其控制区的布置应符合哪些规定？

(1)必须保证紧靠路肩的车道宽度大于 3 m。

(2)作业车上必须安装施工警告灯号。

(3)若设置移动式标志车,可不设过渡区。

(4)当交通流量较大时,必须封闭紧靠路肩的车道,并按车道封闭要求布置控制区。

6215 二、三级公路养护维修作业周期在半天以内时,控制区布置应符合什么规定?

(1)上游过渡区宜设置移动式标志车。

(2)作业车上必须安装施工警告灯号。

(3)在移动养护作业时,移动式标志车应与作业车保持在50～100 m的间距。

6216 特大桥桥面和隧道养护维修作业控制区布置有哪些要求?

(1)在开放交通条件下的养护维修作业,应制定控制区交通管理方案。

(2)应配备专职人员加强车速限制和车辆限宽的管理。

(3)隧道入口前必须设置施工标志、限制速度和限宽标志。

(4)隧道控制区必须有足够的照明。

(5)特大桥的养护维修,应根据需要设置限载标志。

(6)特大桥养护维修作业控制区的布置,宜只封闭一条车道进行养护维修作业。当为单向 3 车道时,封闭部分的宽度最大不宜超过两条车道。

(7)隧道单洞双向交通的控制区布置,应只封闭一条车道进行养护维修作业,隧道口应设置交通信号灯并配备交通指挥人员,并至少应从隧道口开始封闭养护维修作业车道。当工作区处于弯道范围时,应将警告区的起始位置前移至道路的直线段。

(8)隧道双洞单向交通的控制区布置应将警告区和上游过渡区设于洞口外。

(9)移动维修作业时,宜设置移动式标志车,并应在隧道两端配备交通指挥人员。

6217 平面交叉口养护维修作业控制区布置有什么规定?

(1)平面交叉口养护维修作业控制区布置应考虑养护维修作业的内容与要求、时间和周期、交通量、经济效益等因素,控制区内交通标志的设置要合理、前后协调,起到引导车流平稳变化的作用。

(2)平面交叉口养护维修作业控制区的上游视距不良时,可在作业控制区上游的适当位置处增设施工标志。

(3)平面交叉口养护维修作业必须在工作区与缓冲区分界处设置施工警告灯号,设置移动式标志车,作业车上必须安装施工警告灯号。

(4)平面交叉口进口或出口车道因封闭改为双向通行时,应划出黄色车道分隔线。如车道宽度不够,不能双向通行时,应由现场指挥人员指挥车辆单向通行。

6218 收费广场养护维修作业时,控制区如何布置?

(1)在收费广场进行养护维修作业时,应关闭受维修作业影响的收费车道,并对作业控制区的交通进行管理。

(2)若工作区在收费亭的上游,则应关闭所对应的收费车道;若工作区在收费亭的下游,则可不设警告区和上游过渡区,但应关闭所对应的收费车道。

第三节 公路防灾与突发事件处置

6301 公路防灾与突发事件处置基本要求是什么?

(1)为维护公路的正常交通,应坚持"预防为主、防治结合"的方针,对洪水和流冰侵袭公路造成公路设施的损坏、路面积雪和积沙影响行车安全或阻碍交通,以及各类突发事件损坏公路设施和影响公路使用功能的情况,采取行之有效的措施,予以预防和处治。

(2)应根据当地的水文气候条件、季节特点、公路状况,加强公路防灾(防洪、防冰、防雪和防沙)能力定期检查和观察,分析掌握路段、桥隧的抗灾害能力,采取必要的预防措施。

(3)重要工程和水毁、雪阻、沙阻多发路段,宜事先储备必要的材料和机械设备,一旦发生毁阻,应按先抢通后修复的原则,及时组织抢修。

(4)应建立公路防灾和重大突发事件处置的预案,对可能发生灾害路段,应加强检查、检测,建立各类检查、检测档案,提倡灾害预警体系建设。

6302　公路防洪检查有哪些基本要求?

(1)汛前检查。

在每年汛期到来之前,应落实专人对公路及其沿线设施进行防汛抗汛的全面检查,建立健全检查档案,对检查中发现的病害及时处治。

汛前检查的重点是:公路防排水系统;公路上、下边坡和路基的稳定性;各类结构物的稳定性和桥涵的泄洪能力。

(2)洪水观测。

在汛期应进行必要的水文观测,对照水文资料和实地观察情况判断洪水对公路的危害性,作为今后制订公路改善和加固措施的依据。

一般地段洪水观测的主要内容是:水位观测、流速观测、河床横断面和冲刷深度观测,以及流向观测等。一般情况下主要进行水位观测。

特大桥、大桥和河床处于不良状态的中桥,洪水观测的主要内容是:桥位处及桥下洪水水位变化、流速、流向、浪高、漂流物等,及河床断面变化的观测。一般情况下桥梁只观测和记录当年的最高水位。

沿河公路受洪水顶冲部位和平曲线凹岸洪水观测的主要内容是:洪水水位、顶冲角(或洪水流向)、流速的观测,并测记洪水前后路基的变化情况。一般情况下主要进行水位观测。

导流堤、丁坝和护岸等调治构造物应观测洪水时的工作情况,重要地段的调治构造物应观测最高洪水位及洪水前后基础附近河床的冲刷深度。一般情况下不进行专门的水位观测。

6303 公路塌方、滑坡防治的原则是什么?

对可能发生塌方、滑坡的路段,应采取下列措施进行防治:

(1)在塌、滑体上方,按其汇水面积及降雨情况,结合地形设置截水、排水沟,防止地表水,地下水流入塌、滑体。

(2)设置挡土墙或抗滑桩等,维持土体平衡。

(3)种植草皮、表面喷混凝土(水泥砂浆)、砌筑护坡或进行刷坡减轻土体,稳定边坡。

6304 公路泥石流防治的原则是什么?

(1) 发生频率高的黏性泥石流及规模较大的稀性泥石流路段,经技术经济比较宜改线绕避;无法绕避时应避重就轻选择线路。

(2)布设调治泥石流的构造物,应根据路段和桥梁所在位置,结合地形、沟槽宽度、发生泥石流性质、流势及其发展变化规律,综合考虑确定。

(3)对于危害性大、涉及面广的泥石流,且当地人类活动、经济建设有可能促使泥石流发育时,宜与有关部门协商,进行工程和生物水土保持相结合的综合治理。

(4)在泥石流易形成区,平整山坡、堵塞沟缝、修建阶梯和土埂等控制水土流失和滑坍发展。

(5)泥石流流通区,在地形、地质及储淤条件较好处,可修建拦挡坝停淤场。

6305　桥梁水毁防治的原则是什么？

（1）稳定、次稳定河段上桥梁水毁防治措施，可根据调整桥下滩流、河床冲淤分布的实际需要以及水流流向等分别情况选择修建调治构造物。

（2）在不稳定河段上，桥梁水毁防治可根据河岸条件、河床地貌以及桥孔位置等分别情况修建调治构造物。

（3）根据跨径大小、墩台基础埋置深度、桥位河段稳定情况，增建基础防护构造物。河床稳定，冲刷范围较小时，宜采用立面防护措施；河床稳定，冲刷范围较大时，宜采用平面防护措施。

6306　公路、桥涵抗洪能力如何评定？对评定结果如何采取措施？

每隔 3～6 年应对公路、桥涵进行一次抗洪能力评定。如遇设计洪水及超设计洪水年，宜结合水毁调查于当年进行一次抗洪能力评定。公路可根据水文、地质、路基、路面等条件基本相同的原则，划分成若干路段，按路段抗洪能力评定标准进行评定；以工程为单元，按桥涵抗洪能力评定标准进行评定。

评定方法可采用现场检查、取得的数据，按路段、桥涵原有技术等级标准，用现行有关技术规范进行验算评定。

当路段、桥梁抗洪能力评定为“强”时，进行正常养护；当路段、桥梁抗洪能力评定为“可”时，除正常养护外，应加强汛期病害观测，采取技术措施，防止病害扩大；当路段、桥涵抗洪能力评定为“弱”或“差”时，路段应针对病害情况分别采取修理、加固或改建等技术措施，桥涵应对照现行《公路技术状况评定标准》（JTG H20）确定其技术类别并采取相应的技术措施。

6307　公路按路段评定其抗洪能力时的评定标准是什么？

公路按路段评定其抗洪能力时的评定标准见表 6-5。

表 6-5 路段抗洪能力评定标准

等级	评定标准
强	1. 路基坚实、稳定,高度达到设计计算高程;路面为半刚性基层、水泥混凝土或沥青混凝土等铺装路面; 2. 边坡稳定、平顺无冲沟;坡度符合规定的高限值(缓);边坡有良好的防护加固; 3. 边沟、截水沟、排水沟完善,纵坡适度,无淤塞,水流畅通;进出口良好; 4. 支挡结构物布设合理、齐全,完整无损坏,泄水孔无堵塞; 5. 防冲结构物布设合理、齐全,无损坏,冲刷符合设计
可	1. 路基坚实、稳定,高度低于设计计算高程不超过 0.5 m;路面为半刚性基层、沥青碎石、沥青灌入式或沥青表面处治等简易铺装路面; 2. 边坡稳定、平顺无冲沟;坡度不低于规定的地限值(陡);边坡有必要的防护加固; 3. 加沟、截水沟、排水沟完善,纵坡适度,有淤塞但易于清除;进出口良好; 4. 支挡结构物布设合理,有缺损但已于修理,泄水孔基本畅通; 5. 防冲结构物重点布设合理,基础冲空面积不超过 10%,结构物无断裂、沉陷、倾斜等变形
弱	1. 路基高度低于设计计算高程达到或超过 0.5 m,高于次一技术等级的设计洪水高程,无明显的沉降;路面为柔性基层、简易铺装路面; 2. 边坡有冲沟或少量坍塌,坡度接近规定的低限值; 3. 边沟、截水沟、排水沟有短缺,或淤塞量较大,或进出口有缺损,影响正常排水; 4. 支挡结构物短缺或损坏严重,有倾斜、沉陷等变形; 5. 防冲结构物短缺,或基础冲空面积大 10%～20%,或结构物局部断裂、沉陷,有倾斜等变形
差	1. 路基有明显沉陷,高度低于次一技术等级的计算高程;路面为柔性基层、砂石(无铺装)路面; 2. 边坡沟洼连片,局部坍塌,坡度陡于规定的低限值; 3. 边沟、截水沟、排水沟应设而未设; 4. 支挡构造物应设而未设,或结构物断裂、倾斜、局部坍塌; 5. 防冲结构物应设而未设,或基础冲空面积在 20%以上,或结构物折裂、倾斜、局部坍塌

6308 桥涵抗洪能力评定的标准是什么?

桥涵抗洪能力评定的标准见表 6-6。

表 6-6 桥涵抗洪能力评定标准

等级	评定标准
强	1. 孔径大小:桥下实际过水面积满足设计排水面积,桥下净空高度、最小净跨符合规定; 2. 孔、涵位置合适,调治构造物设置合理、齐全; 3. 墩、台基础埋深足够,深基础的冲刷尝试线在设计冲刷线以上;浅基础已做防护,防护周边的基础深度线在设计冲刷线以上; 4. 墩、台无明显冲蚀、剥落
可	1. 孔径大小:桥下实际过水面积满足设计排水面积,上部结构底高程与计算水位相同,或净跨偏小但不超过规定值 10%; 2. 孔、涵位置偏置,调制构造物短缺,或调治构造物有局部缺损,河床无大的不利变形; 3. 深基础冲刷线在规定的基底最小埋深安全值的 30%以内;浅基础防护周边冲刷深度线在规定的基底最小埋深安全值的 30%以内,防护有局部缺损; 4. 墩、台有冲蚀剥落,面积小于 10%,深度小于 20 mm
弱	1. 孔径大小:桥下实际过水面积小于设计排水面积 20%以内,上部结构底高程与计算水位相同或净跨小于规定 10%～20%; 2. 孔、涵位置偏置,调治构造物短缺,或调治构造物有局部缺损,河床发生严重的不利变形; 3. 深基础冲刷线在规定的基底最小埋深安全值的 30%～60%内;浅基础防护周边冲刷深度线在规定的基底最小埋深安全值的 30%～60%内或防护体损坏明显; 4. 墩、台有冲蚀剥落露筋,面积超过 10%,钢筋严重锈蚀。
差	1. 孔径大小:桥下实际过水面积小于设计排水面积 20%以上,上部结构底高程低于计算水位或净跨小于规定 20%以上; 2. 渗基础的冲刷深度线在规定的基底最小埋深安全值的 60%以上;浅基础未作防护,冲孔面积在 20%以上; 3. 深基础的冲刷深度线在规定的基底最小埋深安全值的 60%以上;浅基础未作防护,冲孔面积在 20%以上; 4. 墩、台有冲蚀剥落严重,桩有缩颈,砌体松动脱落或变形

注:计算水位已计入壅水、浪高等。

6309 公路防冰与防雪的基本要求是什么?

(1)公路防冰、防雪应根据当地的气候条件、公路状况因地制宜实施,分析并掌握公路的抗灾能力,制订必要的预防措施和应急抢修技术方案。重要工程和冰害、雪害多发路段,应制订应急抢修预案,保障公路正常通行。

(2)公路冰害防治应根据灾害性和以往治理经验,制订经济适用的预防和抢修措施,提高治理效果,降低工程造价,一般的以下情况均应采取相应的治理措施。

1)采取有效措施防止路面积冰,对发生河水漫路造成路面积冰的路段应加强冬季养护,重点防范。路面一旦出现积冰应采取除冰或防滑措施。

2)当路面或结构物表面发生涎流冰覆盖时,应采取措施清除,并查找水源,进行疏导、拦截、排放,避免形成新的涎流冰。

3)当由于气温突变河流解冻产生大量流冰,可能对桥涵墩、桩柱、台和导流坝产生冲击时,应采取措施进行防治。

(3)公路防雪工作应做到:制订防雪工作预案,备好防雪材料和设备,保持防雪设施的良好状态;及时了解现有防雪设施的防护功能,增添必要的防雪减灾设施,切实防治风雪流和雪崩。

(4)在雪季前后,应对防雪崩工程如水平台阶、稳雪栅栏、导雪堤、导雪槽等及时进行检查、维修。

6310 风雪流的防治应符合哪些要求?

(1)公路路基应有利于风雪越过,避免积聚。

(2)根据需要增设防风雪设施。

(3)公路受风雪流影响形成雪阻时,应及时清除,恢复交通。

(4)在冬季风雪流频繁发生的平原和微丘荒野地区,可选择沿公路另建辅道。

6311 雪崩的防治应符合哪些要求?

(1)路线(特别是盘山公路)多次通过同一雪崩地带时可选择改线。

(2)保护公路上山坡坡面树木,以阻止雪体漂移而形成雪崩。

(3)采取铺撒除雪材料、机械(炮轰)等措施破坏雪体,降低形成雪崩的可能。

6312 公路防沙治沙的原则是什么?

公路防沙治沙的原则是:预防为主、防治结合;固、阻、输、导结合;坚持日常维护,及时处治沙害。

(1)工程防护措施有固、阻、输、导等方法,可单独使用,也可几种方法配合使用。

(2)"固"是增加地表度,应采用各种材料作覆盖物或设置各种沙障,将贴地层风速控制在起风沙之下或用不易被风吹的物质把沙粒与风隔离。

(3)"阻"是阻滞风沙流,拦截过境流沙,切断沙源。应利用各种材料,在迎风路侧设置人工障碍物,减少和抑制沙丘前移,减轻或防止流沙对公路的危害。

(4)"输"是通过改变是通过改变建筑物的几何形态,采取措施增大通过建筑物的风动沙运移强度,使原饱和风沙流在通过建筑物时处于非饱和状态,从而不产生沙的停留。

(5)"导"是通过导风工程改变气流方向,采取各种措施引道风沙流所挟的沙改变沉积部位,从而使建筑物本身免遭风沙危害。

6313 植物固沙措施(生物防沙)应符合哪些要求?

植物固沙措施是利用植物的生态特点防止沙移并且达到沙漠稳固的一种措施,包括固结活动沙丘、阻沙、稳定边坡以及设置沙地林带。使用植物固沙措施应符合下列要求。

(1)应采取耐风蚀、耐沙埋、耐旱、耐盐的防沙植物。

(2)对于大范围的固沙,应以种植低矮的灌木或半灌木为主,其种植范围在路基的上风侧应不小于 500 m,下风侧不小于 200 m。

(3)对于大面积防沙,可设置防风沙林带。林带可由草、灌木、乔木合理结合种植。林带至公路的最短距离,迎风面应不小于 100 m,背风面不小于 50 m。

(4)防沙植物的选择应根据沙层情况及地下水位的深浅,合理选择合适生长的物种。

6314 沙漠地区公路养护与维修应符合哪些要求?

(1)加强全面养护。在养护好公路本身的同时,应加强公路防沙治沙设施的养护与维修。

(2)及时消除可能导致公路沙害的因素,加强对沙害隐患的防治。

(3)掌握养护路段的气候规律,加强风期的养护,公路发生沙害应及时排除。

(4)对重大沙害路段的养护应集中力量,尽快排除因沙害引起的阻车现象。

(5)公路遭沙埋后,应及时清除干净,并将沙子搬运到公路下风侧的洼地或20～30 m外地形开阔处摊平撒开,严禁堆弃在迎风面或路肩上。

(6)加强对沿线机械沙障、阻沙堤和下导风栅板等防沙设施的检查。发现损坏,应及时维修、扶正及抽拔提高或适当调整位置及必要时加设。

(7)对路基两侧栽植的草木应加强培育管理,对风蚀严重、根系裸露的应及时扶正,重新埋好,并做好浇水、补苗、除虫、整枝或间伐工作。

6315 平铺式沙障各有什么特点?适用于何时采用?如何设置?

(1)采用土类压沙进行固沙是利用黏质土全面铺压或带状铺压固沙。特点是维持年限较长,适用于产有黏质土地带的流沙防护,多用于路堤流沙的防护。全面铺压黏质土,雨水难以渗入沙层内,影响沙丘水分,不利于植物固沙。当配合植物固沙时,需改为带状或格状铺压为宜。土类压沙的铺压厚度为50 mm左右,带状铺压应与主导风向垂直,带宽一般为100～200 mm,带与带间隔为10～15 m。

(2)采用沙石类压沙进行固沙是利用粗沙、卵石全面铺压或带状铺压固沙。特点是维持年限长，但较费工。适用于产有沙石地段的流沙防护，由于在流动沙丘地带运输较困难，不宜采用。多用于平坦流动沙地和靠近路旁的流沙防护。砾、卵石具有凝结水的作用，有利于植物生长，宜与植物固沙结合采用。采用沙石类压沙时铺压厚度以不超出其最大粒径为度，对于强风地区不宜用粗沙覆盖。

(3)铺草压沙是利用草类全面铺压或带状铺压固沙。特点是有利于植物生长，具有简单易行的优点，但材料用量较大，并易于引起火灾。一般维持年限在 3～5 年，适用于产有草类地段的流沙防护。采用铺草压沙时铺压厚度 50 mm 左右，用草绳或枝条纵横固结或者用沙压盖，以免为风所吹蚀。

(4)采用席或笆块压沙是用草类和枝条编制成席或笆块，全面铺压固沙，搭接处需用小桩固定。因其编织较费工，且材料用量大，大面积采用较困难，一般维持年限为 3～5 年。适用于路侧局部沙丘的处理。

(5)喷洒盐、碱水固沙是利用天然盐、碱溶液喷洒沙面，形成坚实的板结层或硬壳，借以达到固沙目的。具有抗风能力较强、简单易行、效果好等优点，在我国沙漠地区分布着许多盐池、碱湖，是一种就地取材、因地制宜的有效措施。

6316　高立式枝柴沙障有什么特点？适用于何时采用？如何设置？

高立式枝柴沙障的材料以灌木枝柴为主，如沙柳等。高度在 1.0 m 以上，根据当地风的状况，分为条状、带状、格状三种规格形式，均为透风结构。单一风向地区采用条、带状形式；在风向多变地区采用格状。

该种沙障由于系透风结构，因此具有将整体气流分为若干小气流，化强为弱，从而抵制流沙活动的性能，并能较均匀地散布外来沙，有一定的阻沙作用，并有利于植物固沙。适用于产有枝柴地区的流沙防治。

高立式枝柴沙障设置时对条状的条间距离 5～10 m，并与主风向垂直；对带状的带间距离 10～20 m，每带 3～5 行构成，行间距离为 2～3 m，并与主风向垂直；对格状的格子宜为 5 m×5 m 或 5 m×10 m。

6317　隐蔽式柴草沙障有什么特点？适用于何时采用？如何设置？

该沙障使用年限较同类材料的外露沙障为长。具有固定就地沙，使外来沙顺畅通过、施工简单易行等优点。适用于路旁流沙的防护。

设置方法是先在沙地上开挖宽 150～200 mm 的沟，然后将柴草竖直放入沟中（如柴草过长，可横向摆好，然后用锹竖直切入），踏实两边的沙（或在沟中填沙，踏实），要求障顶与沙表相平或不超过 50 mm 。根据风的情况，可为格状或条状，格状规格宜为 1.0 m×1.0 m 或 1.0 m×2.0 m，条状规格的条距宜为 1.0 m 或 1.5 m，并与主风向垂直。

6318　半隐蔽式柴草沙障有什么特点？适用于何时采用？如何设置？

该种沙障既有效地降低沙表风速，削弱风蚀作用，从而稳定大面积流沙，又能阻挡部分外来沙，并使外来沙较均匀地分布在整个障内，具有固、阻双重作用。工程造价较低。既可作为植物固沙的较理想辅助措施，又可作为进行植物固沙困难地段的一种永久性的防护措施（但需经常维护）。适用于产有草类的路侧大面积流沙的防治，是目前我国公路、铁路防沙常用的一种固沙措施。草类沙障维持年限约 2～3 年；沙蒿、柳枝沙障维持年限 3～5 年。其设置方法如下：

(1)对于流动沙丘，在迎风坡先设主带，即与主风向垂直的沙障，后设副带，即与次要风向垂直的沙障（对格状沙障而言），主带从迎风坡下部开始向上进行；在背风坡，宜先设副带，再自下而上设置主带。柔韧性的柴草沙障，对于较硬的柴草（如沙蒿、板条等）需开挖边槽，然后埋入沙中，并将沙障两边的沙踏实。

(2)沙障外露高度以 150 ～ 300 mm 为宜。

(3)沙障的埋植深度，应根据沙丘不同部位的风蚀程度而定。一般情况下，埋入深度与外露部分的比例为 1∶2。

(4)沙障规格，主要是根据当地风的状况和沙面起伏程度而定。在单一风向作用下（包括反向风），可设置成条状、并与主风向垂直，间距以 1～2 m 为宜；除主风向外，还有其他风向作用时，可设置为格状。方格愈小，固沙能力愈强，一般以 1 m×1 m 及 1 m×2 m 两种规格为宜（与主风向垂直方向的距离为 1 m，与次要风向垂直方向的距离为 1 m 或 2 m）。

(5)如草类过长，可适当放大规格尺寸。当沙面坡度大时，规格尺寸则应小些，反之应适当放大些。

6319　半隐蔽式黏土沙障有什么特点？适用于何时采用？如何设置？

半隐蔽式黏土沙障是用黏质土碎块堆成的小土埂。该种沙障简单、易行、省工，具有固沙保水作用，有利于植物生长，维持年限长，但单一黏质土沙障，用土量大。适用于产有黏质土地区的流沙防治。

半隐蔽式黏土沙障一般高 200～300 mm，底宽500～700 mm。在风向单一的地区为条状，土埂与主风向垂直；在风向多变的地区，则设成格状，土埂间距为 1～2 m。

为减少黏质土用量，可利用就地沙堆成沙埂，然后封闭 50～100 mm 厚的黏质土，予以拍实，同样可达到上述效果。

6320　半隐蔽式草皮沙障有什么特点？适用于何时采用？如何设置？

该沙障维持年限 3～5 年，其施工简单、省工，具有固沙保水作用，有利于植物生长。缺点是易于干缩。适用于有草皮产地的流沙防治。平铺式多用于路旁的流沙防护。

一般草皮规格：长×宽＝400 mm×200 mm。铺设有三种形式：

(1)错缝层铺，高度 300～400 mm。

(2)错缝斜立铺设(先用就地沙堆成沙埂，然后斜立铺设)，横断面为梯形，高度 300～400 mm，底宽 500 mm。

上述两种，根据当地风的状况可为格状或条状，间距 1～2 m。

(3)平铺。

6321 应对公路突发事件有什么基本要求？

(1)公路突发事件的处置应做到快速反应，准备充分，组织有力，处置得当，最大限度降低灾害损失。

(2)对各类公路突发事件应建立应急预案。应急预案的主要内容应包括：组织领导体系；应急抢险队伍；人、材、物及资金的保障；信息报告制度；临时交通组织方案；抢险工程措施等。

(3)应对公路重要设施建立灾害预警体系，以切实掌握公路设施在运行过程中的使用状态，尽可能减少突发事件的发生，达到公路设施治早、治小、治了的目标。

(4)当公路及其沿线设施发生因自然或人为因素造成严重损坏影响交通或造成人身伤害的重特大突发事件时，应积极采取应急措施，避免灾害扩大，做好灾后工程修复工作。

6322 在抢修便道、便桥时，应遵循哪些原则？

(1)便道、便桥应选择在被毁桥梁附近较窄的河段上，两岸地形较高、工程量较小处，且不会影响恢复原桥或新建桥梁的施工。

(2)便道、便桥应就地取材、施工方便，有利于快速建成。

(3)在宽滩性河流上修筑便道、便桥时，可采用漫水式，必要时应对便道上、下游边坡作防冲处理。

(4)便桥可采用较小跨径及较短桥长，能满足宣泄水流最低要求即可，可采用钢梁桥或木桥，宜用简单的结构形式。无论何种便桥，必须满足承载能力和稳定的要求。

(5)漫水便道、便桥应设置鲜明的警示水位标志，限速、限载标志、行车道宽度标志。

(6)便道、便桥宽度可根据通行要求确定，一般不小于4.5m。

(7)便道、便桥附近应备有应急的抢修物资，以随时修复便道、便桥的损毁，保证交通。